취업,
기술영업으로 뚫어라

취업, 기술영업으로 뚫어라

글 쓴 이 | 홍성돈
발 행 일 | 2015년 5월 5일 개정판 1쇄 발행
펴 낸 이 | 양근모
발 행 처 | 도서출판 청년정신 ◆ 등록 1997년 12월 26일 제10-1531호
주   소 | 경기도 파주시 문발로 115 세종출판벤처타운 408호
전   화 | 031) 955-4923 ◆ 팩스 031) 955-4928
이 메 일 | pricker@empas.com

이 책은 《청춘희망, 기술영업에 길이 있다》의 개정판입니다.

취업,
기술영업으로 뚫어라

홍성돈 지음

감사의 말

이 책은 음으로 양으로 큰 도움을 주신 많은 분들 덕분에 세상에 나올 수 있었다. 특히 '기술영업이 희망이다' 라는 제목으로 강의를 할 수 있도록 교육 장소를 비롯해 여러 편의를 제공해 주신 서울테크노파크(http://www.seoultp.or.kr)의 김지영 연구원과 오재우 팀장님의 지원과 조언에 큰 도움을 받았다. 감사드린다. 독자의 시각으로 꼼꼼하게 원고를 검토해준 한국 기술교육대학교 박민재 학생에게도 깊은 감사의 뜻을 전한다.

가족의 소중함을 일깨워 주고 날카로운 비평과 조언을 해준 사랑하는 딸 영선, 며느리 효정, 그리고 아내... 가족들의 응원은 늘 내게 큰 힘이 된다. 사랑하고 감사한다. 여든을 넘기신 연세에도 언제나 헌신적인 사랑을 베풀어 주시는 어머님께도 특별한 감사와 사랑을 전한다. 어머님은 이 책을 쓰는 데 있어서 뿐 아니라 삶을 살아가는 데 최고의 지원군이셨다.

글로벌 시대의 취업 마인드

21세기는 글로벌 시대다. 두 가지 특징이 있다.

첫 번째는 현기증이 날 정도로 변화의 속도가 빠르다는 점이다. 아무리 지적 수준이 높고 열심히 노력해도 변화의 속도를 따라가지 못하면 낙오되고 만다.

두 번째는 경쟁이 치열하다는 점이다. 끊임없이 경쟁자와 차별화 하지 않으면 힘들게 쌓아 올린 지위마저 한 순간에 잃을 수 있다. 조금만 방심하거나 허점을 보여도 경쟁력을 잃고 추락하고 만다.

이처럼 치열한 경쟁에서 살아남기 위해 서로 다른 제품간의 컨버전스를 넘어 기업, 브랜드, 학문 사이에도 컨버전스가 진행되고 있나. 물론 빠른 변화와 치열한 경쟁으로 인해 직업 세계도 큰 변화가 일어났다. 평생직장이라는 말은 구시대 유물이 되어버린 지 오래고 그 자리를 평생직업이라는 말이 대신하고 있다. 무한경쟁의 시대로 접어들면서 지금까지 잘 나가던 인기 직업이 계속 잘 나가고, '철밥통' 직장이 앞으로도 계속 존재하리라는 보장은 사라졌다. 급변하는 시대 상황에 따라 인기 직업의 우선순위도 하루가 다르게 바뀌고 있다.

이제는 이러한 변화의 흐름에 맞춰 직업관도 바뀌어야 한다. 세상을 보는 프레임을 먼저 바꿔야 하는 이유다. 프레임이 바뀌면 세상이 다르게 보이고 직업관도 달라진다.

학벌, 경력, 성, 비인기학과의 벽을 넘어서

취업은 단순히 먹고 사는 문제가 아니다. 인생에서 가장 소중한 자아실현의 욕구를 어느 정도 충족할 수 있을지에 대해서도 심사숙고해야 하는 아주 중요한 문제다. 똑같은 일을 하더라도 단지 먹고 살기 위해서 별로 마음에 내키지 않는 일을 억지로 하는 사람과, 자신의 꿈을 펼치면서 즐겁게 일하는 사람의 업무 성과는 크게 달라진다. 따라서 취업준비 단계에서 자신이 진정으로 어떤 삶을 살고 싶은지, 꿈이 무엇인지, 무엇을 잘할 수 있고 무엇을 좋아하는지 깊이 생각해봐야 한다.

하지만 유감스럽게도 현실에서는 대학을 졸업하고도 변변한 직장조차 잡기 어려워 '자아실현'이라는 단어 자체가 사치스럽게 들릴 수밖에 없는 실정이다. 직장을 구하지 못해 졸업을 늦춰가면서까지 취업에 도움이 되지 않을까 하는 생각에서 스펙 쌓기에 몰두하는 학생들도 많다. 기회가 되는 대로 여기 저기 이력서를 보내보지만 명문대학이 아니라는 이유로, 경력이 없다는 이유로, 인기학과가 아니라는 이유로, 여자라는 이유 따위로 서류전형에서부터 탈락해 면접 기회조차 얻지 못한다.

젊음과 패기 그리고 무한한 잠재력에도 불구하고 높고도 높은 이런 벽 때문에 꿈을 포기하고 좌절하는 사람들이 늘고 있다. 이제 이런 암울한 현실에서 벗어날 수 있는 발상의 대전환이 필요한 시점이다. 그것은 바로 21세기 글로벌 시대에 맞추어 생각의 프레임을 바꾸는 방법이다. 생각의 프레임을 조금만 바꾸면 그토록 높게 만 보이던 학벌, 경력, 성, 비인기학의 벽을 넘어설 수 있는 길이 보인다.

희망의 사다리, 기술영업

노벨평화상 수상자이자 그라민Grameen 은행 설립자인 무하마드 유누스Muhammad Yunus 박사는 방글라데시 주민들에게 조그마한 사다리무담보 대출를 놓아줌으로써 많은 사람들을 가난의 굴레에서 벗어나게 했다. 그들은 대나무 의자를 만드는 데 필요한 대나무 값 20센트250원가 없어서 하루 종일 죽어라고 만든 대나무 의자를 단돈 2센트에 대나무 재료업자에게 넘겨야 했었다.

이처럼 작은 생각의 차이가 커다란 변화를 가져온다. 마찬가지로 직업이나 직업관에 대해서도 글로벌 시대에 맞게 조금만 프레임을 바꾸면 커다란 변화를 이끌어 낼 수 있다.

이 책은 학벌, 경력, 성, 비인기학과라는 프레임에 갇혀 고통스러워하는 취업 지망생들에게 기술영업이라는 새로운 프레임을 제공한다. 영업에 대한 막연한 편견에서 벗어나 기술영업이 자신의 밝은 미래를 향해 오르는 희망의 사다리가 될 수 있음을 보여주고 또 그렇게 되도록 돕는다. 영업이나 기술영업을 꿈꾸는 취업 지망생은 물론 '영업'이라는 직업에 대해 거부감이 있거나, '기술영업'이 무엇인지 잘 모르는 취업 지망생 모두에게 왜 기술영업이 희망의 사다리가 될 수 있는지 이 책은 다음과 같은 다섯 가지로 보여준다.

첫째, 학벌과 경력과 성과 비인기학과라는 벽을 어떻게 넘을 수 있는가.

둘째, 기술영업이 제공할 수 있는 구체적인 이점들은 무엇인가.

셋째, 일반 사람들이 영업에 대해 잘못 이해하고 있는 점은 무엇이고, 영업과 기술영업은 구체적으로 무엇이 어떻게 다른가.

넷째, 비 엔지니어(인문계) 출신도 기술영업이 가능한 이유는 무엇이며 어떻게 하면 영업을 잘 할 수 있는가.

다섯째, 어떻게 하면 일하고 싶은 회사에서 기술영업인으로 일할 수 있는지에 대한 구체적인 방법은 무엇인가.

　기술영업이 열정과 패기가 넘치는 많은 젊은 취업 준비생들에게 꿈과 희망을 안겨주리라고 확신한다. 현재 엔지니어로 일하고 있지만 기회가 된다면 언젠가 엔지니어 생활을 탈피해 보고 싶은 사람들, 다른 분야에서 일하고 있지만 기회가 되면 영업을 해보고 싶은 사람들, 일반영업에서 기술영업으로 갈아타고 싶은 사람들에게 이 책이 희망을 줄 수 있으리라 확신한다. 본래 영업에 뜻이 있었던 사람들은 물론 소심하고 내성적인 성격이 불만스러웠던 사람들에게도 좋은 길잡이 역할을 해 주리라 확신한다.

　아무쪼록 이 책을 통해 기술영업에서 미래에 대한 희망과 자신감을 찾을 수 있게 되었으면 좋겠다.

contents

프롤로그

Chapter 01
영업에 대한 편견을 깨라

영업은 모든 인간 활동의 기본 • 14
일반영업과 기술영업의 차이 • 26
영업을 기피하는 이유 • 37
프로세일즈맨의 역할 • 44
프로세일즈맨은 이것이 다르다 • 52

Chapter 02
취업, 기술영업이 희망이다

수요기반이 넓다 • 60
능력에 따른 대우를 받는다 • 67
다른 직종에 비해 진입장벽이 낮다 • 73
무형의 자산가치가 커진다 • 79
자신의 이력 관리에 도움이 된다 • 84

Chapter 03
최고의 회사는 최고의 영업사원이 만든다

영업 마인드는 경영의 핵심 • 94
자신의 분야에서 최고가 되라 • 100

Chapter 04
기술영업에 전제 조건은 없다

컨버전스 전략을 구상하라 • 108
기술에 대한 지나친 거부감을 줄여라 • 118
인문계 출신이라고, 여자라고 기죽지 마라 · 122

Chapter 05
핸디캡도 장점이 될 수 있다

학벌 핸디캡을 강점으로 • 130
기술적인 핸디캡이 오히려 강점 • 135
성격을 알면 솔루션이 보인다 • 139

Chapter 06
성공적인 기술영업의 조건

다양한 세일즈 스킬 • 146
사고의 유연성 • 159
일에 대한 열정 • 164
풍부한 지식과 경험 쌓기 • 170
건강한 체력유지 • 179

Chapter 07
어떤 회사를 선택할 것인가

21세기의 직업 전망 • 186
어떤 직장을 선택할 것인가? • 191
나에게 맞는 회사를 어떻게 찾을 것인가 • 204
기술영업사원을 필요로 하는 회사 • 216
기술영업을 위한 준비 • 222

Chapter 08
이력서와 자기소개서 작성

나를 차별화 한다 • 230
이력서 작성 요령 • 236
자기소개서 작성 요령 • 243

Chapter 09
면접 방법

면접, 이것이 중요하다 • 250
면접시 평가기준 • 259
면접시 어떻게 답변해야 하나 • 266

부록 : 취업지망생이 자주 하는 질문 • 275
에필로그

Chapter 01

영업에 대한 편견을 깨라

영업은 모든 인간 활동의 기본

일반영업과 기술영업의 차이

영업을 기피하는 이유

프로세일즈맨의 역할

프로세일즈맨은 이것이 다르다

영업은 혁신innovation이다

세일즈맨은 단지 물건을 파는 사람인가. 아니다. 가치를 전달하고 혁신을 이끄는 사람이다. 피터 드러커는 '혁신'을 '고객이 생각지 못했던 새로운 가치를 만드는 활동이다'라고 정의했다. 이런 의미에서 보면 단지 새로운 제품을 개발하는 사람만이 혁신가가 아니라 새로운 시장을 만들어가는 마케팅 담당자나 세일즈맨도 혁신가라고 할 수 있다.

더운 여름철에나 먹던 아이스크림이 사계절 기호식품으로 자리 잡은 지 오래다. 여름철에 먹는 아이스크림보다 오히려 겨울에 먹는 아이스크림 맛이 더 좋다는 사람들도 있다. 추운 겨울철에 차가운 아이스크림을 먹는다는 게 이상할 법도 하지만 아무도 그렇게 생각하지 않는다. 처음부터 이런 인식이 일반적이지는 않았다. '12시에 만나요 부라보 콘…'이라는 가사로 시작되는 CM과 함께 1970

년대 초 부라보 콘이 처음 선을 보였을 당시만 해도 겨울철에 아이스크림을 찾는 사람은 이상한 눈초리를 감수해야 했다. 마치 얼음나라에 사는 에스키모에게도 냉장고가 필요하다고 하면 이상한 눈으로 쳐다보았 듯이 말이다. 오래전에 아이스크림이 사계절 기호식품으로 자리 잡았 듯이 추운 지방에 사는 에스키모들에게도 이미 오래전부터 냉동되지 않은 음식을 보관할 냉장실만 딸린 냉장고에 대한 구매 욕구가 강하다. 이 모든 것은 새로운 구매 욕구를 불러일으키고 새로운 가치를 창출하는 세일즈맨이나 마케터들의 혁신적인 생각이 있었기에 가능했다.

1884년 NCR_{National Cash Register}란 회사의 존 패터슨은 사상 처음으로 금전등록기를 만들었다. 그는 이 제품을 알리기 위해 설명회를 갖는 등 여러 노력을 기울였지만 고객들이 별다른 관심을 보이지 않았다. 고객들의 관심은 금전등록기보다는 오로지 어떻게 하면 종업원들이 주인 몰래 판매대금을 빼돌리는 것을 막을 수 있을지에 있었다. 소위 말하는 '삥땅 방지' 가 그들의 관심 사항이었다.

존 패터슨은 비즈니스 방향을 금전등록기를 파는 데 두는 대신 영수증에 대한 수요를 창출하는 데 맞췄다. 소비자들이 물건을 구입하면 반드시 영수증을 챙겨가도록 유도한 것이다. 이를 위해 처음에는 '영수증을 챙기세요' 라는 문구를 붙여 두었다가 나중에는 '구매금액' 으로 바꿔 사람들이 등록기에 나타난 금액을 보고 영수증에 찍힌 총액을 확인할 수 있게 했다. 영수증은 구매와 소유를 증명해주기 때문에 엄청난 힘을 가진다. 그뿐만 아니라 소유권과 반환, 교환 및 제품의 보증기간 증명 자료, 세금공제 등 여러 혜택을 받을 수 있다. 이러한 사실이 금전등록기를 구비하지 않은 상인들에게 전달되어 기계를 구매하고자 하는 욕구가 일어나도록 자극했다.〈세일즈 불변의 원칙〉 수요는 욕구로부터 나오고 욕구는 가치를 인식하거나 이익이 생길 때 나온다. 따라서 이러한 욕구는 당연히 수요로 이어졌고 이 사람 덕분에 오늘날 모든 구매에는 영수증이 따라온다.

사람들은 누구나 물건을 사도록 강요당하는 걸 싫어한다. 그 대신 자신들이 필요하다고 느끼는 것을 산다. 영업의 본질은 여기에 있다. 영업은 고객에게 물건을 사도록 강요하는 것이 아니라 갖고 싶은 욕구를 자극하기 위해 끊임없이 혁신을 계속한다. 고객의 고민이 무엇이고 고객이 진정으로 원하는 것이 무엇인지를 찾아 그에 맞는 새로운 시장을 만들어내고 가치를 창출한다. '영업은 혁신이다' 라고 말할 수 있는 것은 이 때문이다.

모든 사람은 무엇인가를 팔고 있다

대부분의 사람들은 영업을 세일즈맨영업사원이나 하는 것쯤으로 이해한다. 아니다. 좀 더 넓은 의미에서 보면 모든 인간 활동 자체를 영업 활동으로 볼 수 있다. 갓난아이가 배고프다고 우는 행위도 엄마에게 젖을 달라는 일종의 영업 행위다. 집에 손님이 찾아온다고 집안을 깨끗이 정리 정돈하는 것 역시 자신의 이미지를 높이려는 영업 행위다. 심지어 지하철에서 구걸하는 사람조차도 동정심이라는 감성을 판다. 《지킬 박사와 하이드》《보물섬》 등을 쓴 영국의 소설가이자 시인인 로버트 루이스 스티븐슨Robert Louis Stevenson이 "모든 사람은 무엇인가를 팔면서 살아가고 있다Everyone lives by selling something"고 말한 것처럼 모든 사람들은 다른 누군가에게 무엇인가를 영업하면서 살아간다. 이 말은 우리의 삶 자체가 가치value의 교환이라는 것을 의미하며, 이러한 가치의 교환은 인간관계나 커뮤니케이션을 통해 이루어지기 때문에 열린 마음과 신뢰가 핵심이라고 볼 수 있다.

교사나 교수, 변호사, 엔지니어, 회계사, 컨설턴트, 의사나 간호사도 서로 다른 분야에서 자신들의 재주나 역량, 지식이나 경험, 매너나 태도, 이미지나 외모 등과 같은 서로 다른 자신들의 다양한 가치value를 누군가에게 영업하면서 살아가고 있다. 이들 대부분은 '영업'이라는 단어에 거부감을 보이지만 실제로는 일반 세일즈맨과 크게 다를 바 없다.

그렇다. 영업은 단순히 어떤 물건을 판매하는 것만을 의미하지 않는다. 자신의 외모나 도덕성, 능력, 재능 등을 다른 사람에게 보여줌으로써 자신의 가치를 인정받는 행위까지도 무형의 이익을 창출하는 영업 행위로 볼 수 있다. 이 뿐만이 아니다. 영업은 눈에 보이지 않는 이야기도 팔고, 아이디어도 팔고, 꿈도 팔고, 서비스도 팔고, 브랜드도 판다. 즉 사람들은 영리를 추구하기 위해 다양한 형태의 영업 행위를 하고 있다.

그러나 똑같은 능력을 가진 사람이, 똑같은 종류의 영업을 해도 일을 대하는 자세나 태도에 따라 결과가 달라진다. 오직 영업 목표 달성만을 위해 수단과 방법을 가리지 않고 영업 행위를 했느냐 아니면 고객과 자신 둘 모두의 이익을 위해서 함께 노력했느냐에 따라 결과가 크게 달라질 수 있기 때문이다. 이것은 영업의 윤리성에 관한 사항이다. 영업에 종사하는 사람은 수단과 방법을 가리지 않고 자신만의 이득을 취해서는 안 된다. 고객만족을 통해 자신과 고객

모두에게 이득이 돌아가야 한다는 기본적인 윤리의식이 전제된다. 세일즈맨은 고객에게 물건을 팔아 이익을 남기고 고객은 구입한 제품을 통해 이익을 창출함으로써 서로가 만족하는 '윈윈Win-Win' 비즈니스가 이루어져야 하며, 사람들은 이를 일컬어 성공적인 상거래, 또는 성공적인 비즈니스라고 한다.

영업은 종합예술이다

훌륭한 교사는 학생의 입장에서 사물을 보려고 노력하기 때문에 학생들의 말 못할 고민이나 애로 사항을 부모 못지않게 잘 안다. 누가 무슨 문제로 자신의 도움을 절실히 필요로 하는지도 잘 안다. 그렇다고 해서 아무 때나 도움을 필요로 하는 학생들을 도와주겠다고 나서지 않는다. 교육적 효과가 높은 시점을 택해서 도움을 필요로 하는 학생 각자에게 필요한 여러 교육 자료나 솔루션을 준비한 뒤에 만난다. 만난 뒤에도 교사의 관점에서 일방적으로 도움을 주는 게 아니라 개별 학생들의 지적 수준이나 가정 형편 등을 고려해서 도움을 준다.

마찬가지로 뛰어난 세일즈맨은 아무 고객이나 무조건 찾아 나서지 않는다.

고객의 관점에서 자신의 솔루션을 필요로 하는 고객right person, 즉 고객이 가지고 있는 문제점이나 니즈를 충족시킬 수 있는 솔루션을 제공할 수 있는지, 솔루션을 구매할 수 있는 예산은 확보되어 있는지, 구매 결정에 핵심적인 역할을 하는 사람은 누구인지 등을 파악

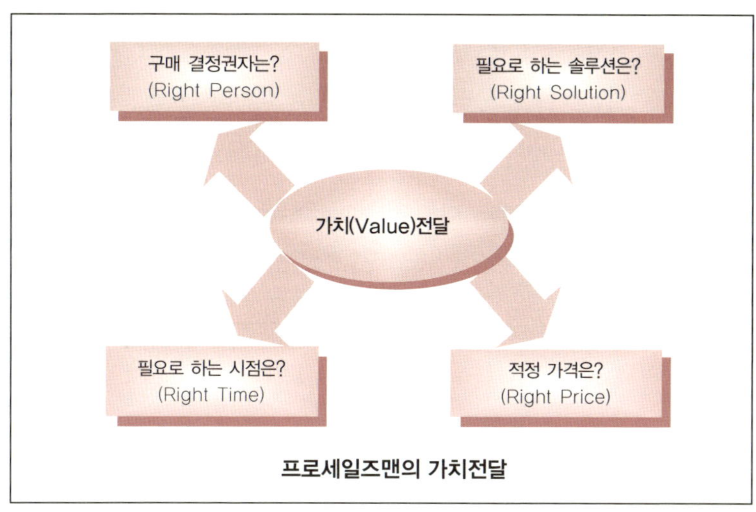

한 후에 고객을 찾아 나선다.

자신이 시간 여유가 많다고 해서 아무 때나 찾아가지도 않는다. 고객이 투자를 위한 예산 작업이나 솔루션을 필요로 하는 시점은 언제인지, 언제쯤 투자검토를 위한 시간을 내줄 수 있는지 등을 감안한 후 적절한 시점right time에 찾아간다.

고객을 찾아갈 때는 그냥 빈손으로 가지 않고 고객의 니즈를 충족하거나 문제점을 해결할 수 있는 적절한 솔루션right solution을 가지고 찾아간다. 또 터무니없는 금액의 솔루션이 아니라 고객의 형편이나 주변 상황을 감안한 적정한 가격right price의 솔루션을 제안한다.

목적이나 목표가 같다고 해서 모두가 정상에 오를 수 없듯이 세일즈맨이라고 해서 모두가 성공적인 세일즈맨이 되는 것은 아니다. 성공적인 프로세일즈맨이 되기 위해서는 프로다운 정신professionalism, 어려움을 참고 인내할 수 있는 자기 수양self-discipline,

지식 탐구 노력, 직업 윤리, 일에 대한 열정passion이 요구된다. 또 구매 프로세스를 컨트롤하거나 관리management할 수 있어야 한다. 이는 고객이 요구demand하는 시점에 고객이 요구하는 솔루션을 제공하는 것이 아니라, 고객이 요구하기 전에 고객의 문제점이나 니즈를 미리 파악해서 고객이 필요로 하는 시점에 고객이 필요로 하는 솔루션을 제공하는 것을 의미한다.

이를 위해 계획을 수립하고 이를 조직화organization 해서 필요한 시점에 시행action할 수 있어야 한다. 판매 활동이 아닌 구매 활동에 초점을 맞춰 고객에게 무엇을 하게 할 것인지에 대한 목표를 설정해야 한다. 즉 고객이 필요로 하는 구매를 할 수 있도록 필요한 조치를 취해야 한다.

이러한 일들이 매끄럽게 진행될 수 있도록 하기 위해 세일즈맨은 제품 개발, 생산, 마케팅 등 모든 프로세스를 정확히 이해하고 있어야 하며 고객들과의 원만한 의사소통이 이루어져야 한다. 영업을 종합예술이라고 부르는 이유가 여기에 있는 것이다.

영업은 물건이 아니라 희망을 판다

"우리가 공장에서 만드는 것은 화장품이지만 우리 가게에서 파는 것은 화학적 가치가 아닌 아름다워질 수 있다는 희망이다. 나는 여성들의 피부노화 문제를 해결하도록 도와줌으로써 아름다움이라는 꿈과 희망과 젊음을 판다."

레브론 화장품 설립자인 찰스 레브론Charles Revlon이 했던 말이다. 그렇다. 사람들은 물건을 사는 게 아니라 꿈과 희망을 사고 세일즈맨은 꿈과 희망을 실현할 수 있도록 이들을 돕는다. 사람들은 자동차를 구매하는 게 아니라 쾌적함과 자신의 품위를 향상시켜주는 교통수단을 산다. 상품 자체를 구입하는 것이 아니라 상품을 통해 자신들이 성취하고자 하는 목표를 달성하는 데 도움이 되는 수단과 방법을 구입한다. 또 사람들은 이성으로 물건을 구입하는 것이 아니라 감성으로 구입하고 이성으로 구매 사실을 합리화한다. 감성적인 기분에 끌려 스타벅스에서 젊음과 여유를 즐기고 나오면서 "비록 비싼 커피를 마셨지만 내가 좋아하는 친구들과 뜻있는 시간을 보냈기 때문에 커피 값이 아깝지 않다"라고 이성적으로 합리화 한다.

효율성과 경제성을 최우선으로 여기는 비즈니스 투자에서도 마찬가지다. 감성적인 판단에 의해 투자를 결정해 놓고 나서 "세계 최고의 회사들과 경쟁하려면 시설도 세계 최고 수준으로 꾸며놔야 해"라고 이성적으로 합리화 한다. 따라서 세일즈맨은 단순히 상품이 가지고 있는 기능이나 특징, 경쟁사에 비해 어느 점이 우수한지 등에 대한 상품의 본질에 대한 설명이 아니라 상품이 제공하는 이익, 즉 상품을 소유함으로써 개인적 삶이나 회사 업무에 어떤 질적인 변화가 오는지에 대해 설명해야 하며 고객의 마음을 움직일 수 있는 '핫 버튼'을 찾아내야 한다. 물론 핫 버튼을 찾기란 생각보다 쉽지 않다. 두 가지 이유에서다.

첫째로 사람들은 자신들의 속마음을 밖으로 잘 드러내지 않는다. 속으로는 세일즈맨을 신뢰할 수 없어 더 이상 거래하고 싶지가 않은데도 겉으로는 가격이 비싸서 살 수 없다고 말한다.

두 번째로 구매에 관련된 회사 직원들의 궁극적인 목표는 같지만 마음속 핫 버튼은 제각각이다. 상사로부터의 인정이나 동료 직원과의 차별화, 생산성 향상을 통한 경쟁사 제압, 승진, 자존심 회복, 대외 홍보, 입찰자격 획득, 직원 감원 등 직위나 개인적 이해관계에 따라 다양한 핫 버튼이 존재한다.

이처럼 핫 버튼은 고객을 구매로 이끌 수 있는 강력한 구매동기 요인이기 때문에 세일즈맨이 가망고객의 핫 버튼을 얼마나 정확히 찾아내느냐 여부에 따라 고객이 동기부여가 될 수도 있고 그렇지 않을 수도 있다.

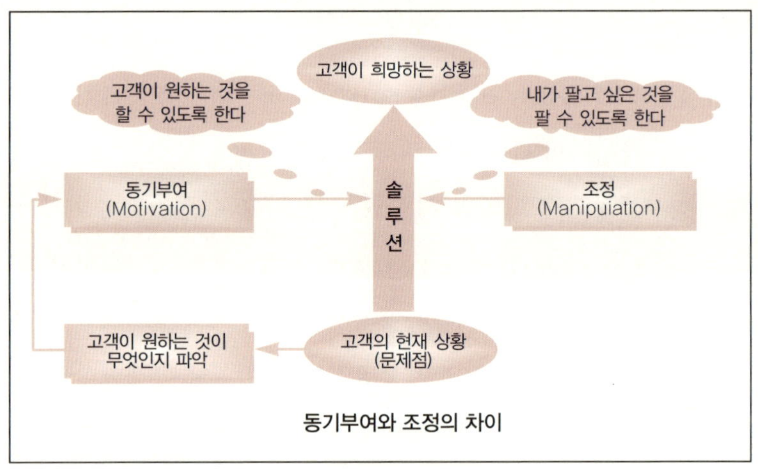

동기부여와 조정의 차이

가치는 제 눈의 안경이다

세일즈맨은 희망을 팔고 상품의 가치를 전달하는 사람이다. 고객들은 세일즈맨이 전달하는 상품이나 서비스의 가치가 자신들이 지불한 비용보다 크다고 느낄 때 만족감이나 기쁨을 느끼게 된다. 우리는 이를 '고객만족customer satisfaction'이라고 부른다.

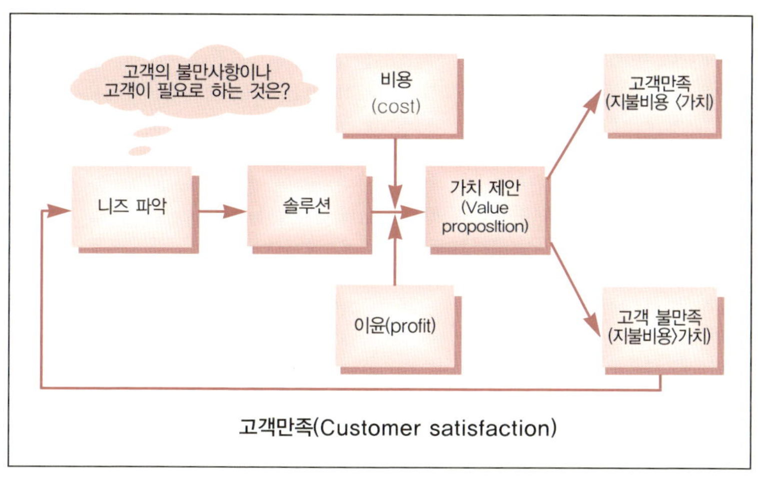

고객이 지불하는 비용은 상품을 만들거나 서비스를 제공하는 데 들어간 비용cost에 적정 이윤profit을 더한 금액으로, 제조비용이 많이 들어가거나 또는 이윤이 너무 높아 제품의 가치에 비해 지불비용이 클 경우 고객은 불만을 가지게 된다. 이런 이유에서 모든 회사는 제품의 품질에 영향을 미치지 않는 범위 내에서 비용을 절감하기 위한 최선의 노력을 기울인다.

그렇지만 비용을 줄이는 데에는 물리적인 한계가 있기 때문에 비용이 높아 경쟁력 확보가 어렵거나 고객을 만족시키기 어려울 경우, 불가피하게 이윤 폭을 줄여야 한다. 문제는 이윤 폭을 줄일 경우 신제품 개발 등을 위한 투자 여력이 줄어들게 되며 이는 품질 저하로 이어지고, 품질 저하는 다시 제품의 가치를 떨어뜨리게 된다.

제품을 공급하는 세일즈맨 입장에서 보면 그나마 다행스러운 것은 똑같은 제품이라도 고객이 느끼는 가치가 모두 다르기 때문에 너무 가격에 민감할 필요가 없다는 점이다. 똑같은 경매 물건을 놓고 경매에 참여한 사람들이 서로 다르게 가격을 부르는 것도 사람마다 느끼는 가치 기준이 제각기 다르기 때문이다.

제품의 가치는 크게 제품의 기능이나 특징 등과 같은 유형의 가치와 브랜드나 회사 이미지와 같은 무형의 가치로 구분된다. 최근 들어 제품 간 질적인 차이가 줄어들면서 상대적으로 유형의 가치에 비해 무형의 가치 비중이 커지고 있다.

1990년 10월 3일 서독의 콜 총리와 동독의 드 메지에르 총리가 통일조약서에 서명하면서 45년 동안 분단되었던 독일이 다시 하나가 됐다. 이 역사적인 조약서에 서명할 때 사용한 펜이 몽블랑 만년필이었다. 1997년 임창열 당시 부총리 겸 재정경제원 장관이 IMF 구제금융 신청서에 서명할 때 사용한 펜 역시 몽블랑 만년필이다. 이메일로 편지를 주고받고, 노트북으로 글을 쓰는 디지털 시대에 아날로그 시대에 각광받았던 몽블랑 만년필과 같은 고가의 펜이 여전히 인기를 끌고 있다. 2, 3백 원이면 살 수 있는 필기구가 주위에 널려 있는데도 가격이 20만 원을 훌쩍 넘어가는 고가의 제품이 인기를 끌고 있는 이유가 무엇일까? 고객이 느끼는 가치의 기준이 다르기 때문이다.

기능적 가치 측면에서만 보면 저가의 볼펜과 몽블랑 만년필의 가격 차이를 설명하기가 쉽지 않다. 그렇지만 상징적, 또는 정서적 가치 측면에서 보면 사람마다 느끼는 차이가 크다. 몽블랑 만년필을 단순한 필기도구가 아닌 성공한 사람들이 쓰는 필기구 또는 사용자의 품격이나 위상을 상징한다고 생각하는 사람들은 정서적 만족과 함께 상징적 가치를 중시한다.

몽블랑은 바로 이런 고객층을 겨냥해 장인의 손길을 거친 완벽한 디자인, 고가 전략이나 소량 생산에 의한 희소가치 증대, 세일이나 장기 할부판매 금지 등과 같은 마케팅 전략을 구사, 브랜드 가치를 키워가고 있다.

똑같은 제품이라도 장소와 시간 또는 상황에 따라 가치 기준이 달라진다. 예를 들어 똑같은 영화인데도 조조, 심야 프로와 일반 시간대 가격이 다르고, 고급 레스토랑에서 마시는 콜라 가격과 햄버거 가게에서 지불하는 콜라 가격이 다르다. 비가 올 때 지하철 앞 편의점에 있는 우산의 가치와 비가 오지 않을 때의 우산의 가치 또한 다르다. 이처럼 상품의 가치는 주관적이며 시간과 장소, 계절, 상황, 사람에 따라 달라지기 때문에 세일즈맨이 고객의 니즈를 정확히 파악해서 고객의 니즈를 얼마나 잘 충족시켜 주느냐에 따라 고객이 느끼는 가치가 달라지고 고객만족도 역시 달라진다.

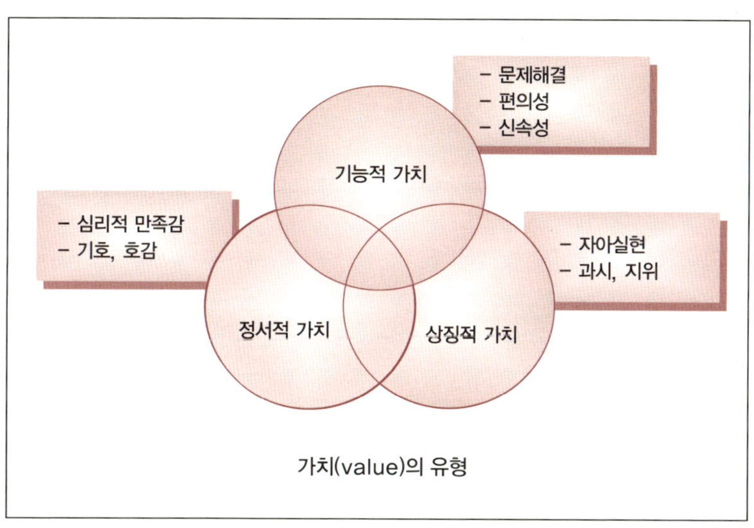

가치(value)의 유형

기술영업은 고객 설득력, 고객과의 친화력, 고객을 대하
는 태도나 자세, 고객과의 신뢰성, 일에 대한 열정과 성
실성 등과 같은 일반영업에 필요한 영업력에다가 제품
기술이라는 가치를 더해 고객이 필요로 하는 제품이나
서비스 또는 솔루션을 제공하는 것을 말한다.

기술영업은 진정한 가치 셀링value selling이다

IBM은 1990년대 당시, 하드웨어와 소프트웨어 비중이 전체 매출의 70%가 넘었으나 회사가 심각한 경영 위기를 겪게 되자 루이스 거스Louis V. Gerstner 회장을 영입, 서비스 비중을 50%까지 끌어 올렸다. 그러다가 2002년 10월 샘 팔미사노Samuel J Palmisano 회장이 부임하면서 'E-Business on Demand'라는 새로운 비즈니스 전략을 발표, 서비스 비즈니스를 더욱 강화하고 있다.

이는 새로운 비즈니스 기회를 포착해서 점점 다양해지고 있는 고객의 요구를 적극적으로 수용하면서 치열한 경쟁에 유연성 있게 대응하기 위한 전략의 일환이다. 협력사를 포함한 고객과 더욱 긴밀한 협력 체제를 구축, 고객의 니즈에 초점을 맞춘 커스터마이즈된 솔루션을 제공함으로써 고객 만족도를 높이면서 보다 높은 부가가치를 창출하고 있다. 바로 이 중심의 한가운데에 솔루션 영업, 즉 기술

영업과 기술영업 사원이 있다.

　기술영업은 고객 설득력, 고객과의 친화력, 고객을 대하는 태도나 자세, 고객과의 신뢰성, 일에 대한 열정과 성실성 등과 같은 일반영업에 필요한 영업력에다가 제품기술이라는 가치를 더해 고객이

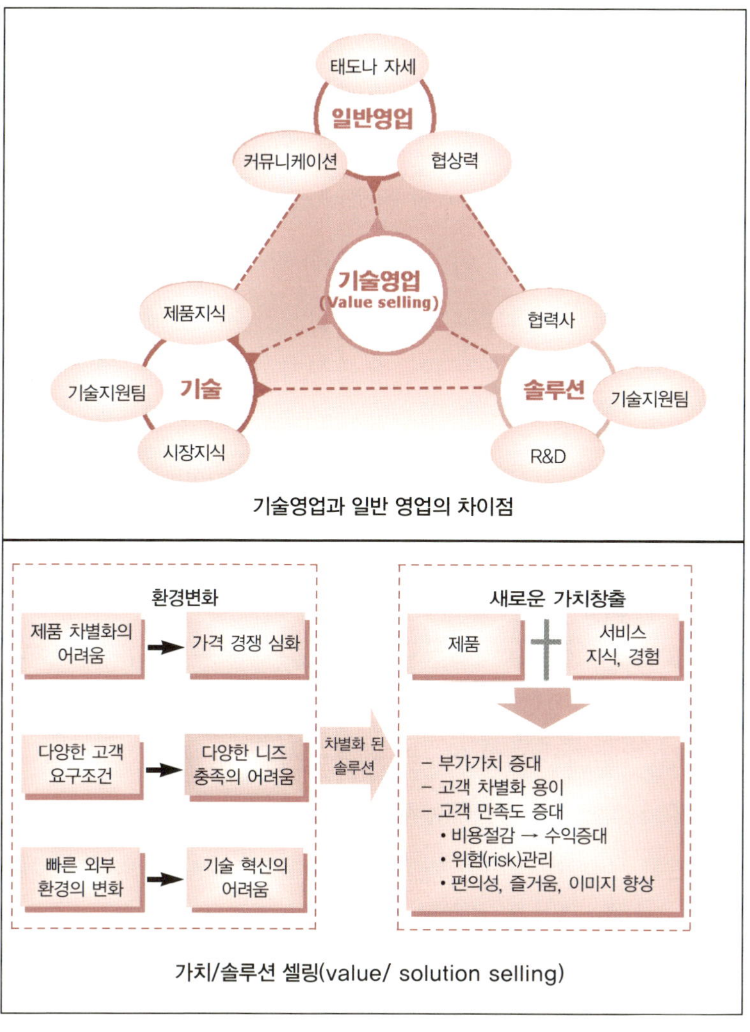

기술영업과 일반 영업의 차이점

가치/솔루션 셀링(value/ solution selling)

필요로 하는 제품이나 서비스 또는 솔루션을 제공하는 것을 말한다. 따라서 기술영업은 제품 지식은 물론 시장 지식이 풍부해야 한다. 바로 이런 이유에서 기술영업은 일반영업에 비해 진정한 가치셀링이라고 할 수 있다.

상대하는 고객이 다르다

영업이라고 하면 주로 자동차, 화장품, 학습지, 보험 상품 등과 같이 일반 소비자를 대상으로 일상생활에 필요한 상품을 판매하는 것을 말한다. 이들 상품은 대부분 불특정 다수를 상대로 판매 활동이 이루어지기 때문에 신문이나, 방송 등과 같은 매체를 통해 소비자들에게 상품의 특성이나 브랜드를 알린다. 이를 위해 별도의 마케팅 부서를 두고 마케팅 활동에 많은 돈을 투자한다.

대부분의 소비자들은 광고나 입소문 또는 인터넷 등을 통해 세일즈맨 못지않게 상품에 대해 잘 알고 있으며, 꼭 세일즈맨을 통하지 않더라도 인터넷이나 홈쇼핑 등과 같은 다른 판매 채널을 통해서도 보다 싸고 편리하게 물건을 구입할 수 있다.

그러나 기술영업은 상대하는 고객층부터가 다르다. 소비재 상품이 아닌 산업재 상품을 주로 취급하기 때문에 기업의 제조 부서나 연구소, 군대, 정부 출연 연구기관, 관공서, 학교 등이 기술영업 사원의 주 고객이다. PC나 자동차와 같은 범용제품보다는 특정 용도로 개발된 제품이나 솔루션이 대부분이기 때문에 일반 소비재 제품과 달리 일반신문이나 방송보다는 주로 전문매체를 통한 광고나 기술세미나, 전시회 출품 등을 통해 제품을 알린다.

일반 소비재 상품처럼 인터넷이나 홈쇼핑 등을 이용한 판매가 어렵기 때문에 기술영업사원들이 구매 가능성이 있는 가망고객들에게 전화를 하거나 직접 이들 고객을 찾아가는 방문판매가 가장 효과적인 판매수단이다.

자신들의 상품을 필요로 하는 고객을 개발하기 위해서는 무엇보다도 시장 상황을 정확히 이해하는 게 중요하다. 업종에 따라 똑같은 제품이라도 사용 목적이나 사용 방법이 다르고 동일 업종이라도 회사마다 구매 조건, 구매량, 사용 조건이 달라 고객이 요구하는 니즈나 솔루션도 각각 달라지기 때문이다.

세일즈 프로세스가 복잡하다

통상 구매자는 물건 구입시 구매 욕구 인식, 구매에 필요한 정보 탐색, 획득한 정보의 평가, 구매 결정, 구매 후 평가라는 구매 프로세스를 통해 물건을 구입한다. 구매자는 스스로의 필요에 의해서, 또는 광고나 제품을 보는 순간 갑자기 구매 욕구를 느끼는 경우도 있지만 통상 여러 심리적 변화 단계를 거쳐 구매를 위한 태도 변화가 일어나게 된다. 이러한 심리적 변화를 일으키기 위해 고객의 주의를 끌어Attention, 흥미를 갖게 만든 후Interest, 사고자 하는 욕구를 불러일으키고Desire, 자사의 브랜드나 이미지에 대해 확신을 갖게 만든 후 마침내 행동을 일으키도록 하는Action 'AIDA 판매기법'을 많이 사용한다.

보기에 따라 구매 프로세스가 꽤 복잡해 보이지만 일반 소비자를 대상으로 하는 영업의 경우 구매 금액이 크지 않고 구매에 관여하는 사람이 많지 않아 기술영업에 비해 구매 프로세스가 비교적 간단하다. 수중에 돈이 없으면 물건을 현찰 대신 카드나 할부로 구입할 수도 있다.

그러나 기술영업의 경우 구매 프로세스 자체는 일반영업과 크게 다르지 않지만 각 단계별 구매자의 구매 행동이 일반영업과 크게 다르다. 통상 구매 물량이나 구매 금액이 크고 어떤 제품을 구입하느냐에 따라 생산성이 크게 달라지기 때문이다. 누가 뭐래도 생산성은 비용 절감이나 품질 향상에 결정적인 영향을 미치기 때문에 투자에 신중을 기할 수밖에 없다. 따라서 구매자는 구매 검토를 할 때 기술적인 측면뿐만 아니라 경제적인 측면이나 운용 측면 등 여러 측면을 동시에 고려하게 된다.

예를 들어 어느 회사에서 사무 자동화를 위해 새로운 전산 시스템을 도입한다고 할 경우 기술적인 요구 사항들이 제대로 충족되고 있는지, 어떻게 시스템을 구성하는 것이 가장 효율적인지, 어느 시스템이 보다 안정적이고 경제적인지 등에 대해 실무진에서 오랜 시

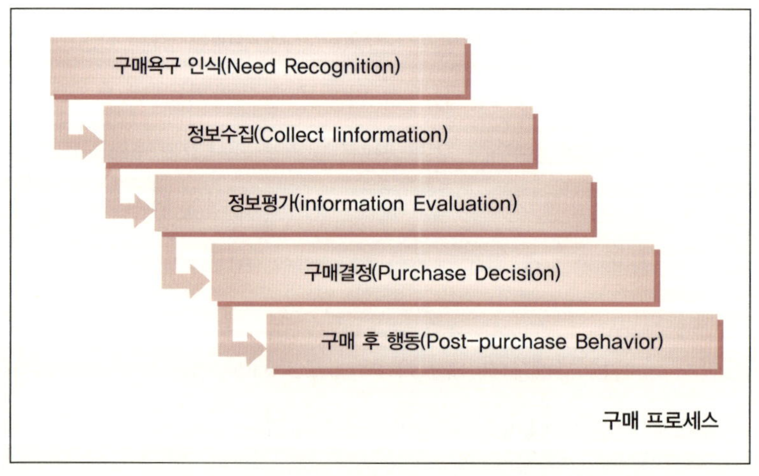

구매 프로세스

간을 두고 검토를 하게 된다. 그뿐만이 아니라 많은 돈이 투자되기 때문에 투자 대비 효과가 어느 정도이고 투자금액은 언제쯤 회수할 수 있는지 등에 대해서도 재정 담당자나 최고경영자가 많은 관심을 보인다.

그러다 보니 기술영업사원이 상대해야 하는 대상이 제품 사용자, 제품 검토자, 구매 발주자, 회사 경영자에 이르기까지 다양하다. 따라서 누가 구매의 결정적인 키를 쥐고 있는지, 구매에 관련된 사람들 사이에 어떤 정치적 이해관계가 얽혀 있는지, 제품 선정을 위한 핵심적인 핫 버튼은 무엇인지 등 구매 결정에 영향을 미치는 여러 요인들을 파악한 후 이에 대한 대비책을 강구해야 한다. 구매가 결정되고 나서도 구매 계약서 작성, 대금 지불방법 결정, 물건 납품, 물건 납기지연에 따른 대책, 장비 설치 및 교육, 사후관리 등에 관련된 여러 작업들을 진행해야 한다. 이처럼 기술영업은 일반영업에 비해 세일즈 프로세스가 복잡하다.

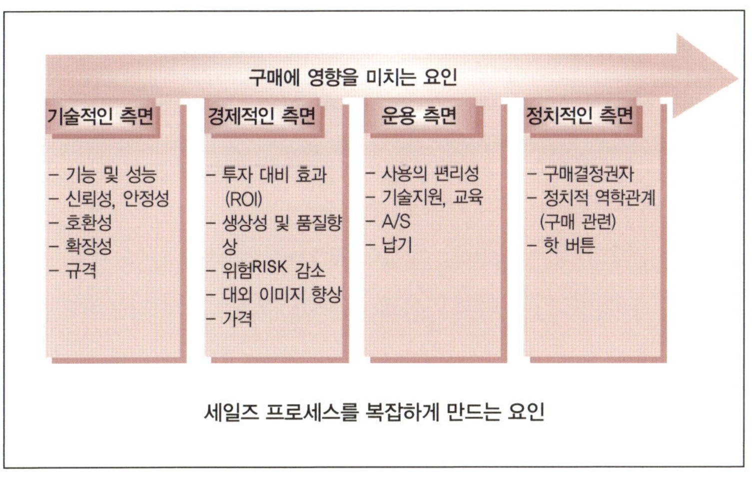

세일즈 프로세스를 복잡하게 만드는 요인

아무 때나 마음 대로 제품을 사고 팔 수 없다

일반영업의 경우 고객이 원하면 아무 때나 제품을 사고 팔 수 있다. 그러나 기술영업은 다르다. 고객이 제품을 구입하고 싶어도 고객이 원하는 시점에 제품을 공급할 수 없어 주문을 받을 수 없는 경우가 생긴다. 제품의 특성이나 비즈니스 상황에 따라 주문을 받은 후 납품까지 오랜 시간이 소요되기 때문이다. 이런 경우 아무리 구매 금액이 크고 구매량이 많더라도 주문을 받거나 주문을 해서는 안 된다.

납기 문제를 해결할 수 있는 여러 방안들을 모색해 본 후에 마땅한 방안이 없을 경우 아쉽지만 미련 없이 판매를 포기해야 한다. 또 세일즈맨이 아무리 제품을 팔고 싶어도 고객이 구매를 위한 예산이 확보되어 있지 않으면 팔 수가 없다. 고객이 예산을 확보하는 데까지 길게는 1년이라는 시간이 소요되기 때문에 예산이 확보되어 있지 않은 경우 구매를 위한 예산 확보부터 서둘러야 한다. 군대와 같은 특수 조직의 경우 예산 확보에서 구매 발주까지 몇 년의 시간이 소요될 수도 있다.

전문적인 지식을 필요로 한다

일반제품의 경우 제품의 특징이나 기능, 장단점 등에 대해 전문적인 지식이 없어도 누구나 쉽게 이해할 수 있다. 제품에 딸려오는 매뉴얼만 보면 누구라도 쉽게 제품 사용법을 익힐 수 있기 때문에 사용자를 위한 별도의 엔지니어를 확보하고 있을 필요가 없다.

그러나 기술영업의 경우는 다르다. 고객의 니즈나 고객이 가지고 있는 문제점이 다양하기 때문에 제품 지식이나 시장 지식이 풍부해야 한다. 또 제품에 대한 지식 이외에도 구매 부서 등과의 협상을 위한 협상 스킬 등 다양한 전문 지식을 갖추고 있어야 한다. 이러한 지식이 부족할 경우 고객이 필요로 하는 적절한 솔루션을 제공할 수 없을 뿐더러 고객과의 원만한 대화 자체가 이루어질 수 없다. 특히 구매자가 구매하고자 하는 제품과 유사한 제품을 이미 사용해본 경험이 있거나 나름대로 구매에 필요한 다양한 정보를 가지고 있을 경우 자칫 신뢰를 잃을 수 있다.

이런 문제를 해결하기 위해 많은 회사가 세일즈맨을 대상으로 한 자체교육이나 외부교육을 주기적으로 실시하고 있다. 또 구매자와 기술적으로 깊이 있는 논의가 필요할 경우에는 기술 지원 엔지니어의 도움을 받는다. 세일즈맨은 기술 지원 엔지니어와 달리 제품에 대해 깊이 있는 이해보다는 폭넓은 이해가 필요하기 때문에 영업 초보자나 비 엔지니어 출신 세일즈맨이라 할지라도 필요한 교육을

구분	"제품" 중심	"솔루션" 중심
역할	– 혼자서 모든 일을 알아서 할 수 있음 (팔방미인, 좌지우지형)	– 다양한 기능을 하는 팀의 리더
제품지식	– 특정 제품에 대한 좁고 깊은 이해	– 시장 전반에 대한 폭넓은 이해
고객관계	– 일 對 일 – 기능적 구매 – 개인간의 신뢰	– 다 對 다(팀별 관계) – 다양한 직급과 다양한 기능 – 팀 능력에 대한 신뢰
분석기술	– 발달 정도 높지 않음	– 다기능, 다분야와 관련된 분석 기술 필요
판매기술	– 거래 중심 – 규격품 판매	– 관계형성 중심 – 상담역할 중심 – 솔루션 중심
배경/경험	–기능적(ex판매) 경험 중심	– 범 기능적 경험 중심 – 가치사슬 전체에 대한 이해

솔루션 비즈니스에 필요한 인적자원 능력

충실히 이수해 가면서 취급하고 있는 제품에 대해 관심을 기울이면 큰 어려움 없이 업무를 수행할 수 있다.

하지만 회사 여건상 아무런 교육 기회가 주어지지 않을 경우 고객의 신뢰는 물론 경쟁력마저 상실할 수 있다. 따라서 아무런 교육 기회가 주어지지 않을 경우 스스로 교육 기회를 만들어서라도 경쟁력과 신뢰를 잃지 않도록 노력해야 한다.

기술 지원 엔지니어를 필요로 한다

일반 제품의 경우 제품 사용이 비교적 간단하기 때문에 제품에 하자가 발생하거나 사용 중 고장이 발생할 경우 이를 해결하기 위한 A/S 조직만 갖추고 있으면 된다. 그러나 기술영업사원이 판매하는 제품 중에는 제품의 설치는 물론 제품 사용법이 어려워 전문 기술담당 엔지니어의 도움을 필요로 하는 제품이 많다.

이러한 제품의 효율적인 지원을 위한 기술 지원 엔지니어 그룹은 통상 크게 두 그룹으로 구분된다.

첫 번째 그룹은 영업 활동에 필요한 제품 소개, 기술적인 설명, 제품 사용자 교육, 필요한 애플리케이션 개발, 제품 사용상의 문제점 해결, 세일즈맨 교육 등과 같은 업무를 주로 담당한다. 세일즈맨의 손과 발 역할을 담당하기 때문에 기술력은 물론 강의나 프레젠테이션 스킬이 뛰어나야 하며, 고객을 대하는 매너도 좋아야 한다.

두 번째 그룹은 구입 제품의 설치, 예방 정비, 제품 고장시 불량 수리 업무를 주로 담당한다. 제품 사용 중 고장이 발생하면 업무에 막대한 지장을 초래할 수 있기 때문에 예방 정비는 물론 신속한 고

장 수리가 이루어져야 한다. 이들 엔지니어의 서비스 품질이 떨어
질 경우 고객 불만으로 이어져 회사의 이미지 추락은 물론 비즈니
스에 큰 타격을 줄 수 있기 때문에 세일즈맨은 고객 못지않게 이들
기술 지원 담당자와 긴밀한 협조 체제를 구축해야 한다.

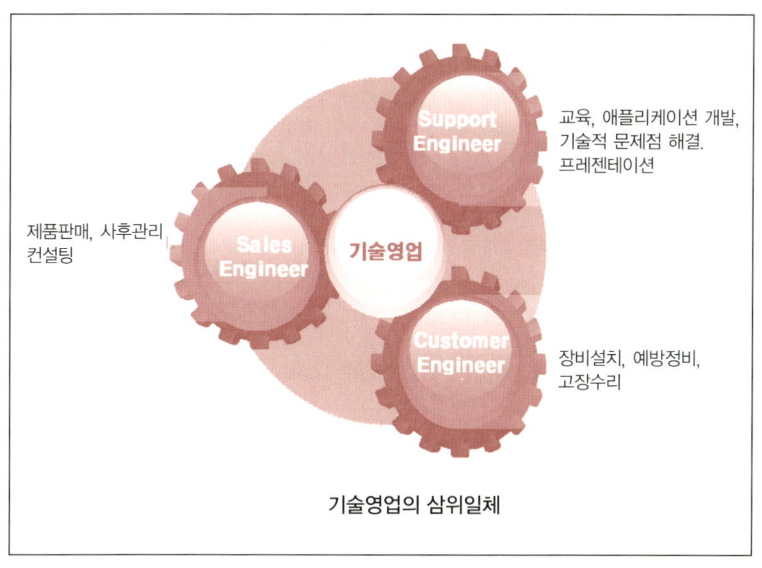

기술영업의 삼위일체

고객과의 긴밀한 유대관계가 맺어진다

일반영업의 경우 고객을 처음 만나서 구매에 이르기까지의 시간
이 비교적 짧고 불특정 다수의 많은 고객을 상대해야 하기 때문에
고객과 긴밀한 관계를 유지하기가 쉽지 않다. 그러나 기술영업의 경
우 고객의 문제가 무엇인지를 찾아내는 일에서부터 필요한 솔루션
을 제공하기 위한 방안 마련, 제품 구매 후 사후 관리에 이르기까지
오랜 시간 고객과 가까이에서 함께 일해야 한다. 따라서 자연스럽게

고객과 친밀한 관계가 유지되고 시간이 지나면서 친구 관계로 발전
하게 되는 경우가 많다. 특히 제품의 기술적 난이도가 높은 제품일
수록 보다 높은 차원의 고객 지원을 필요로 하기 때문에 고객과 더
욱 긴밀한 우호협력관계로 발전하게 된다.

일반영업과 기술영업의 차이점

	일반영업	기술영업
주요고객	일반 소비자	기업
영업품목	소비재	산업재
전문지식	No	Yes
세일즈 프로세스	간단	복잡
기술지원 엔지니어	No	Yes

예전에는 보험, 은행, 증권사 사이에 칸막이가 있어 동종업종끼리 서로 눈치 보기 경쟁만 하면 되었지만 칸막이가 사라지면서 이제는 다른 업종과도 치열한 경쟁을 해야 한다. 이처럼 모든 분야에 걸쳐 경쟁이 치열해 지면서 영업에 대한 중요성이 날로 강조되고 있고 영업에 대한 인식도 크게 달라지고 있다.

영업을 기피하는 이유

영업에 대한 오해와 편견

2008년 12월 한국 대표기업 중 하나인 KT 사장이 납품 비리 혐의로 구속되었다. 언론 보도에 의하면 2002년 KT가 완전히 민영화 됐지만 관료적인 조직 문화가 그대로 남아 있었고 협력업체와의 관행적인 납품 비리가 끊이지 않았다고 한다. 그랬던 KT가 이석채 회장이 취임하면서 완전히 새로운 모습으로 탈바꿈했다. 검사 출신을 윤리경영실장으로 영입, KT의 DNA를 송두리째 바꿔가고 있다. 고질적인 납품 비리도 거의 사라졌다.

언론을 통해 과거 KT와 유사한 납품 비리 사건들을 자주 접해서 그런지 영업을 해본 경험이 없는 사람은 물론 경험이 있는 사람들조차도 영업에 대해 잘못 이해하고 있거나 편견을 가지고 있는 사람들이 많다. 과거에 비해 많이 달라졌지만 아직도 영업에 대해 긍정적인 시각보다 부정적인 시각이 많다. 하지만 지금은 과거와 크게 다르다. 비즈니스 환경이 글로벌화 되면서 협력업체를 '갑'과 '을'의 관계가 아닌 동반자 관계로 인식하기 시작했다.

이러한 변화의 바람은 국내 굴지의 대기업에서 중소기업으로 확산되고 있다. 얼마 전까지만 해도 영업의 필요성을 전혀 느끼지 못했던 병원이나 대학조차도 이제는 환자나 학생을 끌어들이기 위해 피나는 영업 활동을 하지 않으면 더 이상 살아남을 수 없는 시대가 되었다. 그뿐만이 아니다. 사법고시 합격자 수가 급격히 늘면서 선망의 대상 중 하나였던 변호사조차도 전문성 못지않게 영업능력을 갖추지 못하면 치열한 생존경쟁에서 살아남기 힘든 세상이 되었다.

예전에는 보험, 은행, 증권사 사이에 칸막이가 있어 동종업종끼리 서로 눈치 보기 경쟁만 하면 되었지만 칸막이가 사라지면서 이제는 다른 업종과도 치열한 경쟁을 해야 한다. 이처럼 모든 분야에 걸쳐 경쟁이 치열해 지면서 영업에 대한 중요성이 날로 강조되고 있고 영업에 대한 인식도 크게 달라지고 있다.

상황이 이럼에도 영업 현장에서 뛰고 있는 사람조차도 아직까지 영업에 대해 잘못 이해하고 있는 사람이 많다. 여러 원인이 있겠지만 제대로 된 영업 교육을 받지 못하고 혼자서 몸으로 부딪쳐가면서 배운 잘못된 영업습관을 아직도 떨쳐 버리지 못하고 있는 게 주원인이라는 생각이 든다. 지금도 세인의 입에 오르내리고 있는 대표적인 사례 몇 가지를 열거해 본다.

▶ 영업은 말 잘하고 술 잘 먹는 사람이 잘 한다.

▶ 영업은 남과 잘 어울려 놀 줄 아는 사람이 잘한다.

▶ 영업을 하면 사생활이 제약을 받기 때문에 가정생활이 엉망이

된다.

▶ 영업은 스트레스를 받아 건강을 해친다.

▶ 영업은 마지막으로 선택하는 직업이다.

▶ 영업은 '갑'과 '을'의 관계다.

▶ 가격이 싸고 물건 좋으면 아무나 팔 수 있다.

진짜로 말을 잘하고 영업을 잘하는 사람은 단지 말로 분위기를 주도하거나 청산유수의 달변가가 아니다. 자신의 제품을 설명하는 데 열을 올리는 사람보다 고객의 마음을 읽고, 고객과 소통하기 위한 경청에 많은 시간을 할애할 줄 아는 사람이 커뮤니케이션 전문가이고 영업도 잘한다. 영업은 술을 잘 마시고 못 마시고를 떠나 매사에 성실하고 열정적인 사람, 그리고 남과 어울려 놀기 좋아하는 사람보다 신용이 두텁고 남과 좋은 인간관계를 유지할 수 있는 사람에게 유리하다.

다른 직업과 달리 영업은 주로 사무실에서 일하는 시간보다 고객과 함께하는 시간이 많다. 그러다 보니 길에서 빼앗기는 시간이 많고 귀가 시간도 불규칙해서 사생활에 지장을 받기 쉽고, 실적에 쫓기다 보면 스트레스를 많이 받게 된다고 생각하는 사람이 많다. 일정 부분 맞는 말이다. 효율적으로 시간을 관리하지 못하거나 스스로 자신을 컨트롤 하지 못하면 힘들다.

영업은 모든 것을 실적으로 평가받기 때문에 매일매일 사무실에 나가 출근부에 사인할 필요가 없다. 집에서 영업 현장으로 바로 출근하고 영업 현장에서 곧바로 집으로 퇴근한다고 누가 뭐라고 하는 사람이 없다. 팀 간에 업무 협조가 필요하거나 특별한 보고 사항이 있을 때만 회사에 들르면 된다. 그렇게 하는 것이 업무 효율이 높기 때문이다. 영업은 자기 스스로 만든 시간표에 의해서 활동하기 때문에 시간 관리를 잘하면 다른 직종에서 일하고 있는 회사원들보다 더 가정에 충실하면서 즐겁게 일할 수 있다.

정도의 차이는 있겠지만 현대인 누구나 스트레스를 받고 산다. 영업 실적 때문에 더 스트레스를 받는다는 생각은 잘못된 생각이다. 영업 실적이 좋으면 계량화된 업무 성적표와 인센티브를 받기 때문에 오히려 다른 직종에 근무하는 어느 누구보다 즐겁고 보람 있게 일할 수 있다.

다만 아무리 노력해도 국내외 비즈니스 상황이 좋지 않아 일시적으로 실적이 나빠져 부담을 느낄 수 있다. 또 다른 사람보다 능력이 떨어져 실적이 안 좋은 경우 당연히 심적 부담을 느끼게 된다. 따라서 세일즈맨은 이런 때를 대비해서 나름대로의 스트레스 극복 방법을 터득해야 하고 자기계발 노력도 게을리 해서는 안 된다.

영업을 우습게 보는 사회적인 분위기

우리 사회에는 아직도 사농공상士農工商에 대한 편견의 잔재가 남아 있어서 사士를 중시하고 상商을 무시하는 경향이 있다. 공무원 시험에 많은 젊은이들이 몰리는 이유 중의 하나도 안정된 직장을 선호하는 심리적 영향도 있지만 공무원이 일반 기업인보다 우위에 있다고 생각하는 사회적 분위기의 영향이 크기 때문이다.

다른 분야에서 성공한 벤처 사장들보다 대학을 나온 후 '총각네 야채가게'로 큰 사업적 성공을 이룬 이영석 사장을 더 주목해야 하는 이유도 그가 남들이 하찮게 여기는 채소장사로 성공한 벤처 사업가이기 때문이다. 그는 채소장사를 물건만 팔아 이익을 남기는 단순한 사업으로 생각하지 않았다. 가락동 농수산물 시장 도매인들을 통해 맛있는 과일 고르는 법, 야채와 과일을 신선하게 보관하는 법, 미처 팔지 못한 물건을 처분하는 법 등에 관한 학습은 물론 손님의 시선을 사로잡는 법, 시장 분석, 경쟁사 분석 등과 같은 마케팅 기법을 도입해서 새로운 비즈니스 모델을 정착시켰다.

연간 매출액이 2조 원 가까이 되는 교원 그룹을 이끌고 있는 장평순 회장은 1979년 배추장사로 사업을 시작한 사람이다. 배추장사로 사업 밑천을 만들었고 그것을 바탕으로 85년 중앙교육연구원(현 빨간펜)을 열어 오늘에 이르고 있다. 그는 영업이 안 되면 회사가 존속할 수 없고 영업은 노력한 만큼의 성과가 돌아온다면서 힘들다는 이유로 영업직을 기피하는 젊은이들에게 주인의식을 가지고 적극 도전해볼 것을 권한다.

의사는 고통받고 있는 환자를 대상으로 영업을 해야 한다. 사회적으로 존경과 선망을 한 몸에 받고 있는 판사나 검사도 변호사로 개업을 하게 되면 그때부터는 죄 지은 사람을 대상으로 영업을 해야 한다. 그리고 매년 2,000명 가까이 쏟아지는 다른 변호사들과 치열한 비즈니스 경쟁을 해야 한다. 경쟁에서 이겨야 살아남을 수 있는 시대에 들어섰다. 그런데도 우리 사회는 변호사나 의사는 영업 활동을 하지 않는 전문직종의 사람이고 영업은 자동차 외판원이나 보험 아줌마들이나 하는 직업 정도로 이해한다.

자동차 영업이나 보험 영업도 소비자들의 요구가 다양해지고 까다로워져 더 이상 옛날처럼 주먹구구식 영업 방식은 통하지 않는다. 바로 이런 이유에서 세일즈맨을 대상으로 소비자 심리 이해, 커뮤니케이션 스킬 등과 같은 다양한 영업 관련 교육이 실시되고 있다.

물건 좋고 가격 싸면 아무나 팔 수 있다고?

물건이 좋고 가격이 싸면 아무나 팔 수 있다고 잘못 알고 있는 사람들이 많다. 사실과 다르다. 훌륭한 마케팅 담당자나 세일즈맨이 있기 때문에 물건이 잘 팔리는 것이다. 요즘 잘 나가는 회사들을 보면 대부분의 CEO가 영업적인 마인드로 무장되어 있어 영업이나 마케팅 능력이 뛰어나다. 영업적인 마인드로 무장되어 있기 때문에 제품 개발을 포함한 마케팅 능력이나 영업 능력이 경쟁사에 비해 당연히 뛰어날 수밖에 없다.

IBM이 세계적인 컴퓨터 회사로 성장한 데에는 IBM 제품이 경쟁사들보다 탁월해서라기보다는 IBM의 성공적인 세일즈 전략이 있었기에 가능했다. IBM은 컴퓨터산업 발달 초기 일반 대중은 물론 전문가들조차도 이해하기 어려운 컴퓨터 용어나 개념을 누구나 쉽게 이해할 수 있는 비즈니스 언어를 사용해서 고객에게 설명할 수 있도록 세일즈맨들을 훈련시키는 데 많은 시간을 투자했다. 결국 이렇게 잘 훈련된 세일즈맨들이 IBM의 성공을 이끌었다. 지금도 IBM이 세일즈 교육 훈련에 많은 돈과 시간을 투자하는 이유는 고객의 니즈를 정확히 파악해서 고객에게 꼭 필요한 솔루션을 공급할 수 있는 역량을 키우기 위해서다. IBM이나 휴렛팩커드 등과 같은 세계적인 회사들의 제품들은 다른 경쟁사 제품에 비해 비싸면 비쌌지

결코 싸지 않다.

이들 제품이 시장을 선도하면서 잘 팔리는 이유는 고객들이 가격이 싸다는 이유만으로 제품을 구입하지 않기 때문이다. 싼 제품만 팔린다면 이 세상에 경쟁사 제품은 존재하지 않고 오직 가장 싼 한 가지 제품만이 존재해야 한다.

하지만 우리 주위에는 다양한 가격의 제품이 존재하며 이는 가격이 제품 구매의 결정적 요소가 아니라는 사실을 우리에게 보여준다. 물건 좋고 가격이 싸다고 해서 아무나 팔 수 있는 것이 아니라, 능력 있고 유능한 세일즈맨만이 고객이 필요로 하는 제품을 받고 싶은 가격에 팔 수 있다.

프로세일즈맨의 역할

가망고객의 핫 버튼hot button을 자극, 고객의 심리적 욕망을 자극할 경우에는 수요나 가격에 제한 없이 새로운 시장을 창출할 수 있다. 콩나물 값도 아끼는 가정주부가 몇 백 만 원이나 하는 고급 핸드백을 보란 듯이 사는 것도 광고나 브랜드를 이용해서 고객의 핫 버튼을 자극하기 때문에 가능하다.

실적이 없는 영업은 존재 이유가 없다

뛰어난 기술을 이용해서 아무리 훌륭한 제품을 만들어도 팔리지 않으면 기업이나 조직 자체가 생존할 수 없다. 고객이 원하거나 필요로 하는, 팔릴 수 있는 제품을 만들어야 한다. 물론 팔릴 수 있는 제품만 만든다고 해서 모든 게 해결되는 것은 아니다. 팔릴 수 있도록 해야 한다. 많은 기업들이 경쟁력 있는 제품 못지않게 경쟁력 있는 세일즈맨을 양성하기 위해 많은 시간과 돈을 투자하는 이유가 여기에 있다.

몇 년 전 부산 경남경마공원에서 열린 경마에서는 0.1초 차이로 1위와 2위가 갈리는 박빙의 승부가 펼쳐졌다. 2천 미터 경주에서 1위와 2위의 차이를 육안으로는 도저히 가릴 수 없어 디지털 판정 카메라를 동원했는데, '코끝'에서 승부가 결정되었던 것이다. 물론 경주마의 코털에 불과한 차이로 우승이 갈렸지만 1등과 2등의 상금 차

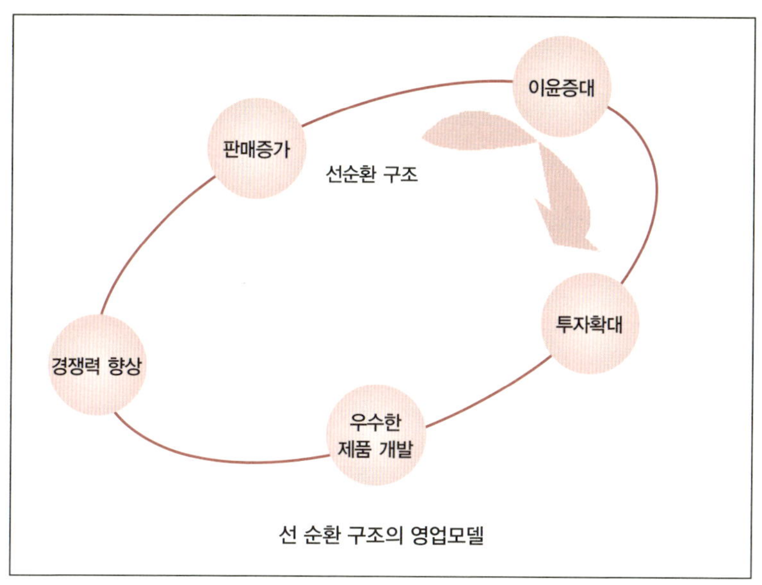

선 순환 구조의 영업모델

이는 아주 컸다.

마찬가지로 경쟁에서 이긴 프로세일즈맨과 패한 일반 세일즈맨의 차이 또한 코끝 차이 정도로 아주 작을 수 있다. 그러나 패자와 승자 사이의 결과 차이는 우승마와 2등마 상금 차이만큼이나 아주 크다.

경마 경기처럼 프로 스포츠 세계에서는 2등이나 3등에게도 어느 정도의 상금이 돌아간다. 하지만 영업 세계에서는 아무리 노력했어도 2등에게는 아무 것도 돌아가지 않는다. 모든 게 승자 독식이다. 따라서 경쟁에서 밀리면 모든 게 물거품이 되고 만다. 투자 손실을 줄이기 위해서라도 빠른 퇴출이 최선책이다.

따라서 어떻게 해서든지 경쟁에서 이겨야 한다. 무조건 경쟁에서 이겨 영업 매출만 올린다고 모든 게 해결되는 것은 아니다. 매출도 올려야 하지만 이익도 창출해야 한다.. 이익이 없는 매출은 사상누

각이다. 이익이 나야 투자자들에게 이익 배분도 하고 직원들 봉급도 줄 수 있다. 또 필요한 투자로 더 좋은 제품을 만들어 경쟁력을 키울 수 있다. 바로 이런 이유에서 세일즈맨은 매출을 올리고 이익을 창출하기 위해 회사를 대표해서 가망고객을 찾아 부지런히 영업 전선을 누벼야 한다.

가망고객에게 상품을 판매하는 방법에는 크게 두 가지 방법이 있을 수 있다. 첫 번째 방법은 가망고객이 자신들의 필요에 의해서 세일즈맨을 찾는 경우이다. 고객의 요청에 의해서 구매를 검토하는 경우이기 때문에 경쟁사와의 경쟁에서 이기면 판매가 이루어진다. 두 번째 방법은 가망고객이 모르고 있는 니즈needs를 찾아서 필요한 솔루션을 제공하거나 또는 가맹고객에게 물건을 소유하고 싶은 욕망wants을 불러일으켜서 판매를 이끌어 내는 방법이다.

고객들이 이미 잘 알고 있는 자신들의 문제점을 해결하거나 또는 자신들이 필요로 하는 니즈를 충족하기 위한 목적에서만 물건을 구입할 경우에는 수요에 한계가 따른다. 또 판매 가격을 결정하는 데도 어느 정도 제약이 따른다.

그러나 가망고객의 핫 버튼hot button을 자극, 고객의 심리적 욕망을 자극할 경우에는 수요나 가격에 제한 없이 새로운 시장을 창출할 수 있다. 콩나물 값도 아끼는 가정주부가 몇 백 만 원이나 하는 고급 핸드백을 보란 듯이 사는 것도 광고나 브랜드를 이용해서 고객의 핫 버튼을 자극하기 때문에 가능하다.

이러한 현상은 비단 소비재 제품에만 국한되지 않는다. 기업이나 정부연구소 등을 상대로 하는 비즈니스에서도 비슷하다. 이유는 물건을 기업이 사는 것이 아니라 그 안에서 일하고 있는 '사람'이 사기 때문이다. 자가용 비행기 구입이 CEO나 회사 중역이 아니라 CEO 부인의 '마음에 드는 비행기 내부 인테리어'라는 핫 버튼을 자극을 함으로써 구매로 연결될 수 있는 것이다. 감정으로 구매를 결정해놓고 '회사 이미지를 살리기 위해서 비행기를 바꿀 때가 되었지'라면서 이성적으로 합리화 한다.

이처럼 세일즈맨은 고객의 핫 버튼을 찾아내서 고객의 심리적 욕망을 자극해야 하며 그것을 잘하는 세일즈맨이 유능한 세일즈맨이라고 할 수 있다.

시장을 분석한다

세일즈맨에게 제품판매 못지않게 중요한 역할 중의 하나가 시장 정보 수집 및 분석이다. 고객이 필요로 하거나 원하고 있는 것은 무엇인지, 기존 제품을 사용하는 데 어떤 문제점을 가지고 있고 어떤 점에 대해 불만족스러워 하고 있는지, 어떤 점을 개선했으면 하는지, 고객이 새로 하고자 하는 사업은 무엇이고 비즈니스 측면에서 어떤 연관성이 있을 수 있는지 등에 대한 정보 수집과 분석 작업이 필요하다. 또 경쟁사 제품에 대한 장단점, 비즈니스 전략, 조직, 인원 구성 등에 관한 정보도 파악하고 있어야 효과적인 판매 전략과 대응 전략을 수립할 수 있다. 경쟁사에 관한 정보는 기존 제품을 판매하는 것만이 아니라 제품의 업그레이드와 신제품을 개발하는 데 매우 유용하게 활용될 수 있다.

여러 시장분석 방법이 있지만 강점Strength, 약점Weakness, 기회 Opportunity, 위협Threat의 각 첫 글자의 합성어로 된 'SWOT' 분석 방

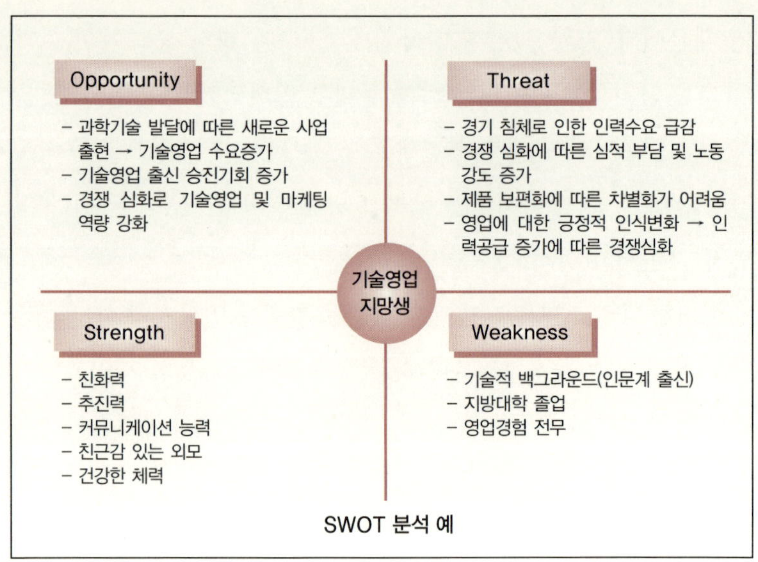

법을 주로 이용한다.

SWOT 분석법을 활용하면 영업 활동을 하는 데 있어서 내부적으로 경쟁사 등에 비해 강점은 무엇이고 약점은 무엇인지를 파악, 강점은 적극 살려 경쟁사와 차별화하고 취약점은 기회가 되는 대로 보완 노력해 나갈 수 있다. 또 외적인 기회 요인과 위협적인 요인은 각각 어떤 것들이 있는가를 파악해서 가급적 위협 요인은 피하고 기회 요인은 살리는 전략을 구사할 수 있다.

정확한 수요 예측

모든 기업 활동의 근간은 영업 매출과 영업 이익이다. 기업이 얼마나 우량한지를 평가하는 데 있어서 순이익 못지않게 영업 매출과 영업 이익을 중시하는 이유가 여기에 있다. 자금은 기업 활동에서

인체의 피와 같다. 이와 같이 중요한 자금이 대부분 영업활동을 통해 확보되기 때문에 언제, 어느 정도의 판매가 일어날지를 예측하는 것은 기업 활동에서의 일기예보와도 같다.

제품 제조에 필요한 부품을 확보하고 필요한 설비 투자 및 인원 계획을 수립하는 것은 수요 예측이 바탕이 된다. 만약 세일즈맨의 수요 예측이 빗나가 실제보다 높게 수요 예측이 될 경우 불필요한 부품이나 제조 인원 확보, 또는 과잉 설비투자 등으로 제조원가가 상승, 경쟁력을 떨어뜨리고 이익을 감소시킨다. 반대로 실제보다 낮게 수요 예측이 될 경우 제조설비 부족이나 부품 품절, 제조 인원 부족으로 고객이 요구하는 납품일자를 맞출 수 없게 되어 경쟁사에 판매기회를 빼앗기거나 고객 불만을 일으키게 된다.

기업 활동에 중요한 수요 예측의 정확성을 높이기 위해서는 무엇보다도 고객의 구매 프로세스를 정확히 이해해야 한다. 회사마다 구매 프로세스가 다르고 각 프로세스 단계별 구매 검토 소요시간이 각각 다르기 때문이다. 다음으로 세일즈맨이 고객의 구매 프로세스를 컨트롤할 수 있어야 하고 시장 상황을 정확하게 이해하고 있어야 한다.

팀워크team work 주도

박지성 선수가 활약했던 맨체스터 유나이티드(이하 맨유)의 알렉스 퍼거슨 전 감독은 1986년 맨유의 감독이 된 뒤 한 팀에서 무려 20년 이상 지휘봉을 잡았다. 성적이 선수나 감독의 목숨과 직결되는 냉혹한 프로 세계에서 그토록 오랜 기간 동안 감독 자리를 유지할 수 있었던 것은 그만의 뛰어난 무언가가 없었다면 불가능했다.

과연 그의 장수 비결은 무엇이었을까? 혹자는 그의 빠른 판단력과 마이다스의 손으로 불릴 정도로 선수들의 능력을 알아보는 탁월한 통찰력을 예로 든다. 그러나 그것보다는 대목★★이 집을 짓는 데 필요한 나무를 고르듯이 전 세계에서 능력 있고 가능성이 있는 축구 인재를 고르는 안목과 팀을 관리할 수 있는 조직관리 능력이 뛰

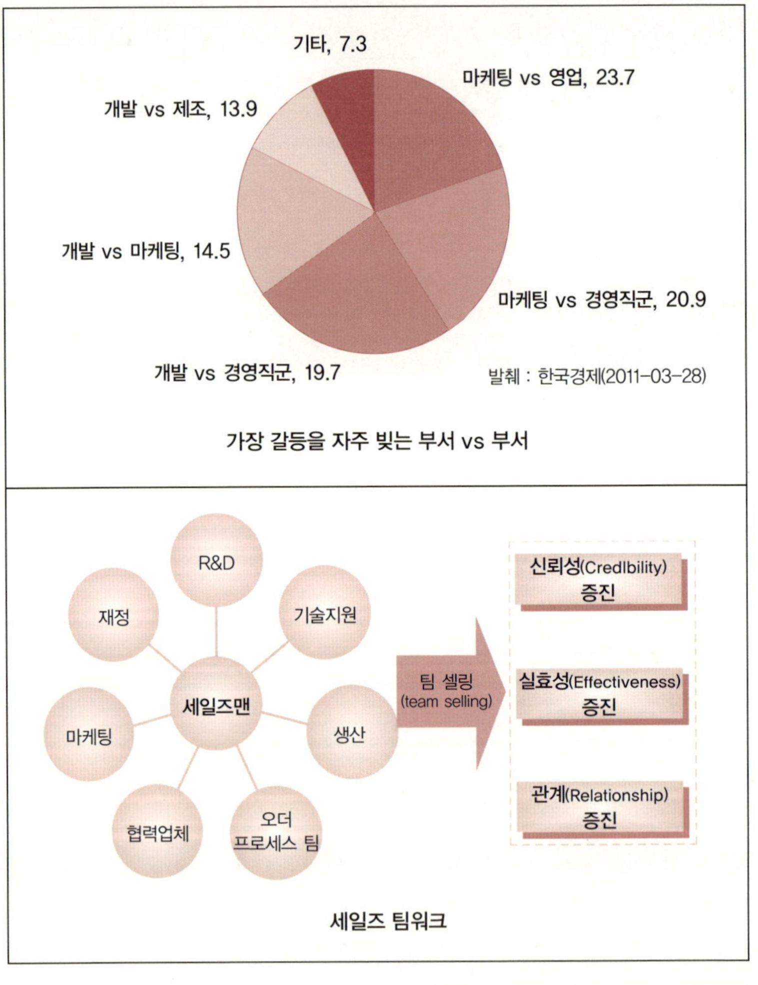

가장 갈등을 자주 빚는 부서 vs 부서

세일즈 팀워크

어났기 때문이다. 그는 선수 각자의 개인 기량도 중요하지만 팀플레이보다 더 중요한 것은 없고, 아무리 개인 기량이 뛰어나도 오직 팀을 통해서만 자신의 능력을 발휘할 수 있다고 생각했다. 시합에 지는 것에 대해서는 크게 낙담하거나 실망하지 않았지만 선수가 팀 정신을 해치는 것에 대해서는 참지 못했다. 아무리 기량이 뛰어나도 팀을 위해 희생할 각오가 되어 있지 않은 선수들에겐 냉혹했다.

영업, 특히 기술영업은 혼자 하는 것이 아니라 R&D, 마케팅, 기술 지원팀, 외부 협력업체, 오더 프로세스 팀 등 여러 조직이 직간접적으로 팀을 이뤄 영업 활동을 하게 되기 때문에 성공적인 영업 활동을 위해서는 무엇보다도 팀워크가 중요하다. 결집된 팀워크를 고객에게 보여줌으로써 믿음과 신뢰감을 심어줄 수 있고 보다 효과적으로 고객의 기대치를 충족시킬 수 있다. 이는 고객만족을 통한 고객과의 관계 증진으로 이어진다. 이렇게 중요한 팀워크의 중심에 서게 되는 세일즈맨은 영화 감독이나 축구 감독처럼 이들 조직이나 관련된 인원들을 컨트롤할 수 있어야 하기 때문에 팀워크를 위한 리더십이 요구된다.

프로세일즈맨은 이것이 다르다

아마는 제품 지향이지만 프로는 고객 지향이다. 아마는 단기적인 실적에 집착하지만 프로는 큰 그림을 그린다. 아마는 개인플레이에 치중하지만 프로는 팀플레이를 중시한다. 아마는 상대하기 쉬운 고객을 찾아다니고 프로는 영향력 있는 고객을 찾아다닌다. 아마는 고객의 질문에 대한 답변에, 프로는 질문에 초점을 맞춘다.

가사도우미도 프로는 다르다

프로의 사전적 의미는 해당 분야에서 상당한 지식과 경험을 가지고 그 일을 잘하는 사람을 말한다.

우리는 프로라고 하면 언뜻 프로야구나 프로축구선수를 떠올리게 되고 헝그리 정신을 연상한다. 헝그리정신은 가난했던 시절, 주린 배를 움켜쥐고 어떻게 해서든지 가난에서 벗어나보고자 연습에 연습을 거듭, 최고 정상에 오른 선수들의 강인한 프로정신을 두고 하는 말이다. 2004년 월드컵 때 "나는 아직 배가 고프다"라는 히딩크 감독의 말을 아직도 많은 국민들이 기억하는 이유도 그의 말 한마디가 선두들에게 헝그리정신을 발휘하도록 힘을 불어넣어 4강까지 오를 수 있었다고 믿기 때문이다. 지금은 배고픔에서 벗어나기 위해 열심히 뛰는 사람은 없지만 우리 주변에는 자신의 분야에서 최고가 되고자 유명 프로선수 못지않게 헝그리정신을 발휘해서 성공한 사람들이 많이 있다.

삼미그룹 부회장으로 재직하다가 회사가 부도나자 롯데호텔에서 4년이 넘는 기간 동안 견습 웨이터로 일했고, 한국외국어대학교에서 부총장을 지낸 서상록 씨는 무슨 직업이든 그 분야에서 최고가 되면 세상 살맛이 나기 때문에 직업의 종류에 관계없이 자신이 일하고 있는 분야에서 프로가 되어야 한다고 강조한다. 그가 쓴《내 인생에 은퇴란 없다》라는 책에 자신의 직업을 창피하게 생각하고 신세를 한탄하는 어느 가사도우미 아주머니에게 프로가 되라고 충고하는 이야기가 나온다.

"처음 고객을 방문할 때는 꽃 두 송이를 준비해서 한 송이는 화장실에, 또 한 송이는 화장대에 꽂아 놓으세요. 가격은 얼마 안 되지만 고객이 얼마나 좋아하겠습니까? 고객이 파출부를 쓰면서 가장 신경 쓰이는 부분이 무엇이겠습니까? 혹시 귀중품이 없어지지나 않을까 하는 점이겠지요. 첫 방문 때 고객에게 성명, 주민등록번호와 연락처를 적은 메모를 건네주세요. 그리고 집을 나설 때 '오늘 저를 불러주셔서 감사합니다. 혹시 잘못된 점이 있으며 알려주십시오. 원하시는 대로 해드리겠습니다' 라고 하세요."

이렇게 시험 삼아 3주 정도 하니까 자신을 부르는 집이 매일 20여 군데로 늘었고 혼자 할 수가 없어 파출부 20여 명을 채용했다고 한다. 한 평범한 파출부가 생각을 바꿔 프로 파출부로 자신을 발전시켜 작은 벤처 사장으로 변신했다.

프로는 프로스포츠 선수 못지않게 뭐가 달라도 다르다. 세일즈맨 중에도 프로선수 못지않게 프로정신으로 무장해서 열심히 뛰는 사람들이 많이 있다.

프로와 아마추어 세일즈맨의 차이

프로와 아마추어(이하 아마) 세일즈맨은 처음 일을 시작할 때는 별 차이가 없어 보이지만 시간이 지날수록 결과에서 크게 차이가 난다. 프로는 비록 길거리에서 남의 구두를 닦고 있으면서도 "나는 손님들의 구두를 닦아줌으로써 큰 딜을 성공시키도록 돕고 있다"라고 긍정적인 자세로 자신의 일에 최선을 다한다. 아마추어와 생각이 근본적으로 다르고 일하는 스타일에서도 차이가 난다.

아마는 실적 부진을 경기가 좋지 않아서, 고객이 돈이 없어서, 가격이 너무 비싸서 어쩔 수 없었다는 등의 외부 환경 탓으로 돌린다. 그러면서 일 잘하는 세일즈맨이 담당하고 있는 사이트나 제품을 부러워한다. 그러나 프로는 척박한 환경에서도 꽃을 피울 정도로 생명력이 강한 민들레처럼 어떤 악조건 속에서도 불평 없이 최선을 다한다.

그렇다면 프로와 아마는 구체적으로 어떤 점이 다른가?

첫째, 아마는 제품 지향이지만 프로는 고객 지향이다.

아마는 제품을 파는 데에만 마음이 가 있기 때문에, 고객의 말에 귀를 기울이기보다 제품의 특징이나 장점을 설명하기에 바쁘다. 그러나 프로는 고객의 눈높이에 맞춘 차별화된 서비스에 초점을 맞춘다. 자동차 왕 헨리 포드가 "성공의 비결이 있다면 그것은 타인의 입장을 이해하고, 자신의 입장과 동시에 타인의 관점에 서서 사물을 보는 능력이다"라고 말한 것처럼 자신의 말을 앞세우지 않고 고객의 말을 귀담아 듣는다. 고객의 관점에서 고객이 무엇을 불편해

하고 무엇을 필요로 하는지에 초점을 맞추고 고객에게 제공할 수 있는 이익이 무엇인지를 찾으려 한다.

둘째, 아마는 단기적인 실적에 집착하지만 프로는 큰 그림을 그린다.

평범한 사냥꾼은 눈앞에서 움직이는 짐승의 뒤만 쫓아다니지만 뛰어난 사냥꾼은 짐승들이 다니는 길목을 지킨다. 어디가 짐승들이 다니는 길목인지를 오랜 경험과 관찰을 통해 알고 있고 짐승들이 길목에 나타날 때까지 참고 기다릴 줄도 안다. 마찬가지로 아마는 우선 당장 구매로 연결될 수 있는 것이 무엇인가에 집착하지만 프로는 시장을 키워 고객과 함께 성장할 수 있도록 고객과의 관계를 증진하는 데 힘을 쏟는다.

탐험가인 로버트 리프리_{Robert Ripley}는 '믿거나 말거나' 라는 칼럼에서 "5달러짜리 철봉을 가지고 말발굽 편자를 만들면 10달러 50센트가 되지만 재봉틀용 바늘을 만들면 3,285달러가, 시계용 용수철을 만들면 2만 5천 달러로 가치가 바뀐다"고 하였다. 프로는 철봉으로 시계용 용수철을 만들기 위한 비즈니스를 시도한다.

셋째, 아마는 개인플레이에 치중하지만 프로는 팀플레이를 중시한다.

'빨리 가려면 혼자 가고 멀리 가려면 함께 가라' 는 아프리카 속담이 있다. 아마는 혼자서 모든 것을 보다 빨리 독차지 하고 싶은 생각에서 개인플레이에 치중하지만 프로는 팀워크를 중시하고 가용 가능한 리소스를 잘 활용한다. 아놀드 베네트라는 소설가는 "아마는 남을 상대로 싸우지만 프로는 자신을 상대로 싸운다"고 했다. 아마추어는 남을 믿지 못하고 잘못을 남의 탓으로 돌리지만 프로는

남을 배려하고 자신을 스스로 채찍질한다.

넷째, 아마는 상대하기 쉬운 고객을 찾아다니고 프로는 영향력 있는 고객을 찾아다닌다.

아마는 약자에 강하나 프로는 강자에 강하다. 백석꾼은 천석꾼이 못되어도 천석꾼은 만석꾼이 된다는 속담이 있다. 큰물에서 놀아야 큰 그림을 그릴 수 있고 큰 사람과 놀아야 크게 될 수 있다.

다섯째, 아마는 고객의 질문에 대한 답변에, 프로는 질문에 초점을 맞춘다.

아마는 고객이 묻는 질문에 어떻게 하면 훌륭한 답변을 할 수 있을지에 전념한다. 고객은 답변이 끝나면 또 다른 질문을 요청한다. 자연히 고객이 모든 주도권을 쥐게 된다. 그러나 프로는 어떻게 하면 훌륭한 질문을 할 수 있을지에 초점을 맞춘다. 질문을 통해 고객이 고민하고 있는 문제나 가고자 하는 방향이 무엇인지를 정확히 파악하려고 노력한다. 고객의 답변을 경청하고 몸짓 언어를 통해 공감을 표시한다. 이렇게 함으로써 서로 공감대를 형성한다. "고객님은 지금 사용하고 있는 장비의 속도가 다소 느리다고 말씀 하셨는데, 이 문제가 고객님이 하시고 있는 일에 어떤 영향을 미치고 있나요?" "이 문제로 인해 어떤 새로운 문제가 일어날 가능성이 있을까요?" 라는 등의 질문을 통해 고객의 문제점이나 현재의 상황을 고객의 입을 통해 부각시키도록 한다. 또 "고객님이 하시고자 하는 것이 무엇입니까?" " 왜 이 문제가 중요하지요?" 라는 등의 질문을 통해 "업무 처리속도 지연으로 인한 고객 불만을 줄여 가입자 이탈을 방지하기 위해서입니다"와 같이 고객에게 제공하는 이익에 대해 고객의 입을 통해 말하도록 유도한다. 이처럼 다양한 질문을 통해 주도적으로 분위기를 이끌어 간다.

아마추어와 프로세일즈맨의 차이

아마추어 영업	프로 영업
- 제품 지향 • 판매에 초점 • 제품의 특징에 초점을 맞춤	- 고객 지향 • 고객 서비스 • 고객의 이익에 초점을 맞춤 • 고객처럼 생각
- 근시안적 영업Short-term Business • 단기적인 판매실적에 집착	- 장기적인 영업Long-term Business • 큰 그림을 그림 • 고객과의 관계 증진
- 개인플레이 • 개인간의 신뢰를 바탕으로 한 관계	- 팀 플레이 • 팀 신뢰를 바탕으로 한 관계 • 가용 리소스 활용
- 실무자 고객 중심 • 상대하기 쉬운 고객	- 상위레벨 고객 중심 • 영향력 있는 고객 중심
- 설명 위주 • 고객의 질문에 대한 답변에 초점 • 가급적 빠른 제품 소개 • 고객이 상황 주도(수동적 영업)	- 질문 위주 • 고객에 대한 질문에 초점 • 효과적이고 완벽한 진단qualify • 세일즈맨이 상황 주도(능동적 영업)

► Chapter 02 ◄

취업, 기술영업이 희망이다

수요기반이 넓다

능력에 따른 대우를 받는다

다른 직종에 비해 진입장벽이 낮다

무형의 지산 가치가 커진다

자신의 이력관리에 도움이 된다

수요에 비해 공급이 넘치고 글로벌화에 따른 아웃소싱으로 제품 간에 차별화가 점차 힘들어짐에 따라 경쟁이 치열해지고 있다. 제조시간과 생산비용을 줄이기 위한 공장 자동화와 사무 자동화가 추진되면서 갈수록 소요 인력이 줄어들고 있지만 영업은 사람과 사람 간에 이루어지는 비즈니스이므로 사람을 기계로 대치할 수 없다.

모든 기업은 세일즈맨을 필요로 한다

7, 80년대 전 세계에서 다양한 국적의 사람들이 '아메리칸 드림'을 꿈꾸며 미국으로 건너갔다. 이들 중 상당수는 고학력자들로 미국 경제 발전에 많은 기여를 했다. 지금도 아메리칸 드림을 꿈꾸며 미국으로 건너가는 사람들이 많지만 과거에 비해 빛이 많이 바랬다. 미국 경제가 과거 전성기에 비해 많이 기울면서 미국에서 자신의 꿈을 실현하는 것이 점차 어려워지고 있기 때문이다. 미국 경제가 예전만 못한 데는 여러 이유가 있지만 크게 두 가지 이유가 있다.

첫째, 모든 분야에서의 끊임없는 기술발전으로 과거에 비해 업무 효율이 크게 향상되면서 많은 사람을 필요로 하지 않고 있다. 예를 들어 공장 자동화와 사무 자동화로 생산성이 크게 향상되면서 과거에는 100명이 했던 일을 지금은 50명도 안 되는 인원으로 충분히 해낼 수 있게 되었다.

둘째, 글로벌화가 진행되면서 S&P 500대 기업에 드는 미국 회사들 중 이익의 절반 가량이 미국 이외 지역에서 창출되고 있다. 많은 사람들이 코카 콜라를 미국 회사로 생각하고 있지만 사실은 206개 국가에서 사업을 벌이고 있는 거대한 글로벌 기업이다. 본사만 미국 애틀랜타에 있을 뿐 대부분의 종업원은 전 세계에 흩어져 있는 셈인데, 자본과 기술이 사업하기 좋은 곳으로 이동하면서 미국인들의 일자리를 빼앗아 가고 있다. 바로 여기에 미국 경제의 어려움이 있다.

미국 문제를 거론하는 이유는 이 문제가 비단 미국만의 문제가 아니라 우리의 경우도 이와 비슷한 상황을 닮아갈 가능성이 높기 때문이다. 자본과 기술이 사업하기 좋은 나라로 빠져 나가면서 국내 일자리가 줄어들게 되고 새로운 공장이 들어서도 예전처럼 사람들을 많이 필요로 하지 않는다. 많은 사람들이 청년실업 문제가 앞으로도 큰 사회적인 문제로 남게 될 가능성에 대해 우려하는 이유가 여기에 있다.

이러한 문제를 근본적으로 해결하기 위해서는 새로운 분야에서 좋은 일자리가 많이 생겨나야 한다. 바로 그런 분야 중의 하나가 서비스 분야다. 이제 제조업만으로는 더 이상 일자리 창출이 어렵다. 과감하게 서비스 분야로 눈을 돌려야 한다. 그 중의 하나가 유통 분야 내지는 영업 특히, 기술영업이다.

기업의 설립 목적은 영리 추구이다. 영리를 추구하기 위해서는 서비스를 포함한 상품을 팔아야 한다. 아무리 싸고 좋은 물건을 만들어도 사줄 사람이 없거나 팔리지 않으면 아무런 의미가 없다. 팔릴 수 있는 상품을 만들어야 하며 누군가는 그것을 팔아야 한다. 상

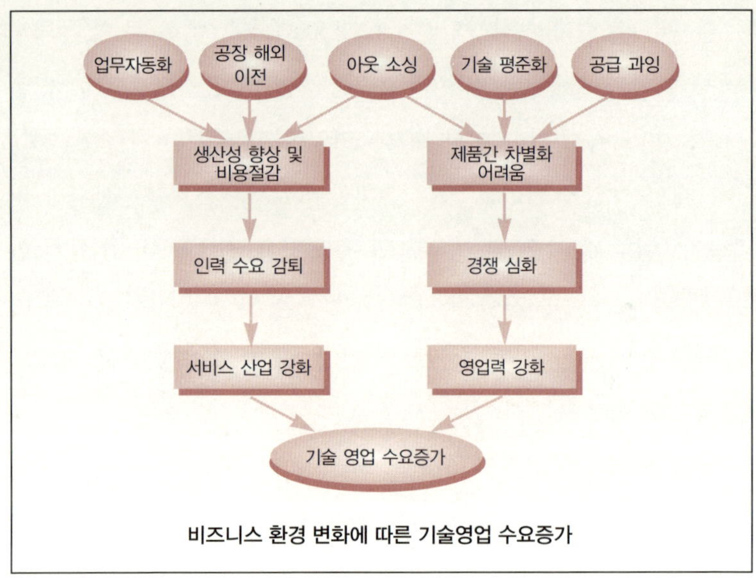

비즈니스 환경 변화에 따른 기술영업 수요증가

품을 팔기 위한 강력한 영업팀을 보유하고 있어야 하는 이유 또한 여기에 있다.

수요에 비해 공급이 넘치고 글로벌화에 따른 아웃소싱으로 제품 간에 차별화가 점차 힘들어짐에 따라 경쟁이 치열해지고 있다. 이런 이유로 모든 기업이 마케팅이나 영업력을 강화하는 추세에 따라 기술영업의 수요 기반이 갈수록 넓어지고 있다. 제조시간과 생산비용을 줄이기 위한 공장 자동화와 사무 자동화가 추진되면서 갈수록 소요 인력이 줄어들고 있지만 영업은 사람과 사람 간에 이루어지는 비즈니스이므로 기계로 대치할 수 없다. 또 카메라, 의복 등과 같은 소비제품의 경우 온라인 판매 등과 같은 간접판매 방식을 통해 직접적인 판매인원을 줄일 수 있지만 기술영업사원이 취급하는 제품의 경우는 대부분 기업을 상대로 하는 산업재이기 때문에 홈쇼핑이나 인터넷 판매 등과 같은 간접 판매방식으로의 대체가 어렵다.

취업·인사 포털 인크루트www.incruit.com가 직장인 294명을 대상으로 설문조사한 결과에 따르면 CEO가 아끼는 부서 1위가 '영업(관리)'이라는 조사 결과가 나왔다. 영업부서를 편애한다고 생각하는 이유로는 CEO의 개인적 관심 분야일 뿐 아니라 회사의 이익 창출에 크게 기여하기 때문이라고 했다. 회사에서 영업부서가 차지하는 위상이 어느 정도인지 짐작할 수 있는 설문조사 결과다.

진출 분야가 넓다

기술영업은 일반영업과 달리 두 가지 특징이 있다.

첫째로 정보기술, 바이오기술, 나노기술, 환경기술 등의 발달로 기술영업을 필요로 하는 분야가 계속 증가하고 있다. 분야만 늘어나는 것이 아니라 기술이 갈수록 고도화, 지능화, 융합화 되면서 영업 매출에 크게 기여하는 투자 규모 또한 크게 증가하고 있다. 특히 서비스 산업 관련 분야에서 기술영업을 필요로 하는 다양한 제품들이 출현하고 있다.

예를 들어 과거에는 대부분의 병원이 X-Ray 장비나 초음파 진단 장비 정도만 갖추고 있었지만 의료공학이 발달하고 헬스케어 산업이 성장하면서 로봇 수술 장비, 첨단 진단장비, 원격 진료시스템, 환자 관리 시스템 등 새로운 설비 및 솔루션들이 속속 출현하고 있다. 인간의 생명이 연장되고 삶의 질이 높아지면서 앞으로도 이러한 추세는 계속되리라고 본다. 비단 의료설비뿐만이 아니다. 교통, 환경, 물류 등 다양한 분야에서 새로운 설비나 솔루션들이 출현하고 있다. 이는 기술영업을 위한 새로운 일자리의 창출로 이어진다.

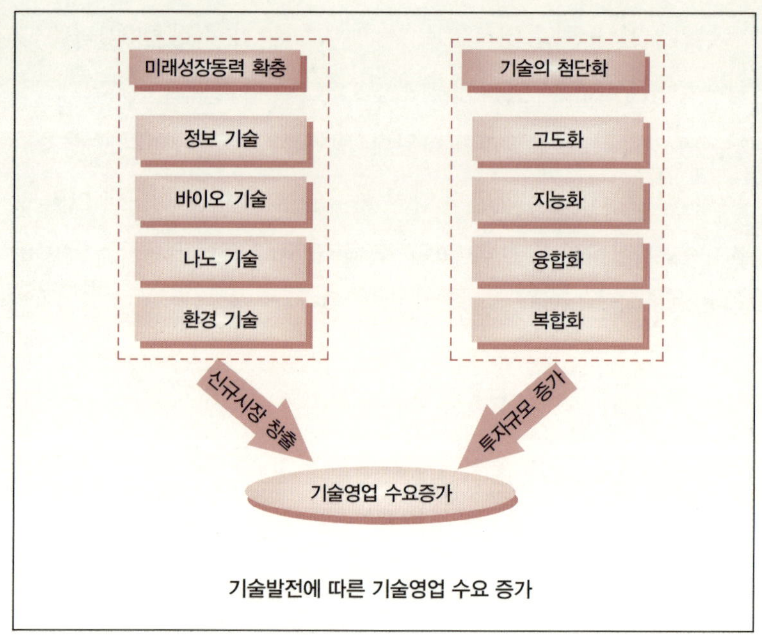

둘째로 진출 분야가 광범위하다.

자동차, 조선, 일반기계, 철강, 석유화학, 섬유, 가전, 정보통신기기, 디스플레이, 반도체 등 기술영업사원이 활동할 수 있는 2차산업 분야가 광범위하다. 이들 분야는 제품 개발을 위한 다양한 R&D 설비, 연구소에서 개발한 제품을 생산하는 데 필요한 각종 제조설비, 개발이나 제조, 또는 고객관리를 보다 효율적으로 관리하기 위한 CRM Customer Relationship Management, ERP Enterprise Resource Planning, MRP Material Requirements planning 등과 같은 다양한 솔루션들을 필요로 하게 된다. 그뿐만이 아니라 방산제품도 갈수록 첨단화 되고 수출 경쟁력이 높아지면서 우주항공산업 분야와 더불어 많은 기술영업 사원을 필요로 하고 있다.

기술영업을 필요로 하는 시장규모가 어느 정도나 되는지 이해를 돕기 위해 디지털 TV를 생산하는 회사를 예로 들어 설명해 보기로 하자.

디지털 TV를 만들기 위해서는 우선 먼저 연구소에서 제품을 설계해야 한다. 제품 설계는 TV의 케이스를 만드는 외형 설계와 내부 기능설계로 나누어지는데, 먼저 보기 좋고 튼튼한 TV 케이스를 설계하기 위해서는 기구 설계용 3차원 시뮬레이션 툴을 필요로 한다. 또 설계된 외형을 양산하는 데 필요한 금형을 만들기 위해서도 사출성형 시뮬레이션 툴을 필요로 한다.

이처럼 설계를 위해 다양한 시뮬레이션 툴이 사용되는 것은 설계 시간과 설계 불량을 줄여 제품 코스트를 낮추고 품질을 높이기 위한 목적에서다. 기술영업사원은 이들 설계에 필요한 툴 공급, 새로운 설계기법 소개, 툴 사용자 기술지원 업무 등을 담당하게 된다. 다음으로 디지털 TV 내부 전자회로를 구성하는 데 없어서는 안 될 각종 반도체 칩이나 전자회로, 수백 수천 개의 부품을 장착시키기 위한 회로기판 등을 설계하는 데에도 다양한 계측 장비나 설계 툴을 필요로 한다. 이들 설계 툴이나 계측 장비들도 대부분 기술영업사원이 공급하게 된다. 그뿐만이 아니라 기술영업사원은 제품설계 후 제품 양산에 필요한 부품 수입검사, 부품 조립, 납땜, 검사 및 시험, 생산관리 등을 위한 설비나 부품 등도 공급하게 된다.

지금까지 디지털 TV 개발 및 제조에 필요한 설비를 통해 살펴본 것처럼 기술영업사원은 자동차나 선박, 항공기 등과 같은 기술집약적인 제품의 개발 및 생산에 광범위하게 참여하고 있다.

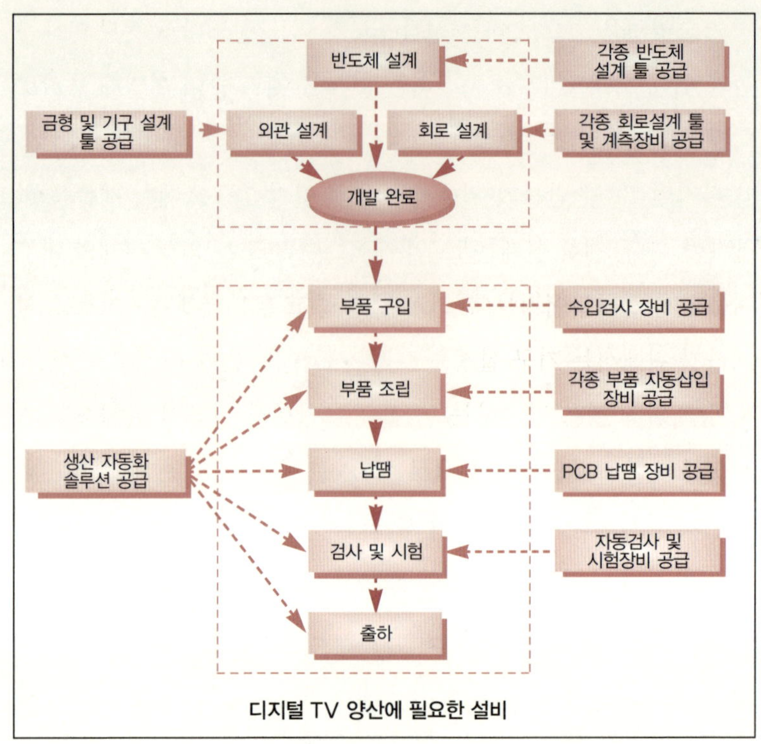

디지털 TV 양산에 필요한 설비

능력에 따른 대우를 받는다

영업은 목표를 초과 달성하면 초과실적에 대한 인센티브가 주어진다. 직장생활에서 열심히 일해서 좋은 성과를 올린 것에 대한 금전적 보상은 직원들의 사기 진작을 위해 매우 중요하다. 물론 금전적 보상이 전부는 아니다. 다른 동료 직원이나 상사로부터 능력을 인정recognition받을 수 있고 진급이나 보다 좋은 비즈니스 환경이 제공되는 등의 여러 보상award이 뒤따른다.

동기부여가 핵심이다

동기부여Motivation란 사람들을 행동하게 만드는 힘으로 대부분의 회사들이 우수한 인력 확보와 업무 능률을 향상시키기 위해 직원들의 동기부여에 많은 관심을 가지고 있다. 직원들을 동기부여시켜서 조직원들 스스로 정해진 목표를 향해 자발적으로 움직이도록 함으로써 생산성을 향상시키고 경쟁력을 확보할 수 있도록 하기 위해서다.

경영학의 아버지 피터 드러커는 "현대사회에서 생산성 향상은 육체노동이 아닌 지식 근로자의 생산성이며, 지식근로자의 생산성은 경영자의 손에 달린 것이 아니라 지식근로자의 손에 달려 있다고 할 수 있다. 이러한 생산성을 향상시키기 위해서는 직원들의 동기부여가 필요하다"고 했다.

그렇다면 어떻게 직원들을 동기부여시킬 수 있을까? 여러 가지 방법이 있을 수 있겠지만 크게 3가지 측면을 고려해야 한다.

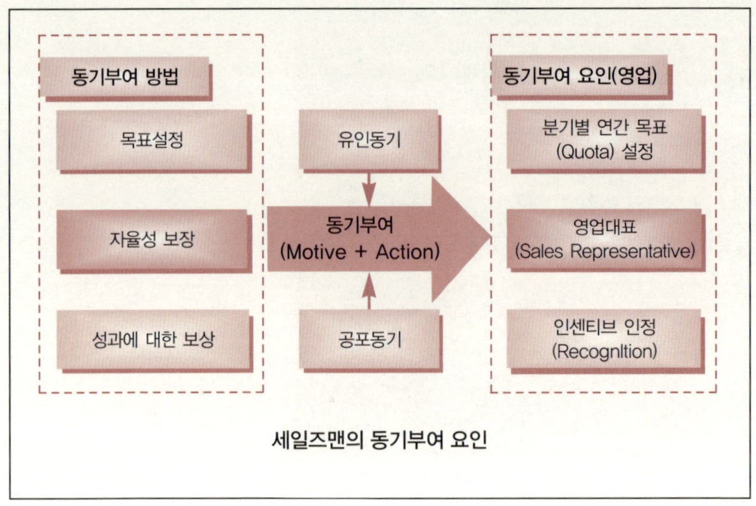

첫째로 명확한 목표 설정이다.

목표 설정은 동기부여의 핵심이다. 목표가 있는 사람은 의욕이 넘치고 걸음걸이부터가 다르다. 성공을 간절히 바란다면 먼저 자신의 목표부터 설정해야 한다. 그래야 자신을 동기부여시킬 수 있다. 목표를 설정할 때에는 목표가 구체적이고Specific, 측정가능해야 하며Measurable, 달성 가능Achievable해야 한다. 또 목표가 현실적Realistic이어야 하고, 언제까지 목표를 달성할지에 대한 시한을 설정Timed해야 한다.

하지만 구체적인 목표치를 측정가능하도록 계량화 하는 것은 생각처럼 쉽지 않다. 따라서 설정한 목표가 제대로 달성되었는지 여부를 정확히 평가하는 것 또한 쉽지 않다. 다행히 영업의 경우에는 영업 활동 지역과 영업 품목, 비즈니스 상황 등을 고려해서 연간 또는 분기별로 달성해야 할 매출 목표금액를 명확하게 수치화 할 수 있다. 이처럼 분명한 목표가 주어지기 때문에 세일즈맨들은 자신들의 목표를 달성하기 위해 스스로 최선을 다하게 된다.

둘째로 자율성 보장이다.

남이 시켜서 하는 타율에 의한 방법보다 가급적 권한을 위임delegation of authority하고 책임감을 부여함으로써 자율적으로 일을 할 수 있도록 해야 동기부여가 되고 업무 능률이 오른다.

영업은 다른 어떤 직종보다 자율성이 보장되는 직업이다. 정해진 목표를 달성하기 위해 누구를 만나 무슨 일을 진행할지 등을 스스로 결정한다. 출퇴근 시간에 크게 구애받지 않고 스스로 만든 업무 일정표에 따라 영업 활동을 하게 된다. 주로 고객들과 많은 시간을 보내다 보면 물리적으로 상사의 눈에서 벗어나 있는 시간이 많고 목표가 분명하기 때문에 비교적 상사의 간섭도 적다. 모든 것이 영업 우선이기 때문에 영업 활동 중에 혼자 해결하기 어려운 문제가 생겨 상사나 동료 직원의 도움이 필요하다고 판단되면 그때그때 도움을 청하면 된다. 판매 이익에 영향을 미치는 민감한 가격 문제도 정해진 규정 범위 내에서 세일즈맨이 상황을 판단하고 스스로 결정을 내린다. 세일즈맨을 영업대표Sales Representative라고 부르는 이유가 여기에 있다.

셋째로 성과에 대한 보상이다.

영업은 목표를 초과 달성하면 초과실적에 대한 인센티브가 주어진다. 직장생활에서 열심히 일해서 좋은 성과를 올린 것에 대한 금전적 보상은 직원들의 사기 진작을 위해 매우 중요하다. 물론 금전적 보상이 전부는 아니다. 다른 동료 직원이나 상사로부터 능력을 인정recognition받을 수 있고 승진이나 보다 좋은 비즈니스 환경이 제공되는 등의 여러 보상award이 뒤따른다. 세일즈맨들이 피곤한

줄 모르고 열심히 뛸 수 있는 것도 이러한 분명한 목표에 대한 보상
이 뒤따르기 때문에 가능하다.

실적이 최고의 가치다

영업 세계에서는 학벌, 전공, 경력, 성, 직책이나 직급은 그리 중
요하지 않다. 일반 사원이 사장보다도 더 많은 돈을 벌 수 있는 세계
가 영업 세계다. 실적에 따른 인센티브가 주어지기 때문이다. 영업
실적이 좋으면 당연히 기본급도 오르고 승진도 빠르다. 오로지 실
력과 능력만이 최고의 가치다. 이런 면에서 보면 프로스포츠 세계
나 크게 다를 바가 없다.

하지만 아무리 우수한 선수를 영입해도 선수들 간에 팀워크가 제
대로 이루어지지 않고 개인플레이를 하게 되면 팀 성적이 떨어지게
되고 팬들이 외면하듯이, 영업도 자신의 실적 올리기에만 급급해서
팀워크를 무시하거나 고객에 대한 서비스를 불성실하게 하면 결국
실적이 나빠지고 고객으로부터 외면받게 된다.

그러나 프로스포츠 세계와 크게 다른 점이 있다. 프로 선수는 팬
들에게 자신의 능력이나 매너를 보여주기만 하면 되지만 영업은 고
객과 직접 부딪혀야 된다는 점이 다르다. 즉 외적인 면만이 아니라
내적인 면까지 보여줘야 하기 때문에 어떻게 보면 프로 선수보다
더 많은 노력을 해야 하는 직업이라고 할 수 있다. 영업 세계가 실적
만이 최고의 가치라고 해서 판매실적만 가지고 모든 것을 평가하지
않는다. 그렇게 하는 데에는 몇 가지 이유가 있다.

첫째, 실적은 외적인 요인에 의해 영향을 받을 수 있다.

영업실적은 계량화한 수치로 나타나기 때문에 평가가 용이하다. 하지만 자신의 노력이나 능력이 아닌 외적인 요인에 의해 실적이 좋아질 수도 있고 나빠질 수도 있다. 예를 들어 갑자기 경기가 호전돼 전반적인 투자 분위기가 살아나거나, 특정 거래업체에서 계획에 없던 큰 규모의 투자를 하게 될 경우, 세일즈맨의 노력과 무관하게 영업실적이 좋아진다. 반대로 경영 환경이 갑자기 나빠지거나 투자하기 위해 예산까지 확보된 상태에서 갑자기 고객의 비즈니스 상황이 나빠져 투자를 중단하거나 투자 시기를 미룰 경우에는 어쩔 수 없이 실적이 나빠진다. 이처럼 세일즈맨의 노력이나 능력에 상관없이 주위 환경이 실적에 영향을 미칠 수 있다.

둘째, 단기 실적에 치우치기 쉽다.

훌륭한 농부는 화학비료만 사용해서 농사를 짓지 않는다. 화학비료만 사용하게 되면 단기간에 수확량은 늘지만 땅이 점차 산성화되면서 수확도 줄고 병충해 피해도 커진다. 그래서 퇴비도 주고 객토도 해서 토양을 기름지게 유지한다.

영업 역시 마찬가지다. 단기 실적에 급급하여 고객으로부터 주문을 받아내는 데에만 골몰할 경우 고객과의 관계가 소홀해지고 다른 동료 직원들에게까지 직, 간접적인 피해를 주게 된다. 물건을 팔기 전보다 물건을 팔고나서 더 많은 관심을 쏟는 이유도 고객과의 관계를 좋게 해서 장기적인 비즈니스 환경을 좋게 하기 위해서다.

셋째로 자기계발에 소홀해지기 쉽다.

나무를 베는 데만 급급하다 보면 톱을 갈 여유가 없게 된다. 날이 무딘 톱을 들고 다니다 보면 결국에는 체력이 떨어져 아무 일도 못한다. 실적에만 매달리다 보면 중요한 자기계발에 소홀해지기 쉽다. 세일즈맨의 능력을 평가할 때 판매 성적표만 보지 않고 직원들 간의 팀워크, 고객만족도, 자기계발 노력, 조직에 대한 기여도 등 다양한 평가를 하는 것은 바로 이런 이유 때문이다. '실적이 최고다'라는 의미는 단지 매출 실적이 최고라는 의미가 아니라 이러한 모든 것들을 종합한 평가 결과가 최고라는 의미다.

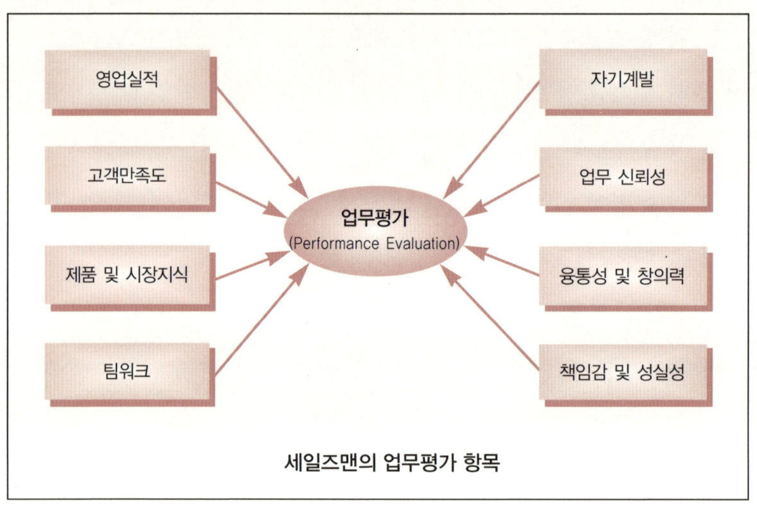

세일즈맨의 업무평가 항목

기술영업은 개발부서나 서비스 분야에서 일할 때와 같이 디테일한 기술을 요구하지 않는다. 따라서 엔지니어에 뜻이 있었거나 취직하기가 쉽다는 이유로 엔지니어의 길을 선택했지만 공부하면서 엔지니어로 성장하는 데 한계가 있다고 스스로 판단거나, 엔지니어링 분야가 적성이 잘 맞지 않거나, 또는 타고난 영업적 기질을 발휘해 보고 싶은 엔지니어들에게 기술영업은 새로운 도약의 기회가 될 수 있다.

엔지니어의 길이 전부는 아니다

공과대학을 졸업하고 엔지니어나 과학자로 진출할 수 있는 분야는 크게 대학, 기업이나 정부 산하 연구소 등과 같은 연구 분야, 반도체, IT, 조선, 항공, 의료 분야 등과 같은 생산 관련 분야, 컨설팅, 교육, A/S 등과 같은 서비스 관련 분야가 있을 수 있다. 이들 분야에 진출하면 여러 장점이 있다.

첫째로 자신의 전공을 제대로 살릴 수 있다. 자신의 전공을 살릴 수 있기 때문에 전공 분야가 자신에게 잘 맞는 경우 즐겁게 일할 수 있고 보람도 느낄 수 있다. 두 번째로 비교적 주변으로부터 간섭이 적다. 주로 연구나 엔지니어링 업무에 관련된 일만 하면 되기 때문에 사람을 상대하는 일에 비해 스트레스를 덜 받을 수 있다. 세 번째로 엔지니어로서의 긍지를 살릴 수 있다. 남이 할 수 없는 일, 남이 가보지 못한 길을 간다는 긍지를 느낄 수 있다. 그만큼 좋은 대우를 받을 수도 있다. 또 인문계 출신보다 직업을 구하기도 비교적 쉽다. 최근 들어 개발의 중요성이 부각되면서 엔지니어 출신 임원들도 크게 늘고 있다. 하지만 세상 이치가 양지가 있으면 음지가 있듯이 엔지니어의 길로 나아가는 데에도 여러 단점들이 있다.

첫째, 끊임없이 전공 지식과 씨름해야 한다.

빠르게 변화하는 기술발전 속도를 따라가거나 앞서가기 위해서는 끊임없이 노력해야 한다. 특히 IT 분야처럼 하루가 다르게 기술이 발전하는 분야는 새로운 기술을 따라가는 것조차 쉽지 않다. 그러다 보면 어학 훈련 등과 같은 자기계발이나 인간관계에 소홀해지기 쉽다.

둘째, 자칫 폐쇄적으로 되기 쉽다.

인간은 환경의 지배를 받는다. 성인이 되어 회사에 입사했지만 같은 분야에서 오래 일하다 보면 성격이나 스타일이 바뀌게 된다. 특히, 기술 관련 분야에 오래 근무하다 보면 주위 사람들로부터 좀 소심하고 대인관계가 원만하지 못하다는 소리를 듣게 되는 이유가 여기에 있다. 자칫 시대적 흐름에 둔감해지기도 쉽다. 뛰어난 독창적인 기술을 가진 엔지니어 출신 벤처사업가가 창업 후 얼마 가지 못해 문을 닫는 이유도 세상물정을 제대로 모르기 때문이다. 영업적 감각이 뒤지다 보니 좋은 제품을 개발했어도 소비자로부터 외면받기 쉽다.

스티브 잡스도 초창기에는 유사한 실패를 되풀이했다.

셋째, 일할 수 있는 기간이 비교적 짧다.

나이가 들수록 경험이 쌓이면서 지혜는 풍부해지지만 순발력이나 창의력은 떨어진다. 자연히 젊은 후배들과의 경쟁이 쉽지 않다.

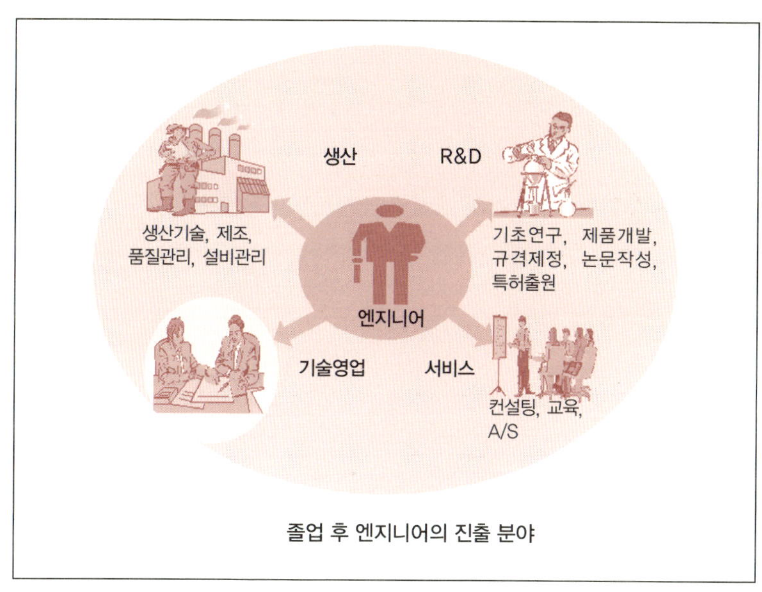

졸업 후 엔지니어의 진출 분야

프로젝트 매니저나 팀장 등으로 승진하면 보다 폭넓은 시각에서 업무를 볼 수 있기 때문에 이런 문제를 어느 정도 극복할 수 있지만 자리가 한정되어 있고 매니저로 승진해도 엔지니어들을 관리해야 하는 심적 부담이 따른다.

특히, 개발 프로젝트 결과에 대한 책임을 져야 하는 심적 부담이 크다. 가급적 짧은 시간에, 한정된 개발비용으로, 품질이 뛰어나면서 소비자 반응이 좋은 제품을 개발해야 한다는 심적 부담은 말로 표현할 수 없을 정도로 크다. 물론 개발한 제품이 성공했을 때 느끼는 성취감이야 말로 이루 다 표현할 수 없을 정도로 크겠지만 성공보다는 실패 가능성이 높은 것이 현실이다.

뒤늦게 다른 분야로 전직을 하고 싶어도 나이 제한이나 폐쇄적인 사고가 걸림돌로 작용하기 쉽다. 젊은이들의 공대 기피현상도 IMF 외환위기 당시 가까이에서 지켜본 엔지니어 출신 부모들의 실직 사

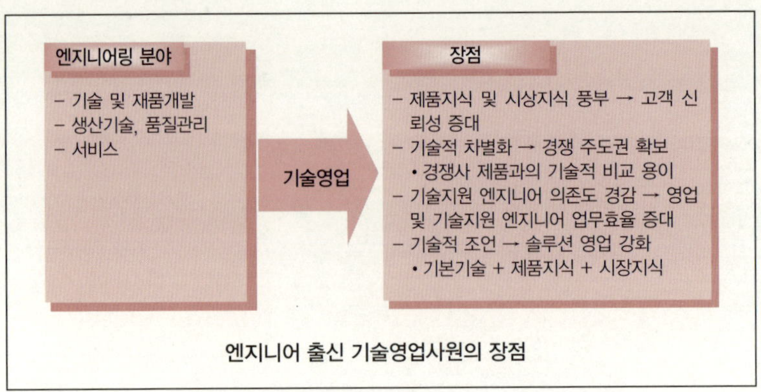

엔지니어 출신 기술영업사원의 장점

태와 무관하지 않다.

이런 단점을 극복하고 엔지니어의 장점을 살려가면서 일할 수 있는 분야 중의 하나가 바로 기술영업이다. 기술영업은 개발부서나 서비스 분야에서 일할 때와 같이 디테일한 기술을 요구하지 않는다. 따라서 엔지니어에 뜻이 있었거나 취직하기가 쉽다는 이유로 엔지니어의 길을 선택했지만 공부하면서 엔지니어로 성장하는 데 한계가 있다고 스스로 판단하거나, 엔지니어링 분야가 적성이 잘 맞지 않거나, 또는 타고난 영업적 기질을 발휘해 보고 싶은 엔지니어들에게 기술영업은 새로운 도약의 기회가 될 수 있다. 자신의 엔지니어링 능력을 영업 차별화 전략으로 활용할 수 있기 때문이다.

가지고 있는 엔지니어링 능력을 잘 활용하면 기술지원 엔지니어의 의존도를 크게 낮출 수 있다. 또 자사 제품이나 경쟁사 제품에 대한 이해가 빨라 경쟁사와의 기술적인 경쟁에서 주도권을 쥘 수 있고, 고객의 문제점이나 시장상황을 보다 정확히 분석할 수 있기 때문에 설득력 있는 솔루션을 만들어 낼 수 있다.

학력이나 학업 성적은 그다지 중요하지 않다

많은 기업들이 신입사원을 뽑을 때 학력이나 학업 성적을 중시한다. 지적 능력이 어느 정도 수준이고, 학교생활을 얼마나 충실히 했는지를 직, 간접적으로 확인해 보기 위해서다. 학력이나 학업 성적을 중시하는 기업들은 지적 능력이 높으면 기업에서 요구하는 기대치를 충족시킬 가능성이 높고, 학업에 충실했던 사람이 그렇지 못한 사람에 비해 회사생활을 보다 충실하게 할 가능성이 높다고 판단한다.

기술영업은 학력이나 학업 성적은 물론 전공도 크게 제한을 두지 않는다. 그것들보다 더 중요한 것들이 많기 때문이다.

엔지니어링 업무를 잘하기 위해서는 기술적인 백그라운드가 친화력이나 커뮤니케이션 능력보다 훨씬 중요하다. 따라서 전공이 다르면 엔지니어링 업무를 수행하기가 매우 힘들다. 그러나 기술영업은 지적인 능력보다 추진력과 돌파력, 일에 대한 열정, 고객을 설득하고 고객과 좋은 관계를 유지할 수 있는 친화력이나 커뮤니케이션 능력 등이 더 중요하다. 물론 앞에서 언급한 대로 기술 분야에 대한 전문적인 지식이 풍부하면 기술영업을 하는 데 많은 도움이 될 수 있다. 하지만 기술 분야에 대한 전문지식이 부족해도 큰 어려움은 없다. 두 가지 이유에서다.

첫째, 기술영업은 제품에 대한 디테일한 설명을 필요로 하지 않는다.

기술영업은 제품에 대한 디테일한 내용보다 제품이 가지고 있는 중요한 핵심사항을 고객에게 제대로 전달하는 게 중요하다. 나무 하나 하나에 대해 자세히 설명하는 것보다 정원을 어떻게 꾸미는 것이 고객에게 도움을 줄 수 있는지를 설명할 수 있는 능력이 필요하다. 고객이 제품에 대해 보다 자세한 설명을 듣고 싶어 한다면 기술지원 엔지니어의 도움을 받아 설명해주면 된다.

둘째, 기술 분야에 대한 전문지식보다 열정이 우위다.

비록 엔지니어링 백그라운드가 없더라도 배우려는 열정만 있으면 기술담당 엔지니어의 도움을 받아가면서 부족한 기술적인 약점을 얼마든지 극복할 수 있다. 세일즈 활동을 위해 기술지원 엔지니어와 함께하는 시간이 많기 때문에 제품에 대해 관심을 기울이다 보면 점차 제품에 대한 지식은 물론 기술적인 백그라운드도 엔지니어 출신 못지않게 튼튼해진다.

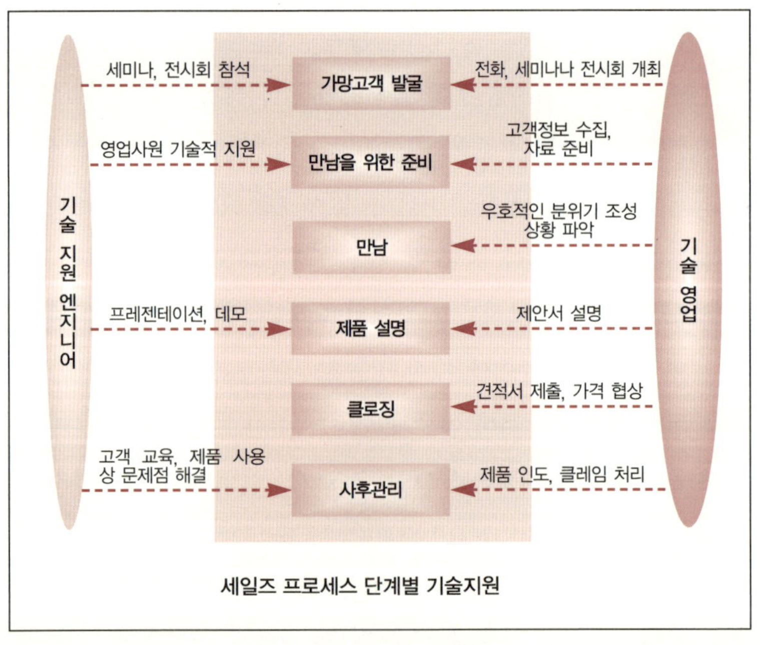

사람이 자산이다

포항제철의 역사를 말할 때 빼놓을 수 없는 사람이 고 박태준 포스코 명예회장이다. 기술, 산업자본, 경험이 전무한 상황에서 제철산업의 신화를 만들어 낼 수 있었던 배경에는 그의 탁월한 리더십은 물론 선진 일본 기술을 끌어 오는 데 그의 힘이 컸기 때문이다. 그가 세계 최대의 철강 생산업체인 신일본제철로부터 기술을 들여올 수 있었던 데에는 어릴 때 일본으로 건너가 와세다 대학을 다니면서 쌓은 인맥과 더불어 일본식 사고와 의사소통이 크게 힘이 됐다고 한다.

그를 아는 사람들이 그를 일본통이라고 부르는 것도 일본의 정계 및 재계에 두터운 인맥을 형성하고 있기 때문이며, 그 덕분에 한때 한일의원연맹 회장직을 맡기도 했다. 박태준 포스코 명예회장 못지않게 일본이나 미국의 정계나 재계 또는 국제 스포츠계에 두터운 인맥을 형성하고 있는 이들이 많다. 이들이 형성하고 있는 인맥은 한국은행 통계에도 잡히지 않는 귀중한 국가 무형자산이다.

물고기가 물을 떠나 살 수 없듯이 사람 또한 인간관계를 맺지 않고 살 수는 없다. 모든 조직이나 비즈니스를 이끌어가는 것은 결국 사람이기 때문에 어떤 사람과 어떤 관계를 맺고 유지하느냐에 따라 비즈니스의 성공뿐만이 아니라 미래의 운명이 달라진다.

미국 카네기 공대 졸업생을 대상으로 한 조사결과에 의하면 성공하기 위해서는 전문지식이나 기술이 15%, 인간관계가 85% 비중을 차지한다고 한다. 휴렛팩커드 창업자 중의 하나인 데이비드 팩커드는 "좋은 사람을 만나는 것은 신이 내리는 축복이다. 그 사람과의 관계를 지속시키지 않으면 그 축복을 저버리는 것과 같다"고 했다. 21세기 지식기반 경제사회의 특징 중 하나는 중후 장대한 설비산업보다 특허나 우수한 인력과 같은 무형자산이 빛을 발하는 시대다. 공장이 없어도 아이디어가 있고 기술이 있으면 얼마든지 경쟁력 있는 제품을 만들어 팔 수 있는 시대다.

좋은 예가 아이팟과 아이폰이다. 제품개발과 디자인만 미국의 애플사가 담당하고 있을 뿐 제품은 중국을 포함한 해외 하청공장에서 생산해 전 세계 소비자를 상대로 판매한다. 미국이 그동안 번성할 수 있었던 배경에는 아메리칸 드림을 꿈꾸면서 인도나 중국 등에서 건너간 젊고 우수한 많은 무형자산의 덕을 크게 볼 수 있었기 때문이다. 지금 미국의 어려움이 가중되고 있는 이유 중 하나도 중국과 인도가 하루가 다르게 발전하면서 이들 엔지니어들이 본국으로 역류하는 데 있다.

우수한 인적 자원이 갈수록 중요시 됨에 따라 우수한 인재 확보를 위해 기업들이 전 세계를 무대로 뛰고 있다. 적재적소에 필요한 사람을 소개해주는 헤드헌팅산업이 갈수록 번창하는 이유도 필요한 인재를 구하는 회사가 그만큼 많기 때문이다. 자기계발 분야의 세계 최고 컨설턴트라는 데일 카네기의 묘비명에는 '여기에 자기 자신보다도 더 현명한 인물들을 끌어 모으는 방법을 터득했던 사람이 잠들어 있다' 라고 적혀 있다고 한다. 그에 의하면 성공한 사람은 우수한 사람이 아니라 우수한 인재를 발굴하고 끌어올 수 있는 사람이다. 우수한 사람을 많이 알고 있는 것이 결국 자산인 셈이다.

기술영업은 수많은 사람과 도움을 주고받을 수 있는 기회가 주어진다. 봉급을 받고 일하면서 자신의 무형자산을 키울 수 있는 중요한 부산물을 얻게 되는 셈이다.

인맥은 세일즈맨에게 주어진 값진 선물이다

거상 임상옥은 "장사란 이익을 남기기보다 사람을 남기기 위한 것이다. 사람이야말로 장사로 얻을 수 있는 최고의 이윤이다. 사람을 남기는 법을 알아야 진정한 상인이 될 수 있다"고 했다. 영업은 고객에게 물건이나 서비스를 팔아 고객에게 가치를 제공하고 고객으로부터 가치를 제공한 대가로 돈을 번다. 그러나 영업은 돈이라는 유형의 자산가치보다 더 큰 무형의 가치를 얻을 수 있다. 그것이 바로 사람, 시장, 경험이라는 무형의 자산이다.

큰 상인은 돈을 쫓는 것이 아니라 신의를 쫓기에 사람이 모여든다. 영업 특히, 기술영업은 기업이나 정부기관, 또는 각종 연구소나 학교 등과 같은 다양한 직종, 다양한 계층의 사람들과 비즈니스 관계를 맺게 된다. 제품에 따라 다르지만 통상 고객을 처음 만나서 구매까지 걸리는 시간이 길고 구매 후에도 사후관리를 위해 고객과 지속적인 교류가 이루어진다. 또 고객이 설비를 증설하거나 새로운 사업을 시작하게 되면 추가 주문으로 연결될 수 있기 때문에 고객과의 관계를 한시도 소홀히 할 수 없다.

많은 사람들이 물건을 사는 사람과 파는 사람간의 관계를 갑과 을의 관계로 잘못 이해하고 있지만 사실은 동등한 관계이다. 갑을 관계의 비즈니스가 되면 물건을 사는 사람이나 파는 사람 모두가 손해를 본다.

예를 들어 물건을 사는 사람이 갑의 입장에서 물건을 파는 사람을 대하게 되면 물건을 구입하고 난 후에는 서로의 위치가 바뀔 가능성이 높다. 구입한 물건에 대한 기술적인 도움을 받기가 쉽지 않기 때문이다. 동등한 입장에서 비즈니스가 이루어져야 물건을 구입한 후 물건을 공급한 측으로부터 양질의 기술적 지원을 받을 수 있고 그래야 투자가치를 끌어 올릴 수 있다. 바로 이런 이유에서 서로는 동등한 입장에서 비즈니스 관계를 유지하고 싶어 한다.

이런 동등한 관계가 지속되다 보면 세일즈맨과 고객의 관계는 비즈니스 파트너의 관계를 뛰어넘어 친구 관계로 발전하게 된다. 자연히 고향이나 학교친구 못지않게 가깝고 두터운 인맥이 형성되게 된다. 가까이 지내던 고객이 다니던 회사를 그만두고 다른 회사나 다른 직종으로 옮기더라도 두터운 인맥관계는 그대로 이어지기 때문에 새로운 비즈니스 기회로 이어질 수 있다.

외국계 회사나 외국계 회사의 대리점에서 일할 기회가 주어지게 되면 해외 인맥을 형성할 수 있는 또 다른 기회를 갖게 된다. 외국계 회사에서 일하다 보면 마케팅 부서뿐 아니라 기술지원 부서나 연구소, 또는 고위층 인사들과도 비즈니스에 관련된 커뮤니케이션이 이루어진다. 이렇게 되면 이들과도 자연스럽게 두터운 인맥이 형성되고 그들 인맥은 국내 고객과 형성된 인맥처럼 해외 비즈니스를 하는 데 중요한 자산이 된다. 특히 미국은 다민족 국가로 미국계 회사와 비즈니스를 하게 될 경우 다양한 민족의 사람들과도 비즈니스 친구를 만들 수 있는 기회를 마련할 수 있다.

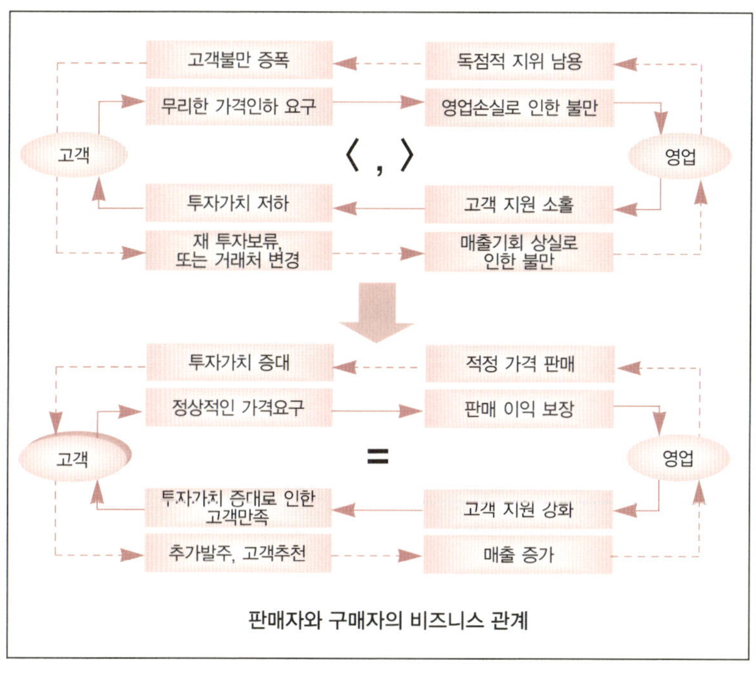

판매자와 구매자의 비즈니스 관계

자신의 이력관리에
도움이 된다

머지않아 우리 사회도 초고령사회에 진입한다. 초고령사회를 살아가려면 무엇보다도 건강해야 하고 경제적 능력을 갖춰야 한다. 건강을 유지하고 경제적 문제에서 벗어나기 위해서는 일이 중요하다. 따라서 오래 일할 수 있는 직업, 오래 일할 수 있는 준비야 말로 초고령사회를 위해 가장 시급히 해결해야 할 선결 과제다.

글로벌 인재로 거듭나기

요즘 들어 평생직장이라는 말이 사라지고 평생 직업이라는 말을 수도 없이 듣는다. IMF 외환위기를 겪으면서 많은 사람들이 본인의 의사와 상관없이 정든 회사를 떠나야 했다. 살아남은 직원들도 회사가 어려워지면 언제든지 정리해고를 당할 수 있다는 불안감을 떨치지 못한다. 45세 정년퇴직을 뜻하는 '사오정', 56세 정년 퇴직자는 도둑을 뜻하는 '오륙도'라는 신조어가 생겨난 것도 조기퇴직이라는 어두운 그림자 때문이다.

어느새 직업관도 크게 바뀌었다. 보수가 좀 낮더라도 오래 다닐 수 있는 직장, 평생 잘릴 걱정 없이 일할 수 있는 직업을 선호하다 보니 신분이 보장된 공무원의 인기가 갈수록 올라간다. 젊은이들의 취업난과 겹치면서 경쟁이 갈수록 치열해져 7, 9급 공무원시험이 행정고시 못지않게 어려워졌다는 소리가 나오고 있다. 의사나 법조

인과 같은 전문직 선호 현상 또한 갈수록 심화되고 있다. 유명 공과대학 합격생이 지방대학 의대라도 합격하면 미련 없이 의대로 방향을 돌린다. 이 모두가 직업에 대한 불안 때문에 오는 과도기적인 현상이다.

머지않아 우리 사회도 초고령사회에 진입한다. 초고령사회를 살아가려면 무엇보다도 건강해야 하고 경제적 능력을 갖춰야 한다. 건강을 유지하고 경제적 문제에서 벗어나기 위해서는 일이 중요하다. 따라서 오래 일할 수 있는 직업, 오래 일할 수 있는 준비야 말로 초고령사회에서 살아가기 위해 가장 시급히 해결해야 할 선결과제다. 한 직장, 한 직업이 아니라 끊임없는 직업 재교육 등을 통해 새로운 일자리와 새로운 직업을 계속 찾아가면서 일할 수 있는 기간을 연장해야 한다. 공무원은 신분이 보장되고 처우도 과거에 비해 좋아져 많은 젊은이들이 선호하지만 이러한 상황이 앞으로도 계속된다는 보장은 없다. 재화를 창출하는 기업보다 공무원이 우대받고 더 선망받는 사회는 오래가지 못하기 때문이다.

제대로 된 국가 중에 공무원이 더 우대받는 나라는 도시국가인 싱가포르가 유일하다. 무능 공무원 퇴출 문제가 가끔씩 언론에 오르내리고 있지만 이제 서막에 불과하다. 불과 얼마 전까지만 해도 경쟁의 무풍지대에 있었던 변호사 사회가 치열한 생존경쟁의 시대로 접어들었고 이제 머지않아 병원도 경쟁시대로 접어든다. 찰스 다윈은 "끝까지 생존하는 것은 강한 종도 아니고 지적인 종도 아닌, 변화에 가장 잘 적응하는 종이다"라고 했다. 이제 어느 누구도 변화의 흐름을 피해갈 수 없다. 변화의 흐름에 순응하면서 필요한 대비를 해나가야 한다.

글로벌 기준	기술영업의 조건
국제적 감각	• 열린 마음 • 균형잡힌 긍정적 사고
커뮤니케이션 능력	• 의사소통 능력 • 설득력과 협상력 • 외국어 능력(회사, 또는 회사 대리점 종사자)
전문성	• 업무 관련 전문적 지식
창의성	• 수평적 사고 • 고객의 니즈에 적합한 솔루션 개발
글로벌 네트워크	• 회사, 또는 회사 대리점 종사자

초고령사회를 준비하면서 반드시 고려해야 할 점이 있다. 21세기 글로벌시대에 대한 준비다. 글로벌시대는 국가 간 장벽이 완화되면서 물자뿐 아니라 인적 교류도 크게 활성화 된다. 이미 국내에 진출해 있는 외국계 기업들은 본사와 지사 간 인적 교류가 예전보다 활성화 되고 있다. 이러한 현상은 국내 글로벌 기업은 물론 전반적인 국내 취업시장에도 커다란 변화를 몰고 올게 분명하다.

어학 능력뿐만이 아니라 글로벌 기준에 부합하는 스펙을 갖추는 것이 무엇보다 필요하다. 기술영업은 이러한 글로벌 기준에 부합하는 스펙을 갖추는 데 여러 이점을 가지고 있다. 특히, 외국계 회사나 외국계 회사 제품을 취급하는 대리점에서 근무하는 세일즈맨들에게는 이러한 스펙을 갖추기 위한 여러 좋은 환경이 마련되어 있다. 어학 능력 향상은 물론 국제적인 인맥을 형성할 수 있으며 국제적인 감각을 익힐 수 있다. 글로벌 시대는 스스로 자신의 능력을 개발하는 시대다.

창업을 위한 지름길

직장생활을 하는 대부분의 사람들은 언젠가 기회가 되면 봉급생활자 신분을 벗어나 창업을 해보고 싶은 꿈을 품는다. 창업을 해서 성공하게 되면 무엇보다 경제적인 여유가 생긴다. 윗사람들 눈치를 볼 필요가 없고 소신껏 일할 수 있다. 무엇보다도 자아실현의 욕구를 충족시킬 수 있다. 그러나 마음뿐이지 행동으로 옮기는 건 쉽지 않다. 크게 두 가지 이유에서다.

첫째, 사업자금 마련이 쉽지 않다.

사업을 하려면 당장 먹고 살 생활비는 물론 사업에 필요한 최소한의 자금이 필요하다. 제조업인 경우 연구개발비도 필요하고 제조설비도 필요하다. 다행히 사업성이 있어 보이는 기술이라도 가지고 있다면 벤처자금이라도 끌어들일 수 있지만 그렇지 않은 경우 자금조달이 쉽지 않다.

둘째, 판로 개척이 쉽지 않다.

좋은 기술만 믿고 벤처회사를 차렸다가 사업에 실패하는 주요인이 판로를 개척하지 못해 매출을 일으키지 못하는 데 있다. 오직 기술 하나만 믿고 마케팅이나 영업을 간과한 데에서 오는 필연적인 결과다.

지금은 유통이 제조업을 지배하고 있다고 해도 과언이 아닐 정도로 유통업체의 시장 지배력이 크다. 막강한 구매력을 바탕으로 제조업체를 좌지우지한다. 세계 최대 유통기업 월마트 매출의 40%가 제조업체 브랜드 대신 자사 브랜드를 붙여 파는 PL^{Private Level} 상품에서 나온다. 국내 최대 유통업체 이마트도 PL 상품을 계속 늘려가고 있다. 디지털 TV 판매 1위 업체인 삼성전자조차도 진열대의 좋

은 자리를 차지하기 위해 세계 최대 소비자 가전 소매업체 베스트
바이의 눈치를 봐야 하는 형편이다. 유통망을 쥐고 있으면 공장이
없어도 자신들이 만들고 싶은 제품을 얼마든지 만들어 팔 수 있는
세상이다.

시장을 알고 고객을 확보하고 있다는 의미는 유통망을 쥐고 있다
는 의미와 같다. 불특정 다수를 상대로 하는 소비재 상품이 아니라
면 월마트나 이마트처럼 브랜드 네임도, 거대한 판매망도 필요 없
다. 기술지원에 필요한 엔지니어와 최소한의 설비, 주문을 받아올
세일즈맨만 있으면 된다. 자신이 해오던 분야 또는 직간접적인 관
계가 있었던 분야의 사업을 하게 될 경우 기존 인맥을 활용할 수 있
기 때문에 시장 개척이나 매출에 대한 부담이 크게 줄어든다. 사업
자금이 크게 필요하지도 않다. 기술지원 엔지니어만 확보되면 당장
에라도 사업을 시작할 수 있다. 사업이 활성화 되는 대로 인원을 충
원하고 사업 영역을 넓혀 가면 된다.

기술영업사원으로 일하다가 혼자 독립하는 사람들이 다른 직종
에 비해 유달리 많은 이유도 창업에 따른 위험부담이 적고, 빠른 시
간 안에 경제적인 여유를 누릴 수 있기 때문이다. 기술영업만이 가
질 수 있는 특징 중의 하나다.

시장을 알면 돈이 보인다.

풍부한 경험은 최고의 자산

햄버거의 대명사 맥도널드는 1937년에 맥도널드 형제에 의해 세
워졌다. 그렇지만 전 세계 120개국에 3만여 매장을 가진 세계 최대

의 프렌차이즈점으로 키운 것은 맥도널드 형제가 아니라 레이크록 이다. 레이크록은 고등학교를 중퇴하고 17년 동안 종이컵 등을 판 매하는 세일즈맨으로 일했다. 어느 날 그는 맥도널드에 '멀티믹서' 라는 밀크 쉐이크 제조기를 판매하기 위해 맥도널드 형제를 찾았 다. 종이컵과 믹서기 판매를 통해 음식업계에 대한 노하우를 익혔 던 그는 빠르고 깨끗하면서도 가격까지 낮출 수 있는 시스템을 한 눈에 알아볼 수 있었다. 그는 맥도널드 형제에게 사업을 제의했고, 1961년 마침내 맥도널드 프렌차이즈 사업의 모든 권리를 인수한다. 그의 성공 역시 스타벅스의 CEO 하워드 슐츠처럼 세일즈 경험이 큰 도움이 되었음은 물론이다.

직장생활 초기에는 한 분야에만 전념하는 스페셜리스트가 유리 하다. 하지만 경력이 쌓이고 직급이 올라갈수록 폭넓은 지식과 경 험을 겸비한 제너럴리스트가 유리해진다. 사물을 보는 시야가 넓어 보다 큰 그림을 그릴 수 있고 업무 영역도 확대할 수 있기 때문이다. 이런 측면에서 봤을 때 기술영업은 아주 매력적인 직업이라고 할 수 있다. 기술영업을 통해 다른 사람과의 우호적인 관계를 맺는 인 간관계 기술, 이견을 조정하고 합의를 도출해내는 협상, 알아듣기 쉽게 설명하고 소통할 수 있는 커뮤니케이션, 팀을 이끌 수 있는 리 더십, 해야 할 일을 스스로 판단하고 결정할 수 있는 자기관리, 자신 의 상품가치를 키울 수 있는 이미지 관리, 외국 비즈니스 파트너와 의 원활한 의사소통을 위한 어학, 시장을 분석하고 수요를 예측할 수 있는 마케팅, 제안서나 사업계획서를 작성할 수 있는 기획 및 문 서 작성과 같은 다양한 실전 경험을 쌓을 수 있다.

조선일보(2011-01-10)가 국내 15개 주요그룹으로부터 작년 연말 임

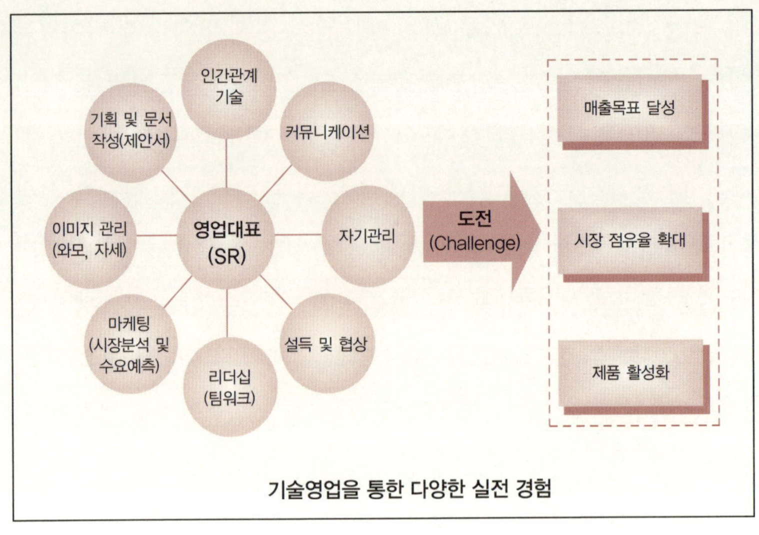

기술영업을 통한 다양한 실전 경험

원 승진자 자료를 받아 분석했더니 가장 많은 임원들의 주요업무 분야가 영업이었다. 세부업무를 밝힌 임원 1,101명 중 영업 담당이 23%에 달했고 그 뒤를 이어 R&D, 생산관리, 전략, 기획 등의 순서로 영업 쪽 승진 임원들의 비중이 높았다. 이에 대해 재계 관계자는 "세계 경기가 회복세를 보이면서 기업들이 국내외 마케팅을 강화하는 한편 새로운 성장 동력을 찾기 위해 R&D에 힘을 쏟는 것으로 볼 수 있다"고 말했다. 기술영업이 다른 어느 직종보다 승진에도 유리하다는 것을 보여주는 좋은 예라고 할 수 있다. 승진이 잘된다는 의미는 그만큼 자신의 경력관리에 도움이 될 수 있다는 의미다.

'잔잔한 바다에서는 좋은 뱃사공이 만들어지지 않는다' 는 영국 속담이 있다. 영업은 하루하루가 치열한 경쟁이다. 고객의 니즈와 시장상황이 수시로 변하기 때문에 이러한 시장변화의 흐름을 잘 읽어낼 수 있어야 한다. 그리고 그에 맞는 전략을 준비해야 한다. 자신의 영업 스타일이나 영업 방법을 개선하려는 노력을 한시도 게을리 해서는 안 된다. 그렇지 않으면 이스트만 코닥처럼 어느 날 갑자기 낭떠러지로 떨어질지 모르기 때문이다.

기술영업은 항상 긴장을 늦추지 않고 시장의 흐름에 맞춰 따라가는 능력을 키워야 한다. 이런 환경에 적응하다 보면 맷집도 생기고 다양한 경험을 축적하게 된다. 바로 이 점이 자신의 커리어를 쌓는 데 많은 도움을 준다. 세일즈 활동은 자신을 훈련시키는 과정이다. 이러한 훈련을 통해 얻은 풍부한 경험이야 말로 미래를 위한 최고의 자산이 된다.

최고의 회사는 최고의 영업사원이 만든다

영업마인드는
경영의 핵심

치열한 경쟁사회에서는 고객의 문제를 해결해줄 수 있는 가치제공자나 문제해결자만이 살아남는다. 잘 나가는 회사는 물건을 잘 만드는 능력이 뛰어나서가 아니다. 고객이 필요로 하는 물건을 잘 만들어 팔 수 있기 때문에 잘 나간다.

제품 개발도 영업 마인드가 필요하다

매출이 있어야 이익이 생기고 새로운 투자도 할 수 있다. 매출을 올리려면 고객이 필요로 하는 제품을 고객이 원하는 가격에 만들어야 한다. 그러기 위해서는 무엇보다도 제품 개발자가 영업 마인드로 철저하게 무장되어 있어야 한다. 그래야 자신이 만들고 싶은 제품이 아니라 고객이 필요로 하는 제품을 만들 수 있다. 강자가 살아남는 것이 아니라 살아남는 자가 강자인 것처럼, 좋은 제품이 팔리는 게 아니라 팔리는 제품이 좋은 제품이다.

많은 사람들, 특히 연구소에 근무하는 사람들 중에는 아직도 제품이 좋으면 팔린다는 잘못된 믿음을 가지고 있다. 안철수 전 KAIST 기술경영전문대학원 석좌교수가 한국경제신문과 인터뷰(2011-03-28)한 기사에 다음과 같은 이야기가 나온다.

"과학기술은 현장과 동떨어진 게 아니라 항상 함께 가는 것이다. 이공 대생들이 기업가 정신, 커뮤니케이션, 리더십, 마케팅 등 인문사회 과목을 수강하도록 학부 구조를 바꿔야 한다"고 지적했다. 마케팅이나 전략 기획 등에 대한 개념이 있는 상태에서 연구 · 개발R&D 과제를 기획 · 수행하는 경우와 그렇지 않은 것은 천양지차라는 설명이다. 그러면서 과학기술자들은 "한 분야에서만 '나 혼자만 열심히 하면 알아주겠지' 라는 생각을 버려야 한다"고 했다.

제품이 좋다고 해서 팔리는 시대가 아니다. 경쟁이 치열해지면서 제품의 품질은 평준화 된지 오래다. 아무리 기술적으로 우수한 제품이라도 고객이 좋아해야 하고 고객의 관심을 끌어야 살아남을 수 있다. 품질이 뛰어난 제품이 아니라 고객의 니즈나 불만을 해결해줄 수 있는 제품이나 솔루션을 제공하는 게 고객만족이다. 고객만족이나 고객감동을 위해서는 고객들의 숨어 있는 잠재적 욕구를 적극적으로 개발해서 충족시켜야 한다. 즉 문제 해결자solution provider가 되어야 한다. 치열한 경쟁사회에서는 고객의 문제를 해결해줄 수 있는 가치 제공자나 문제 해결자만이 살아남는다. 잘나가는 회사는 물건을 잘 만드는 능력이 뛰어나서가 아니다. 고객이 필요로 하는 물건을 잘 만들어 팔 수 있기 때문에 잘나간다.

80년대 초 개인용 컴퓨터시대의 문을 활짝 열어놓은 사람이 스티브 잡스이고, 음악 플레이어 시장을 주도하고 있는 '아이팟' 을 세상에 내놓은 사람 역시 스티브 잡스다. 이렇게 유명한 그도 한때는 "제품이 좋으면 팔리게 되어 있다"라는 기술 만능주의에 빠져 있다가 자신이 만든 제품들이 소비자들로부터 철저하게 외면받게 되자 결국에는 자신이 만든 회사에서 쫓겨나는 신세로 전락했었다. 그랬던 그가 젊은이들의 삶을 그들 시각에서 이해하고 난 후에는 마케팅의 귀재로 변신했다.

1996년 경영이 어려워진 애플에 복귀한 후 그는 탁월한 마케팅 능력을 발휘, 젊은이들의 취향에 맞춘 아이팟을 시장에 내놓아 음반 시장의 패러다임을 송두리째 바꿔버렸다. 뒤이어 출시된 아이폰과 아이패드의 성공도 기술이 아닌 소비자의 트렌드를 읽어내는 그의 마케팅 능력이 있었기에 가능했다. 그는 세상에서 가장 좋은 물건이 아니라 고객이 필요로 하는 제품을 개발했고 지금의 애플을 최고의 IT 회사로 탈바꿈시켰던 것이다.

그러나 앞서 이야기했듯이 팔릴 수 있는 제품만 가지고 있다고 해서 무조건 팔리지는 않는다. 특히 아이팟과 같은 디지털 소비재

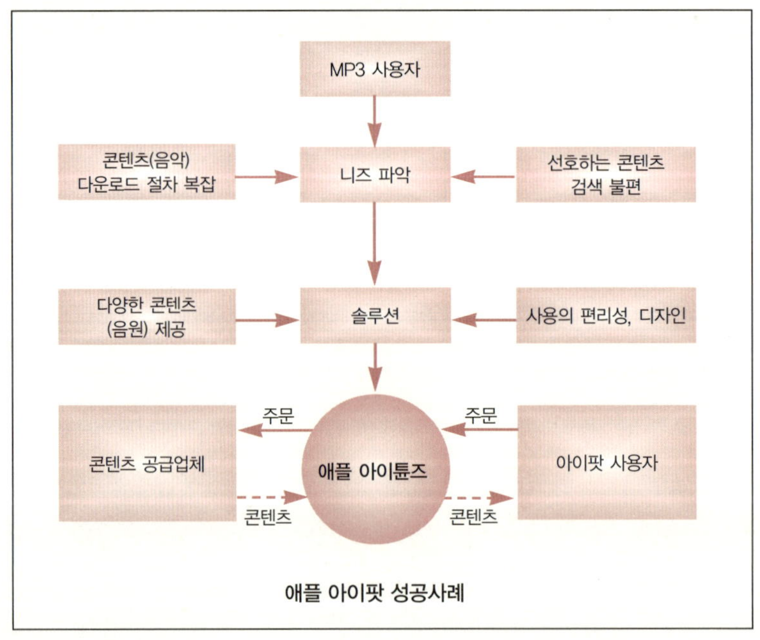

애플 아이팟 성공사례

가 아닌 산업재인 경우 다양한 고객의 취향에 맞는 솔루션도 함께 제공할 수 있어야 한다. 그러기 위해서는 영업, 개발, 기술 지원 등 회사원 모두가 영업적인 마인드로 무장해야 한다.

영업 경험은 회사 경영을 위한 보약

IBM을 명실상부한 세계적인 기업의 면모를 갖추도록 한 토마스 J. 왓슨Thomas J. Watson은 IBM에 입사하기 전 NCR세계 최초 금전등록기를 개발한 회사에서 세일즈맨으로 근무했었다. 그는 자사의 세일즈맨들에게 단정한 몸가짐과 예의바른 행동을 요구, 그 당시 세일즈맨에 대한 부정적인 사회적 이미지를 개선시켰다. 감색 슈트와 흰색 셔츠가 한때 IBM의 세일즈맨 제복처럼 인식된 것도 그의 세일즈 철학의 소산이다.

1993년 쓰러져 가는 공룡기업 IBM을 구해낸 루이스 거스너Louis V. Gerstner 전 회장의 뒤를 이어 2002년부터 IBM을 이끌고 있는 샘 팔미사노 회장 역시 1973년 IBM에 입사해서 말단 세일즈맨으로 직장생활을 시작한 정통 세일즈맨 출신이다. 그는 'E-Business on Demand' 라는 슬로건 아래 회사의 비즈니스 모델을 하드웨어와 서비스 비즈니스에서 고객의 니즈를 충족하는 종합 솔루션 회사로 완전히 변모시켜 다양해지고 복잡해진 고객의 욕구를 충족시키면서 보다 많은 부가가치를 창출하고 있다.

한때 그룹 매출 7조 원에 달하는 웅진그룹을 이끌었던 윤석금 회장은 1971년 대학을 졸업한 후 작은 사업을 하다가 실패, 별다른 목표도 없이 바둑이나 두면서 실업자로 하루하루를 살아가던 청년이었다. 그의 인생이 완전히 바뀌게 된 것은 브리태니커에서 세일즈맨으로 다시 사회생활을 시작하면서부터였다.《긍정이 걸작을 만든다》라는 그의 저서에는 다음과 같은 이야기가 나온다.

새로운 직장을 구하기 위해 백과사전을 판매하는 브리태니커 한국 지사를 찾아간 나에게 담당 매니저가 "당신이 앞으로 사업을 하든 그 밖의 다른 일을 하든 미래의 지도자가 되기 위해서는 세일즈를 해볼 필요가 있습니다. 세일즈는 사람을 설득해 자신의 요구를 받아들이게끔 하는 일로, 강한 정신력을 키워 줍니다. 장래에 큰일을 하겠다는 포부가 있다면 세일즈 경험이 중요한 자산이 될 수 있습니다" 라는 말을 했다. 담당 매니저의 비전 제시에 세일즈의 중요성에 대해서는 충분히 공감했지만 당시 가격이 매우 비쌌던 백과사전을 과연 팔 수 있을지 의문이 들었다. 그러다가 별로 특별해 보이지도 않는 선배 직원이 별 어려움 없이 고가의 서적을 팔고 있는 것을 보고 세일즈를 대단히 어렵고 비범한 사람들만이 할 수 있다고 여겼던 편견과 고정관념을 허물기 시작했다. "저 사람이 하면 나도 할 수 있다. 이제 나의 목표는 브리태니커 백과사전을 가장 많이 파는 사람이다.", "다른 사람이 할 수 있는 일을 나라고 못할 리가 없다. 한번 해보자!" 라는 도전정신과 열정으로 신바람 나는 영업을 했다.

이처럼 젊은 시절 세일즈 활동을 통해 단련된 도전정신과 적극성, 긍정적 사고, 일에 대한 열정, 풍부한 지식과 설득력, 깔끔한 매너, 리더십과 팀워크는 최고 경영자로서의 능력을 발휘하는 데 큰 힘이 되었다. 초심을 잃고 무리한 사업 확장을 꾀하다가 2010년 법정관리를 신청하는 등의 경영상 어려움으로 그의 성공 신화가 다소 빛바랜 측면은 있지만 젊은 시절 영업을 통해 얻은 소중한 경험은 재기의 발판을 마련하는 데 큰 힘이 되고 있다.

우리 주위에는 이들 이외에도 젊은 시절의 세일즈 경험을 살려 성공 신화를 만들어 가는 사람들이 많다.

일등만 기억된다

1등과 2등의 차이는 하늘과 땅만큼이나 크다. 세계에서 가장 높은 산이 네팔에 있는 에베레스트라는 것을 모르는 사람은 없지만 세계에서 두 번째로 높은 산이 파키스탄에 있는 K2라는 것을 아는 사람은 그리 많지 않다. 100미터 달리기 세계신기록 보유자는 자메이카의 우사인 볼트다. 육상에 조금만 관심이 있는 사람이라면 누구나 그를 기억한다. 하지만 두 번째로 빠른 선수와 볼트의 기록 차이는 종이 한 장 차이인데도 그를 기억하는 사람은 많지 않다.

이처럼 사람들은 1등은 기억해도 2등은 잘 기억하지도, 주목하지도 않는다. 그래서 모두가 일등을 차지하기 위해 전력투구한다. 남극점을 최초로 탐험한 노르웨이의 아문젠Roald Amundsen은 원래 북극을 탐험하기로 계획을 세웠다가 미국의 피어리Robert E. Peary에 의해 북극이 정복되었다는 소식을 듣고 탐험 계획을 바꿔 남극 탐험에 나섰다. 영국의 탐험가 스콧Robert F Scott과의 남극 탐험 경쟁에서 스콧보다 먼저 남극점에 도달함으로써 아문젠의 이름은 많은 사람들에게 기억되고 있지만 뒤늦게 남극점을 찍고 귀국 도중에 생을 마감한 스콧을 기억하는 이는 별로 없다. 만약 아문젠이 남극이 아니라 피어리의 뒤를 이어 북극 탐험에 성공했다면 스콧처럼 그의 이름을 기억하는 사람은 별로 없었을 것이다. 미국 메이저리그 타석에 12번 들어서서 안타를 3번치면 타율이 0.250가 되고 안타를 4번치면 타율이 0.330으로 올라간다. 안타 하나가 늘면서 타율이 불과 0.08, 즉 8푼이 늘지만 연봉은 엄청난 차이로 벌어진다. 바로 이런 이유에서 안타 하나를 더 치기 위해 수많은 프로선수들이 한겨울에도 비지땀을 흘려가면서 연습에 몰두한다.

기업 간 경쟁도 이와 비슷하다. 시장에서 1등 상품과 2등 상품의 품질 차이는 그리 크지 않지만 고객이 느끼는 1등과 2등의 인식 차이는 아주 크다. 고객의 머리속에 1등으로 자리매김하고 나면 시장 지배력이 생기고 그 분야의 리더가 되면서 매출이나 수익률이 크게 오른다. 맥도널드 햄버거나 코카콜라가 다른 상품에 비해 맛이 뛰어나고 품질이 우수해서 고객들이 아무 생각 없이 사먹는 게 아니다. 고객들의 마음속 깊이 자리 잡고 있는 '인식'이 고객들을 그렇게 만들고 있을 뿐이다. 고객들은 물건을 살 때 일일이 제품의 특성이나 물건의 질을 따져가면서 사지 않는다.

고객의 마음속에 자신들의 상품을 1등 상품으로 자리매김할 수 있도록 마케팅, 개발, 생산, 영업부서는 최선의 노력을 경주한다. 이러한 마케팅 전략 덕분에 소비자들의 마음속에는 코카콜라, 맥도널드, 크리넥스 등과 같은 상품 이외에도 수많은 브랜드의 상품들이 시장에서 강자로서의 위치를 확고히 하고 있다.

1등 선호 현상은 일반 소비재뿐만이 아니라 산업재의 경우에도 마찬가지다. 고객들이 제품을 검토할 때는 국내외 시장점유율이나 지명도가 높은 제품을 우선적으로 검토한다. 제품 검토 시간이나 투자 위험 부담을 줄일 수 있다고 생각하기 때문이다.

지명도나 시장점유율이 낮은 제품을 구입할 경우 혹시 물건을 구입하고 난 뒤 회사가 문을 닫아버리거나 제품이 단종되지 않을지, 혹시 나도 모르고 있는 제품의 결함은 없는지, A/S는 제대로 받을 수 있을지 등에 대한 불안감을 갖기 쉽다. 바로 이런 이유에서 경쟁사보다 하루라도 빨리 시장에 진입해 시장을 선점하거나, 다소 무리하게 가격을 낮춰서라도 시장점유율을 높이기 위한 마케팅 전략을 구사한다. 1등이라는 이미지를 고객들의 마음속에 심게 되면 세일즈맨이 주도권을 쥐고 영업 활동을 펼칠 수가 있기 때문이다.

1등이 될 수 없다면 다른 분야에서 최고가 되라

'용의 꼬리보다는 뱀의 머리가 되라' 는 말이 있다. 누구나 자신의 장점을 살리면 잘할 수 있는 분야가 있다. 바로 이것이 요즘 흔히 말하는 차별화다. 자신의 분야에 이미 선두주자가 버티고 있다면 새로운 분야를 찾아 그 분야에서 최고가 되면 된다. 지금도 여전히 세계 컴퓨터 시장의 최강자로 군림하고 있는 IBM이지만 7, 80년대 메인 프레임 컴퓨터 시장에는 IBM 외에도 허니웰, 컨트롤데이터, NCR 등과 같은 회사들이 IBM과 자웅을 겨루고 있었지만 이들 회사는 IBM에 밀려 크게 두각을 나타내지는 못했다. 그러던 어느 날

DEC이라는 회사가 등장, 미니컴퓨터라는 새로운 분야의 강자로 자리매김했다. 뒤를 이어 어떤 회사는 슈퍼컴퓨터 분야에서 두각을 나타내고, 또 다른 어떤 회사는 PC 분야에서 새로운 영역을 개척함으로써 선두주자로 자리매김한다. 이처럼 같은 컴퓨터 분야지만 고객의 사업 규모나 업무 종류, 또는 제품 구매 방식 등과 같은 고객의 상황을 고려한 서로 다른 비즈니스 영역에서 선두주자로 자리매김할 수 있었다.

기술영업도 마찬가지다. 최고의 판매 실적, 특정 제품의 시장점유율 1위, 신제품 판매 1위, 특정 지역에서의 판매 1위, 3년 또는 5년 연속 판매 1위, 고객만족도 1위 등 다양한 형태로 최고 자리에 오를 수 있다. 바로 이것이야 말로 세일즈맨만이 느낄 수 있는 성취감으로, 돈 못지않은 가치가 있다.

물론 엔지니어도 자신의 능력을 살려 열심히 노력하면 자신이 일하고 있는 엔지니어링 분야에서 최고의 자리에 오를 수 있다. 하지만 기술영업만큼 다양한 형태의 기회가 주어지지 않기 때문에 최고의 자리에 오른다는 게 생각처럼 쉽지 않다. 조금만 생각을 바꿔 자신의 엔지니어링 능력에 영업력을 가미, 제품 개발이나 생산에 쏟았던 노력을 기술영업에 쏟으면 엔지니어로 일할 때보다 더 많은 기쁨과 보람을 느낄 수 있다. 물론 개발이나 생산 분야에서 엔지니어로 일하는 게 적성에도 맞고 재미도 있는데 일부러 기술영업을 선택할 필요는 없다. 오히려 얻는 것보다 잃는 게 많을 수 있다.

미국 시카고 불스를 6차례나 우승으로 이끈 마이클 조던은 세계 농구 역사를 통틀어 가장 뛰어난 선수로 평가받는다. 그렇게 뛰어났던 농구 천재가 아버지가 강도에게 살해되자 그 충격을 이기지 못하고 은퇴, 자신의 어릴 적 꿈이었던 야구 선수로 시카고 화이트 삭스에 입단해 마이너리그에서 뛰었지만 실력을 발휘하지 못했다. 그 후 다시 농구로 컴백, 전설적인 농구선수로 기록되고 있다. "난 실패를 받아들일 수 있다. 그러나 도전하지 않는 것은 받아들일 수 없다." 마이클 조던이 한 말이다. 그렇게 열심히 야구에 도전했지만 그도 야구에서는 고배를 마셨다. 그러나 우리 주위에는 엔지니어로 일하다가 기술영업으로 전직해서 성공한 사람들이 많다. 회사 경력 이 쌓일수록 디테일한 기술보다 사람과의 인과관계가 더 중요해진 다는 사실을 일찌감치 깨닫고 틈나는 대로 열심히 준비하고 노력한 덕분이다.

성공의 덫을 조심하라

진짜 위기는 자신의 약점이 아니라 강점에서 오는 경우가 많다. 강점이 많으면 성공할 가능성이 높고, 성공하게 되면 자칫 자만심 에 빠져 교만해지고 집중력이나 판단력이 떨어지기 쉽다. 그렇게 되면 강점이 오히려 약점으로 바뀐다. 사람의 뇌에는 50여 가지의 신경전달물질이 있는데, 그 중 하나인 세로토닌은 생기와 의욕을 불러일으키고 주의력과 기억력을 좋게 하는 물질로 알려져 있다. 뇌 전체에 광범위한 영향을 미치며 심리적 안정과 행복감 같은 긍 정적인 효과를 주는 물질로 몸 상태에 따라 분비되는 게 아니라 외 부 환경의 영향을 받는 호르몬이다. 주변이 평화롭고 마음이 편해 질 때 분비되는데, 세로토닌이 충분히 분비되면 스스로 제어할 수 있는 힘이 생겨 집중력이 강해진다.

그러나 양이 너무 많아지면 문제가 생긴다. 성공에 따른 희열과 성취감이 행복감으로 이어지고, 이는 세로토닌을 크게 증가시킨다. 외부로부터의 찬사와 격려, 계속 이어지는 성공은 더 많은 세로토닌 분비를 촉진시킨다. 이렇게 되면 세로토닌의 선순환이 악순환으로 바뀐다. 전문가들에 의하면 성공에 따른 자만이나 오만이 세로토닌 과잉에서 비롯된다고 한다.

워크맨 신화를 만들어 냈고 최고의 선명도를 자랑하는 TV로 전 세계 가전시장을 주름잡았던 일본 소니도 성공 신화를 썼다는 자만심에 빠져 오래도록 굳건히 지켜온 1위 자리를 빼앗겨 버렸다.

아날로그 시대에는 감히 소니의 제품 개발 능력과 제조 기술을 능가할 만한 경쟁자가 없었다. 그러다가 아날로그 시대가 저물고 디지털 시대가 도래하면서 비즈니스 상황이 확 바뀌어 버렸다. 아날로그 TV에 내장되는 수많은 정교한 부품들이 디지털 TV로 바뀌면서 몇 개의 디지털 칩으로 대체되고 '누가 더 품질 좋은 제품을 잘 만들 수 있느냐' 가 아니라 '누가 소비자가 원하는 제품을 보다 빨리 더 싸게 만들 수 있느냐' 는 싸움으로 게임의 룰이 바뀌어 비렸다. 이 변화의 흐름을 삼성이 역전의 기회로 삼아 소니를 꺾을 수 있었던 것이다.

미래학자 앨빈 토플러는 "생존 기업의 제1법칙은 과거의 성공을 미래에 가장 위험한 요소로 파악하는 것이다"라고 말했다. 오늘의 1등이 미래의 1등을 보장하지 않는다. 과거의 성공에 도취되어 외부 환경 변화에 제대로 적응하지 못하면 아무도 살아남지 못한다. 영업도 마찬가지다. 경쟁 상대가 없거나 시장점유율이 높다고 가격을 터무니없이 비싸게 받거나 고객에게 불친절하게 대하다가 어느 날 갑자기 강력한 경쟁 상대가 나타나 하루아침에 고객과 시장을 모두 잃게 되는 경우를 심심찮게 볼 수 있다. 뛰어난 품질과 브랜드라는 강력한 울타리 덕분에 비즈니스가 잘되고 있는 데도 마치 자신의 능력 때문인 줄 착각하고 자기계발을 소홀히 하다가 낭패를 당하는 세일즈맨 역시 주위에서 쉽게 찾아 볼 수 있다. 어떻게 해서든지 경쟁에서 이겨야겠다는 지나친 욕심 때문에 무리한 제안을 해서 가까스로 주문은 받아냈지만 고객과의 약속을 지키지 못해 결국에는 신뢰도 잃고 계약도 포기해야 하는 경우, 또는 기술지원 등 A/S 비용이 만만치 않아 두고두고 부담을 떠안아야 하는 경우도 생긴다.

자칫 승자의 저주라는 위험에 빠질 수 있다. 자긍심은 필요하지만 지나친 자만심은 경계의 대상이다.

기술영업에 전제조건은 없다

컨버전스 전략을 구상하라

기술에 대한 지나친 거부감을 줄여라

인문계 출신이라고 기죽지 마라

컨버전스 전략을 구상하라

컨버전스convergence가 대세다

전자공학과 기계공학이 결합한 메카트로닉스 기술이 조선, 우주항공, 군수, 로봇 등 다양한 분야에 적용된지는 오래다. 이러한 학문간 융합이 최근 들어 IT정보기술, BT생명과학기술, NT나노기술 등 다양한 분야로 가속화 되고 있다. 통신과 방송, 유선과 무선, 아날로그와 디지털, 인문학과 과학, 과거의 경험과 신개념, 아이디어나 지식 등이 새로운 방식으로 결합, 패러다임을 바꿀 수 있는 변화를 이끌어내고 있다.

바야흐로 21세기는 융합컨버전스의 시대라고 할 수 있다. 이미 오래전부터 PC에 내장되는 마이크로프로세서를 공급하고 있는 인텔이나 세계적인 컴퓨터제조업체 휴렛팩커드와 같은 글로벌 기업들은 인류학이나 고고학 등을 전공한 인문사회학 전공자들을 연구개발에 참여시켜 왔다. 산업계에 지각 변동을 일으키고 있는 스마트폰도 서로 다른 기능이 결합되어 만들어진 창조물이다. 애플 창업자 스티브 잡스가 "아이패드를 만든 것은 애플이 인문학과 기술의 교차점에 있었기 때문에 가능했다. 인텔을 비롯한 세계 유수의 기업들이 기술을 앞세워 경쟁하지만 이를 압도할 힘은 인문학에서 나온다"고 했던 말은 설득력 있게 들린다.

LG전자는 기존의 외형 디자인보다 소비자의 감성에 초점을 맞춘 스마트폰 개발에 인류학, 사회학 등 인문사회과학 출신 연구 인력을 활용하고 있다. 기존의 디자인에서 벗어나 소비자들의 행동 양식과 소비 심리, 제품 사용방법 등을 종합적으로 분석한 후 그 결과를 제품 개발에 반영하고 있는 것도 컨버전스 전략과 무관하지 않다. 미국의 시사주간지 <타임>이 2010년 '올해의 인물'로 선정한 마크 주커버그Mark Zuckerberg는 하버드대학 재학 중 소셜 네트워크 서비스SNS의 대표적 기업인 '페이스북'을 창업했다. 남들이 가지 않는 새로운 길을 개척했다는 점과 미래를 이끌어갈 기술에 대해 잘 알고 있었다는 점에서 마이크로소프트의 빌 게이츠나 애플의 스티브 잡스와 매우 유사하다.

빌 게이츠는 어릴 적부터 컴퓨터 소프트웨어에 능했고, 스티브 잡스는 전자기기를 고치거나 새로 만드는 일을 잘했지만 이들은 일반 엔지니어들과 달리 기술에만 빠져 있지 않고 기술과 사회, 기술과 인간관계를 파악하는 능력이 뛰어났다. 빌 게이츠는 컴퓨터라는 하드웨어보다 내장되는 소프트웨어가 미래 사회를 이끌어갈 것이라는 점을 일찍이 간파했다. 스티브 잡스 역시 대학에서 철학과 서체를 공부한 것이 컴퓨터를 만드는 데 많은 도움을 주었다고 한다. 마크 주커버그는 대학에서 심리학과 컴퓨터과학을 전공하였으며

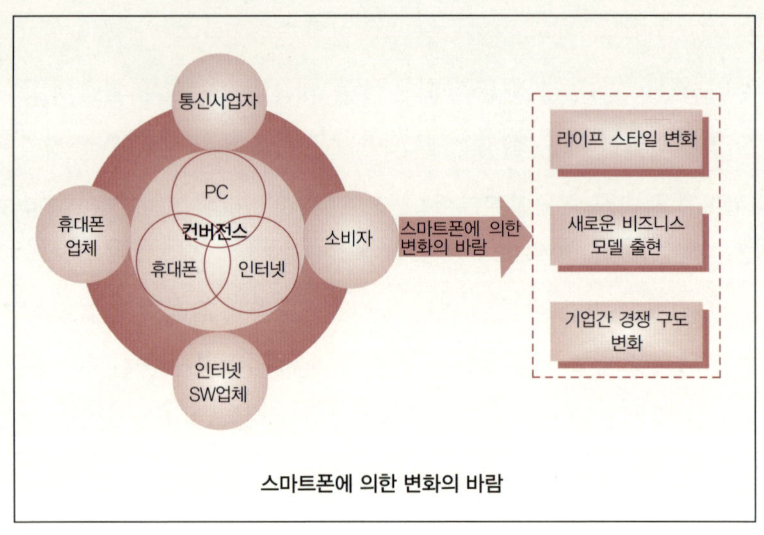

스마트폰에 의한 변화의 바람

고등학교 때에는 그리스 신화 등 서양 고전에 푹 빠져 있었다고 한다. 이처럼 이들은 기술만이 아닌 인문사회학에도 눈을 뜰 수 있었기 때문에 남이 생각지 못한 아주 새로운 사업을 일으켜 세울 수 있었다.〈조선일보. 2011,1,17〉

고객은 감성으로 물건을 구입하고 이성으로 구매 사실을 합리화한다. 고객의 가슴을 흔들어야 고객이 움직인다. 고객의 가슴을 흔들기 위해서는 제품의 특징이나 장점 등 기술적인 설명만으로는 부족하다. 고객의 마음을 열 수 있어야 하고 그래야 고객을 감동시킬 수 있다. 이것은 엔지니어링 스킬만으로는 부족하다. 엔지니어 출신들에게 부족한 친화력, 의사소통 능력, 열정, 솔직함 등이 제품과 결합할 때 고객의 가슴을 흔들 수 있다.

고객은 기술이 뛰어나다는 이유만으로 제품을 사지 않는다

사람들은 제품을 살 때 제품의 기능이나 특성 또는 구매 스펙 등을 꼼꼼히 따져보는 대신 자신들의 경험이나 직관 등에 의존해서 대충 몇 가지만 살펴보고 쉽게 결정하는 경우가 많다. 이렇게 빠르고 쉽게 결정하는 것을 '선택 휴리스틱스Choice Heuristics'라고 한다. 예를 들어, 구입하고자 하는 제품에 대해 별다른 정보를 가지고 있지 않을 경우 "가격이 비싸기 때문에 품질은 좋을 거야!" "유명메이커 제품은 이름값을 하지"라는 식으로 판단한다. 사고思考 과정을 단순하게 해주기 때문에 판단을 보다 쉽게 내릴 수 있도록 도와준다.

제품에 대한 정보가 부족하거나 전문적인 지식이 떨어져 제품을 정확히 평가할 수 없거나 복잡한 것을 싫어하는 경우 또는 제품 검토에 시간적인 제약을 받거나 고려해야 할 사항들이 많아서 의사결정이 힘들 경우에 휴리스틱스를 택할 가능성이 높다.

인터넷의 발달로 정보가 넘쳐나면서 제품 선택의 폭이 넓어지고 있다. 그러다보니 고객들은 어느 정보를 기준으로 제품 선정을 해야 할지 매우 혼란스러워 한다. 더구나 제품의 품질마저 서로 비슷비슷해지면서 제품 선택이 갈수록 어려워져 제품의 기능이나 품질보다는 이미지나 콘텐츠 또는 상품이 지닌 스토리로 제품을 선택할 가능성이 높아지고 있다.

기업들이 브랜드 가치를 높이기 위해 많은 돈을 쓰고, 스토리텔링 마케팅에 주력하는 이유가 여기에 있다. 세계 최고의 생수 브랜드로 자리 잡은 에비앙은 "1979년 프랑스의 한 귀족이 에비앙 지역에서 요양하며 3개월간 샘물을 마신 뒤 병이 나았다"는 스토리텔링 마케팅으로 유명해졌다. '알프스의 깨끗한 물' 이란 이미지를 상품화한 에비앙 생수는 웰빙 시대에 맞는 콘셉트로 국내 생수보다 훨씬 비싼 가격에 팔린다. 운송비나 제조원가를 감안해도 선뜻 이해가 가지 않는 비싼 가격이지만 많은 사람들이 에비앙 생수를 마신다. 산업화 시대에는 기술이 제품 선정의 기준이었지만 지식기반 사회에서는 기술 못지않게 이미지나 스토리 같은 고객의 감성을 자극할 수 있는 감성 마케팅이 중요시 되는 이유다. 잘 팔릴 수 있는 스토리를 만들어내고 입소문 마케팅을 활성화 하기 위해서는 열린 사고와 열린 마음으로 고객의 입장에서 사물을 들여다 볼 수 있어야 한다. 또 다양한 사람들의 도움을 끌어들이고 아이디어를 나눌 수 있는 팀워크와 소통능력이 요구된다.

자신에게 적합한 방법을 개발하라

타이거 우즈가 세계적인 골프선수라는 이유로 그가 하는 대로 무작정 따라 한다고 해서 타이거 우즈처럼 훌륭한 선수가 된다는 보장은 없다. 사람마다 신체적 특징이 다르기 때문에 똑같은 스윙 폼으로 공을 쳐도 공이 날아가는 거리가 다를 수밖에 없다. 마찬가지로 영업도 사람마다 제각기 다른 특징들을 가지고 있기 때문에 누군가가 세일즈를 잘한다고 해서 그 사람을 무조건 따라 할 필요가 없고 그렇게 해서도 안 된다. 무엇을, 어떻게, 왜 잘하고 있는지를 분석해서 자신에게 도움이 될 만한 장점은 적극 살리고 단점은 보완해서 자신만의 영업 스타일을 만들어내야 한다. 기술적인 배경이 튼튼한 사람은 기술적인 강점을 이용해서 제품의 특징이나 장점, 그리고 제품이 고객에게 제공하는 이득이 무엇인지를 기술적으로 설명함으로써 고객의 마음을 움직일 수 있다. 경쟁사 제품과 기술적으로 어떻게 다른지를 신뢰할 수 있는 입증자료를 통해 논리적으로 설명할 수 있기 때문에 고객에게 믿음과 신뢰감을 줄 수 있다. 반면에 기술적인 면은 떨어지지만 친화력이 뛰어난 사람은 그런 점을 십분 활용하면 기술력을 갖춘 세일즈맨보다 더 쉽게 고객의 마음을 열 수 있다.

영업은 자신의 머리를 활용하는 것도 중요하지만 자신이 빌릴 수 있는 머리를 활용하는 것도 중요하다. 즉 가용 가능한 리소스를 얼마나 잘 활용하느냐가 매우 중요하다. 나무젓가락 한 개를 부러뜨리는 것은 아무나 할 수 있지만 젓가락 숫자가 많아지면 힘센 어른도 쉽게 부러뜨릴 수 없다. 개체로서의 힘은 미약하지만 개체가 모이면 엄청난 시너지 효과를 발휘할 수 있다. 비록 엔지니어링 스킬은 부족해도 자신의 친화력과 리더십을 활용해서 이용 가능한 리소

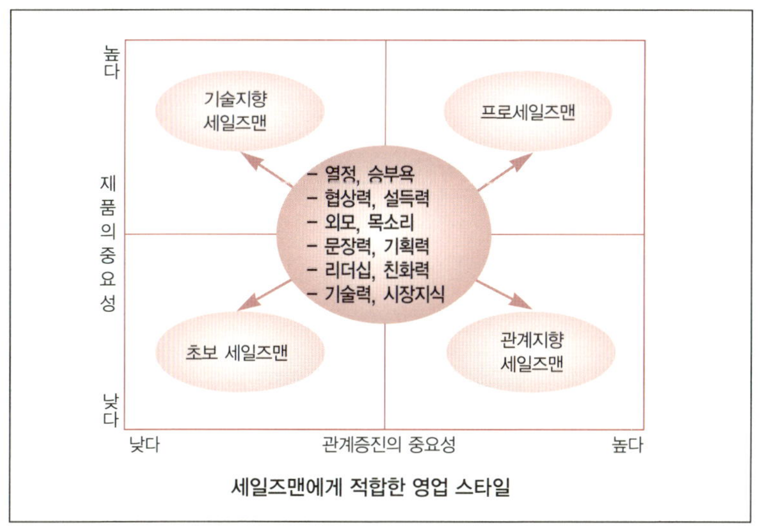

세일즈맨에게 적합한 영업 스타일

스들을 결집, 단단한 팀워크를 이끌어낼 수 있다면 어느 누구보다 훌륭한 결과를 만들어낼 수 있다. 또 남들 앞에서 설득력 있게 말하는 재주는 없더라도 글 쓰는 재주가 있다면 이메일이나 제안서 작성 등으로 고객에게 전하고자 하는 핵심사항을 보다 알기 쉽고 설득력 있게 전달할 수 있다. 이처럼 자신의 강점은 살리고, 부족한 부분은 결합해서 자신에게 적합한 세일즈 스타일을 개발, 남과 차별화 시킬 수 있는 전략이 필요하다.

접근하기 쉬운 분야를 우선하라

기술영업사원은 기본적으로 자신이 팔고 있는 제품의 기능이나 특징, 얻게 되는 이득, 경쟁사 제품과의 기술적인 차이점, 제품의 규격, 제품 구성에 필요한 각종 옵션 사항들에 대한 규격 및 기능 등에 관해 어느 때라도 고객에게 설명할 수 있는 준비가 되어 있어야 한다. 고객과 상담 중 내용을 잘 몰라 고객의 질문에 제대로 답변을 못하거나 내용을 설명할 수 없을 경우, 기술지원 담당 엔지니어의 도움을 받아야 한다. 이 경우 기술담당 엔지니어와 함께 고객을 방문해야 하는 번거로움이 따르고 자칫 고객으로부터 신뢰를 잃을 수도 있다. 또 불필요한 비용도 발생하게 된다. 따라서 고객의 질문 내용이 기술적으로 까다롭거나 어려운 경우에 한해서만 기술지원 엔지니어의 도움을 받는 것이 바람직하다.

문제는 제품에 대한 기본적인 교육을 받고 나름대로 열심히 배우려고 노력하는데도 제품에 친숙해지기까지 많은 시간이 소요된다는 점이다. 제품에 대한 자신감이 없기 때문에 기술지원 엔지니어

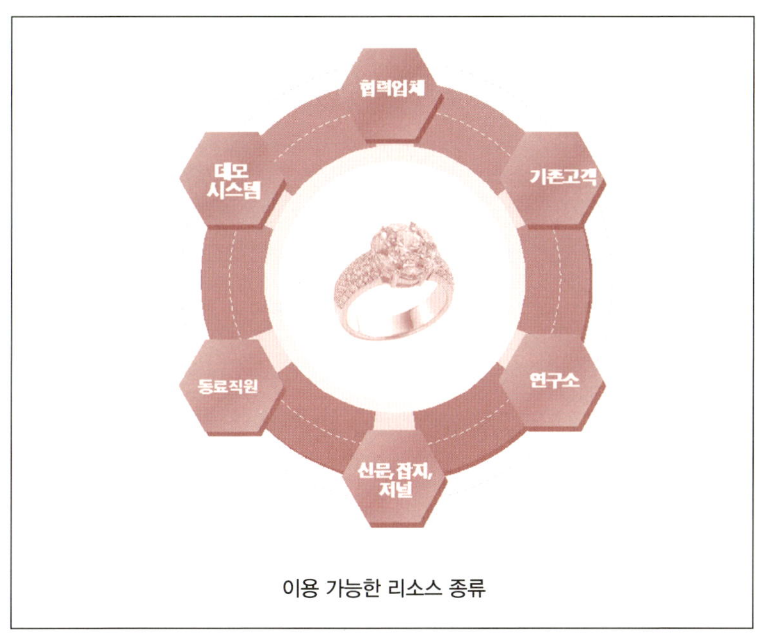

이용 가능한 리소스 종류

를 대동하지 하지 않으면 두려운 생각이 들어 혼자서 고객을 만나는 것조차 쉽지 않다. 바로 이런 이유에서 전공이 다르거나 비 엔지니어 출신 기술영업사원의 경우에는 가급적 본인이 쉽게 적응할 수 있는 분야에서 기술영업을 시작하는 게 좋다.

학교에서 무엇을 전공했느냐에 따라 진출할 수 있는 분야에 제약이 따르긴 하지만 쉽게 진출 가능한 분야는 생각보다 넓다. 그만큼 선택의 폭이 넓다는 의미다. 기술적인 배경이 없으면 단기간에 적응하기 어려운 분야가 있는가 하면, 별다른 기술적 배경이 없어도 쉽게 접근할 수 있는 분야도 많다.

예를 들어 초음파 진단기나 단층 촬영기와 같은 첨단 의료장비 관련영업의 경우 기술적인 측면만 고려하면 의공학이나 생명공학을 전공한 전문가에게 잘 어울린다고 생각할 수 있다. 하지만 실제로 영업활동을 하는 데는 전공이 그다지 문제가 되지 않는다. 의사나 약사를 상대로 하는 제약 영업을 약학이나 생명공학을 전공하지 않은 인문계 출신이 담당하고 있는 것이 좋은 예라고 할 수 있다.

의사가 고객인 의료기기 분야 기술영업에서는 의공학이나 생명공학, 전자공학 혹은 기계공학을 전공한 세일즈맨이 비전공자보다 제품의 이해는 물론 고객과 소통하는 데 있어서 유리할 수 있다. 하지만 이러한 차이는 시간이 좀 지나면 별 문제될 게 없다. 이와는 반대로 이동통신장비나 반도체장비와 같은 전문 계측장비를 다루는 기술영업사원의 경우는 다르다. 전자공학에 대한 기본적인 지식이 없으면 제품을 이해하는 데 오랜 시일이 소요되기 때문에 영업 활동에 지장이 많다. 이러한 차이는 대부분의 사람들이 TV에서 방영되는 '생로병사' 프로그램이나 건강관련 프로그램은 쉽게 이해하지만 스마트폰의 전기적인 특성을 검사하는 계측장비에 대해 설명하면 어렵게 느끼는 것과 같다. 이처럼 비 엔지니어 출신이거나 자신의 전공과 다른 제품을 취급하더라도 자체 교육이나 기술지원 엔지니어 지원을 받을 경우 별 어려움 없이 접근 가능한 기술영업 분야가 있는 반면에 자체 교육이나 기술지원 엔지니어 도움을 통해서도 기술적인 벽을 넘는 데 많은 시간을 요하는 분야가 있다.

지금까지 살펴본 전공이나 기술적인 측면 이외에도 회사 규모나 재정 상태가 어떤지도 고려해봐야 한다. 회사 규모가 크고 재정상태가 좋으면 별문제가 없지만 규모가 작거나 재정 상태가 열악한 경우 재정적인 문제로 우수한 기술지원 엔지니어를 충분히 확보하기 어렵다. 그러다보면 필요할 때 제대로 된 기술지원을 받을 수 없기 때문에 영업 활동이 위축되고 기술지원 엔지니어를 통한 교육도 받기 어렵게 된다.

따라서 기술영업을 위한 첫발을 내디딜 때 어떤 선택을 할 것인지에 대해 신중한 검토가 뒤따라야 한다.

성공하는 사람들의 공통적인 특징 중 하나는 감정적으로 결정하거나, 능력이 모자라는 데도 하고 싶다고 해서 무작정 밀어붙이지 않는다는 것이다. 자신에 대한 철저한 분석과 상황을 면밀히 파악한 후 이성적으로 결정한다. 그들은 소중한 것이 무엇이고 무슨 일을 우선적으로 해야 하는지 잘 안다. 괴테는 "가장 중요한 것이 가장 하찮은 것에 좌우되어서는 안 된다"고 했다. 처음부터 대우가 좋고 근무 환경이 좋은 회사에만 신경을 쓰다 보면 일자리를 구하기가 쉽지 않다.

어렵게 일자리를 구하더라도 제대로 적응을 못하면 실적이 오르지 않아 불이익을 당하기 쉽다. 무작정 눈높이를 높이기보다 자신의 능력에 맞는 회사를 찾아서 열심히 노력하다보면 실무 경력이 쌓이고 업무 능률도 오르면서 일에 대한 보람도 커지게 된다. 기회가 되면 자신의 경험과 능력을 살려 더 좋은 분야로 업그레이드할 수 있다.

자주 보면 정이 든다

'미운 사람도 자주 보면 정이 든다'는 말이 있다. 처음 보면 어딘
지 모르게 부족하고 못나 보이는 물건도 시간이 지나고 자주 대하
게 되면 자기도 모르게 친밀감을 느끼게 되는데 이를 심리학에서는
단순 접촉효과simple contact effect라고 한다.

프랑스 파리를 여행하는 사람치고 에펠탑을 그냥 지나치는 사람
이 없을 정도로 에펠탑은 프랑스의 명물 중 하나다. 그러나 19세기
말 에펠탑이 건축될 당시에는 파리 시민들로부터 거대한 저항에 직
면했다. 흉물스러운 철골구조로 된 에펠탑이 파리의 미관을 해친다
는 우려에서였다. 하지만 에펠탑이 완성된 초기에는 보기 싫다고
외면했던 파리 시민들도 접촉 횟수가 늘어나면서 점차 긍정적인 평
가를 내기 시작하더니 마침내 파리의 명물로 인정하게 되었는데,
이것 또한 단순 접촉효과에서 오는 변화다. 새로 나온 신차 모델이

나 새로 나온 노래를 처음 보거나 들으면 매우 어색하고 불편하게 느껴지다가도 자주 보고 듣다 보면 어느새 익숙해져 부정적인 생각이 사라지게 되는 것도 마찬가지다.

공과대학이나 자연계 대학 출신이 아닌 인문계 대학 출신이 기술영업이라고 하면 ‘영업’이라는 단어보다 ‘기술’이라는 단어에 거부감을 갖기 쉽다. 뭔가 두려운 생각이 들고 자신감이 없어진다. 더군다나 스마트폰이나 컴퓨터 등과 같이 다소 기능이 복잡한 제품을 처음 사용할 때 남보다 사용법을 익히는 데 시간이 오래 걸리거나 여러 새로운 기능들에 대해 별 관심을 보이지 않고 꼭 필요한 기능만 사용하는 사람들은 스스로 자기는 기술 쪽과는 거리가 멀다고 생각한다. 그렇기 때문에 기술영업에 대한 거부감이 더 클 수 있다. 자신은 기술하고는 거리가 먼 사람이라고 스스로 쳐 놓은 그물에 갇혀 운신의 폭을 좁힌다.

돈을 주고 하는 광고인줄 다 아는 데도 사람들은 광고를 통해 자주 접한 제품에 호감을 갖는다. 단순 접촉효과를 노린 광고효과 때문이다. 사람들은 반복되는 사물에 노출되면 무의식적으로 그 대상에 대해 호감을 갖게 된다. 처음에는 ‘기술’이라는 단어조차 거부반응을 보였던 사람도 시간이 지나면서 거부감이 줄어들고 친밀감이 느껴진다. 스스로 관심을 가지고 배우려고 노력하다 보면 시간이 지나면서 넘지 못할 벽처럼 보였던 기술의 벽도 자연스럽게 사라지게 된다. 기술영업이나 기술관련 부서에서 근무하는 사람 중에는 의외로 비 엔지니어 출신들이 많이 있다. 생각이 바뀌면 결과는 얼마든지 달라질 수 있다.

누구나 전문가가 될 수 있다

최지성 삼성그룹 미래전략실장은 서울대 무역학과를 졸업했다. 역대 삼성전자 사장들 중에서 전자공학을 전공하지 않은 최초의 비 엔지니어 출신 CEO다. 비 엔지니어 출신으로 세계 최고의 IT 기업을 끌고간다는 것은 쉽지 않은 일이다.

잘 알다시피 삼성전자는 세계 유수의 기업들과 하루하루 치열한 기술경쟁을 벌이면서 매년 새로운 사업에 천문학적인 돈을 투자하는 회사다. 기술의 변화가 빨라 투자에 따른 위험 부담이 크고, 투자 타이밍을 놓쳐 하루아침에 경쟁에서 밀릴 수도 있고, 시장 수요를 잘못 예측해서 과잉 투자가 될 수도 있다.

아무리 훌륭한 실무진들이 뒷받침을 잘 해줘도 최고 경영자가 IT 산업 전반에 대한 상황 판단은 물론 개발, 생산, 마케팅, 경영, 재무 등에 대한 이해가 부족할 경우 최고 경영자로서의 역할을 제대로 해낼 수 없다. 이렇게 중요한 자리를 비 엔지니어 출신이 책임지고 있었던 데에는 그만한 이유가 있었다. 비록 비 엔지니어 출신 최고 경영자였지만 엔지니어 출신 못지않은 기술적인 백그라운드를 갖추고 있었기 때문이다.

그는 삼성물산에서 이쑤시개, 신발 등과 같은 잡화 상품을 파는 일반영업으로 회사 생활을 시작했다. 삼성전자 반도체 부서로 자리를 옮긴 뒤 독일에 1인 사무실을 마련, 유럽 곳곳에 반도체를 팔러 다니는 기술영업을 시작했는데, 이때 반도체 관련 공부도 시작했다. 제대로 된 영업을 하기 위해서는 제품에 대한 이해는 물론 개발이나 제조 공정, 무역, 제조원가 등에 관련된 프로세스에 대한 이해도 필요하다고 판단, 틈나는 대로 공부해둔 덕분에 해당 제품에 대해 담당자 이상으로 지식을 쌓았고 최고경영자의 위치에 오를 수 있었다.

우리 주위에는 최 실장처럼 비 엔지니어 출신이면서 엔지니어 출신 못지않게 기술적인 백그라운드가 튼튼한 사람들이 많다. 주어진 환경을 잘 활용하면 대학에서 어설프게 공부한 공학도 출신보다 더 훌륭하게 기술영업을 잘할 수 있다. 기술영업은 깊이도 중요하지만 포괄적으로 넓게 아는 것이 중요하기 때문에 누구라도 관심만 기울이면 최 실장처럼 기술의 벽을 넘어설 수 있다.

여자는 안된다는 고정관념에서 벗어나야 한다

보험이나 가전제품 판매분야에서 우수한 실적을 올리고 있는 여성 세일즈맨의 수는 헤아릴 수 없을 정도로 많다. 남성들의 전유물이었던 부동산 중개업 분야에까지 언제부터인가 여성들이 하나 둘 진출하기 시작하면서 전문 직업인으로 자리를 잡아가고 있다. 기술영업 분야는 '기술' 이라는 단어에 대한 거부감 때문에 여성들의 활동이 아직 활발하지는 않지만 이 분야에서 능력을 인정받고 있는 여성 세일즈맨이 갈수록 늘고 있다. 오랜 기간 동안 기술은 남성들의 전유물로만 여겨졌지만 여성들의 사회참여가 증가하고, 산업기반 사회에서 지식기반, 창조기반 사회로 산업구조가 변화함에 따라 이공계 학과, 특히 꼼꼼함과 정밀함이 요구되는 생명공학, IT, 광학, 재료, NT 분야에서 여성 참여율이 증가하고 있는 것도 여성 세일즈맨 증가 요인의 하나라고 할 수 있다. IBM의 강력한 경쟁자 중 하나인 휴렛팩커드사에서 CEO를 지냈던 칼리 피오리나는 세일즈맨 출신이다. 대학에서 중세사를 전공하고 1980년대 세계 최대 통신업체인 AT&T에 기술영업사원으로 입사했다. 그녀는 탁월한 추진력과 언변으로 1997년 AT&T에서 분사한 루슨트테크놀러지의 CEO로 취임했고, 과감한 경영 전략과 미래 지향적 구조 개편으로 회사를 크게 일으켜 세운 뒤 1990년 800대 1이라는 경쟁을 뚫고 휴렛펙커드의 CEO 자리를 움켜쥐었다. 그녀의 일에 대한 열정은 당시 여성들의 사회적 지위가 낮았던 미국에서 여성으로서 겪을 수 있는 온갖 어려움을 꿋꿋하게 이겨낼 수 있도록 해줬다.

필자가 IT 관련 회사의 기술영업부에서 근무할 때 함께 일했던 여사원 중에도 남성들 못지않게 능력을 인정받는 기술영업사원이 있다. 지방대학을 졸업하고 서울로 올라와 남자 영업사원들을 보조하는 영업관리 업무를 하다가 기술영업으로 직무를 전환하여 여성 특유의 친근감 있는 전화 매너, 꼼꼼함과 섬세함 등의 강점을 살려 기술영업 사원으로서의 입지를 다져가고 있다.

이처럼 우리 주위에는 성공 신화를 써가고 있는 여성 기술영업사원이 많이 있다. 아직도 대부분의 여성들은 여성이라는 이유로, 기술이 앞에 붙어 있다는 이유로 뛰어난 영업 잠재력을 보유하고 있음에도 고정관념에 사로잡혀 기술영업을 외면하고 있다. 과감하게 사고의 프레임을 바꿔야 한다.

여성 특유의 DNA를 살려라

여성들이 보험이나 부동산 분야는 물론이고 기술영업 분야에서까지 남성 못지 않는 좋은 성적을 거두는 이유가 뭘까?

첫째, 여성은 직관력이 뛰어나다.

사람들은 자신의 모습을 있는 그대로 보여주지 않는다. 자기 나름의 이미지 관리로 타인에게 비쳐지는 자신의 모습을 관리하려 한다. 남자는 차로 자신의 권력을 과시하려 하고 여자는 자신이 든 가방으로 신분을 과시하려고 한다. 고객들 역시 물건을 살 때 자신들의 속마음을 잘 드러내지 않는다. 하지만 이러한 고객들의 속마음을 정확히 읽어내지 못하면 귀중한 시간을 낭비하거나 경쟁사에 기회를 빼앗기게 된다. 바로 이런 이유에서, 세일즈맨이 영업 활동을 하는데 가장 중요한 것 중 하나가 바로 고객의 마음을 움직일 수 있는 마음속 블랙박스를 찾아내는 것이다. 여성의 직관력은 고객의 마음속에 숨어 있는 블랙박스를 찾아내는 데 중요한 역할을 한다.

둘째, 감성에 호소하는 능력이 뛰어나다.

우리 인간은 지적이고 이성적인 동물이며 다른 동물과 다른 점은 이성적으로 생각하는 능력이라고 배웠다. 그렇다고 인간이 논리를 바탕으로 모든 결정을 내리지는 않는다. 감성적으로 결정을 내리고 이성적으로 합리화한다는 표현이 더 적절하다. 이성적이고 합리적인 판단을 내리기 전에 감정 운동이 먼저 일어난다. 감성으로 구매하고 이성을 동원해 논리적으로 구매 사실을 합리화하려 하기 때문에 가슴을 움직이면 머리는 저절로 따라온다.

"이성이 인간을 만들어낸다면 감정은 인간을 이끌어낸다." 루소가 한말이다. 문文은 무武보다 강하다고 했듯이 감성 또한 이성보다 강하다. 감정은 꽁꽁 닫혔던 마음의 문을 활짝 열어준다. 감정을 전달하는 법을 깨닫는 사람이 세상을 지배한다. 설득은 풍부한 지식이나 논리로만 되는 게 아니라 감정의 깊이가 있어야 한다. 여성의 감성적 호소력이 고객의 마음을 사로잡는 데 크게 도움을 준다.

남자	여자
- 논리적, 생각, 분석 - 감정보다 이성적으로 행동 - 대화 중간에 끼어들기를 할 가능성이 높다.	- 직관적, 느낌, 공감 - 이성보다 감성적으로 행동 - 남자에 비해 끝까지 이야기를 들어 준다.

남자와 여자의 차이점

셋째, 커뮤니케이션 능력이 뛰어나다.

영업은 고객에게 가치를 전달하는 커뮤니케이션이라고 할 수 있다. 아무리 우수한 가치를 보유하고 있어도 고객과의 제대로 된 양방향 커뮤니케이션이 이루어질 수 없다면 아무 소용이 없다. 고객이 필요로 하는 가치를 제대로 전달하기 위해서는 고객이 무엇을 필요로 하고 무엇을 원하고 있는지, 또는 어떤 두려움을 느끼고 있는지 등에 대해 알고 있어야 한다. 그러기 위해서는 무엇보다도 듣기 능력이 중요하다. 일반적으로 남성은 여성에 비해 듣기보다 말하기에 치중하고 여성은 듣기에 치중한다. 또한 남성보다 공감능력이 뛰어나 고객을 대화로 이끌어 낼 수 있다. 그뿐만이 아니라 커뮤니케이션은 말로만 이루어지는 것이 아니라 표정, 글, 그림 등의 여러 매체를 통해 이루어지며 이런 분야에서 여성들의 잠재력이 돋보인다.

넷째, 신뢰감을 준다.

세일즈맨에게 있어서 신뢰감은 매우 중요하다. 고객에게 신뢰감을 주어야 고객의 마음속 창문을 열 수 있고 고객을 보다 효과적으로 설득할 수 있다. 고객에게 똑같은 이야기를 해도 남성보다 여성에게 더 신뢰감을 보인다. 물건을 팔기 위한 욕심에서 연약한 여성이 감히 자신을 속이려 들지는 않는다고 믿는 고객이 많다. 한국만 그런 게 아니다. 미국인들 역시 본능적으로 남성보다 여성을 더 신뢰하며 여성들이 추천한 대로 행동한다고 한다.

인문계 출신, 이공계 출신보다 이점이 유리하다

창조경제와 함께 기술과 인문학의 융합이 주목받고 있다. 천재 소리를 들었던 스티브 잡스는 기술과 인문학을 결합했다. 그 영향 때문이지 몰라도 최근 들어 인문학 붐이 불면서 여기저기서 인문학 강좌가 개설되고 있다. 요즘처럼 인문학의 중요성이 부각된 적이 없다. 기술영업 역시 인문학을 간과할 수 없다.

기술영업은 일반영업과 달리 판매하는 제품의 기술적인 특성에 대한 이해가 필수다. 그래서 많은 사람이 인문계 출신보다 이공계 출신이 기술영업에 유리하다고 생각한다. 틀린 생각은 아니다. 기술적인 백그라운드가 튼튼하면 영업활동을 하는 데 있어서 여러 장점이 있다. 그렇다고 해서 반드시 인문계 출신보다 유리하다고 할 수는 없다. 모든 비즈니스는 사람과 사람의 관계로 성립되며 모든 비즈니스의 중심에 기계가 아닌 사람이 있기 때문에 인문학을 간과할 수 없다.

필자가 알고 있는 기술영업사원 중에 대학에서 경제학을 전공한 후 IT 분야에서 활동하고 있는 비 엔지니어출신 중견 세일즈맨이 있다. 영업 초창기에는 전기·전자 분야에 대한 지식이 부족해 기술지원 엔지니어의 도움을 많이 필요로 하는 등 이공계 출신 동료들에 비해 다소 어려움이 있었지만 해를 거듭할수록 직장 동료나 고객과의 인간관계나 커뮤니케이션, 비즈니스전략 수립 등에서 발군의 실력을 발휘하고 있다. 특히 실무자급 레벨의 고객에서 점차 상위 레벨의 고객들과의 커뮤니케이션이 증가하면서 평소에 다져놓은 인문 지식이 고객과의 눈높이를 맞추고, 그들의 언어를 사용하는 데 큰 도움이 되고 있다.

이공계 출신 기술영업사원의 경우에도 부족한 인문 지식을 쌓기 위해 평소에 독서는 물론, 종이 신문 읽기 등 기본적인 인프라 구축에 힘을 써야 한다. 그렇지 않으면 해를 거듭할수록 오히려 인문계 출신에게 경쟁에서 밀릴 수 있다.

핸디캡도 장점이 될 수 있다

학벌 핸디캡을 강점으로

기술적인 핸디캡이 오히려 강점

성격을 알면 솔루션이 보인다.

학벌 핸디캡을 강점으로

학벌이 만병통치약은 아니다

아이폰이 나오기 전까지 핸드폰 시장은 노키아, 삼성전자, LG, 모토롤라 등과 같이 하드웨어를 잘 만드는 회사가, 이동통신 관련 소프트웨어는 SK 텔레콤과 같은 통신서비스 업체가 세계 시장을 쥐고 있었다. RIMResearch In Motion이 출시한 '블랙베리'라는 스마트폰이 미국 대도시의 사무직 종사자들을 중심으로 인기를 끌고 있었지만 일반 핸드폰에 비해 크게 주목을 받지는 못했다. 이러한 시장 판도는 애플이 사용이 편리하고 콘텐츠를 이용하기 쉽게 하드웨어와 애플리케이션 소프트웨어가 결합한 아이폰을 출시하면서 게임의 룰을 완전히 바꿔버렸다.

애플은 노키아나 삼성의 강점인 하드웨어를 무력화시키면서 자신의 강점을 살린 제품을 출시, 단숨에 시장의 강자로 부상할 수 있었다. 만약 애플이 이동통신 시장의 패러다임을 바꾸지 않고 이미

핸드폰 시장을 선점하고 있는 노키아나 삼성전자와 스마트폰이 아닌 디자인을 앞세운 평범한 피처폰으로 경쟁했다면 어떤 상황이 벌어졌을까? 틀림없이 승리를 장담할 수 없는 힘든 싸움을 했어야 했을 것이다.

우리는 흔히 강자와 약자의 싸움을 성서에 나오는 양치기 소년 다윗과 기골이 장대한 골리앗에 비유한다. 만약 다윗이 칼과 갑옷으로 무장하고 골리앗과 정면으로 맞서 싸웠다면 제대로 싸워보지도 못하고 패했을 것이다. 그러나 목동 출신인 다윗은 골리앗과 정면으로 맞서 싸우는 대신 양떼를 습격해오는 이리를 물리치면서 갈고 닦은 숙련된 돌팔매질로 거대한 몸집 탓에 움직임이 느린 골리앗의 급소를 공격함으로써 승리할 수 있었다.

IBM은 1924년 회사 설립 이후 미국의 경쟁력을 대변하는 위대한 기업으로 성장해 오면서 권위주의에 빠져 PC 시대의 진입에 능동적으로 대처하지 못했다가 1990년 초 심각한 위기에 빠졌었다. 그러다가 루이스 거스너Louis Gerstner 회장을 구원투수로 영입, 비즈니스 모델을 획기적으로 변화시켜 오늘에 이르고 있다.

학벌이 좋지 않다고 생각하는 취업준비생들 입장에서는 학벌 좋은 취업준비생이 강력한 경쟁자로 비춰질지 모르지만 이들의 강점을 뒤집고 나의 강점을 잘 살리면 취업 전선에서 당당히 승리할 수 있는 길이 있다.

학력이 오히려 장애물이 될 수 있다

취직이 별을 따는 것만큼이나 어려운 요즘에는 유명대학 졸업자

가 아니면 서류전형에서 탈락하기 때문에 지방대 출신이나 지명도
가 낮은 대학 졸업자는 면접시험에 응시조차 하기 힘들다는 말들을
많이 한다. 크게 틀린 말이 아니다. 서류심사를 해본 경험이 있는 사
람이라면 대체적으로 이 말에 공감한다. 수북이 쌓여 있는 비슷비
슷한 이력서나 자기소개서를 보고 인사담당자가 변별력을 발휘, 면
접대상자를 골라내는 것은 말처럼 쉽지 않다. 하나하나 내용을 읽
어보기도 벅차다.

그러다 보니 명문대학 출신이면 우수한 학생이라는 고정관념이
작용, 학교나 전공학과, 또는 학교 성적을 보고 사람을 뽑게 된다.
여러 직무를 묶어서 일괄적으로 서류전형을 실시하는 공개 채용
의 전형적인 형태이며, 주로 대기업이 선호하는 신입사원 모집 방
법이다.

그러나 공개 채용과 달리 필요할 때마다 뽑는 수시 채용의 경우
인사담당 부서보다 실무 부서인 영업부서 책임자가 직접 서류심사
나 면접시험을 진행하게 된다. 이들은 주로 영업적인 측면에 비중
을 많이 두기 때문에 영업 활동에 크게 도움이 되지 않는 학교나 전
공, 또는 학교 성적보다는 외모나 태도, 영업 자질 등에 더 많은 관
심을 보인다.

이렇게 되면 지방대학 출신보다 오히려 명문대학 출신들이 불이
익을 받기 쉽다. 명문대학 출신이라는 자만심이나 자존심이 오히려
영업 활동에 지장을 초래하거나 업무 스트레스 등을 이유로 조기
퇴사할 가능성이 높다는 고정관념이 작용하기 때문이다. 실제로 스
스로 명문대학 출신이라고 생각하는 사람 중에는 영업에 대한 편견
때문에 영업이나 기술영업을 의식적으로 피하거나 자존심 때문에

얼마 버티지 못하고 퇴사해버리는 경우가 많다. 고객과의 자존심 대결로 충돌을 일으키는 경우도 생긴다.

영업 활동을 하는 데에는 학벌보다 일에 대한 열정과 고객을 섬기려는 서비스 정신이 더 중요하다. 이런 점을 고려하면 학벌에 대한 핸디캡 때문에 취업에서 불이익을 당하고 있는 지방대 출신들이 오히려 명문대 출신보다 더 열심히 영업을 잘할 수 있다.

1960년대 미국의 유명한 렌터카 회사인 에이비스AVIS는 부동의 1위를 달리고 있는 허츠Herts에 밀려 만년 2위 자리에 머물러야 했다. 에이비스는 "에이비스의 대여 서비스는 질적으로 우수하다"는 내용의 광고를 수 년 동안 반복하며 시장 점유율 반등을 노렸지만 시장 확대는커녕 누적되는 적자로 날이 갈수록 경영이 악화되어 갔다.

'렌터카 사업에서 가장 우수하다' 는 광고 문구가 들어 있었지만 어떻게 자신들이 렌터카 사업에서 가장 훌륭한 서비스를 제공할지에 대해 소비자들을 제대로 이해시키지 못했기 때문이다.

무언가 새로운 돌파구를 마련하지 않으면 안된다고 판단한 에이비스는 용기 있는 결정을 내렸다. 혁신적인 이미지 전환으로 위기를 돌파하겠다고 나섰던 것이다. 에이비스는 무턱대고 좋은 회사라는 광고를 중단하고 "우리는 렌터카 업계에서 2등에 지나지 않습니다. 그렇다면, 왜 저희를 이용해 주시는 겁니까? 우리들은 더욱 노력하고 있습니다"라는 새로운 광고로 자신들은 1위가 되기 위해 노력하는 2위라는 이미지를 심기 위해 노력했다. No 2 선언은 에이비스 종업원의 가슴에 불을 지펴 이들의 사기와 근무 태도를 바꾸어 놓았다.

에이비스는 이미지 전환을 통해 1위가 아니어도 얻을 수 있는 상대적인 이익, 즉 '줄을 서지 않아도 되고, 고객이 붐비지도 않으며, 불친절하지도 않을 것'이라는 이미지를 고객들에게 심어 주었다. 고객들은 1위인 허츠보다 스스로 2위라 자칭하는 에이비스에게 더 큰 호감을 가졌다. 결과적으로 에이비스는 허츠보다 더 좋고 깨끗하다는 이미지를 심을 수 있었으며 13년 동안 누적된 적자에서 벗어날 수 있었다. 단지 이미지 전략만으로도 엄청난 효과를 낼 수 있다는 것을 보여준다.

고객들은 제품 지식이나 지적 수준이 좀 낮더라도 상대하기 편한 세일즈맨을 선호한다. 자신들의 이야기를 잘 들어주고 필요할 때 부담 없이 도움을 청할 수 있는 사람과 일하고 싶어 한다. 너무 자신만만하고 자존심이 강한 사람에게는 부담을 느끼기 때문이다. 영업은 지적 수준보다 고객을 대하는 태도나 마음가짐, 성실성, 일에 대한 열정을 더 필요로 한다.

엘리베이터에 거울이 부착된 이유

거울이 없는 엘리베이터를 타면 왠지 답답하고 지루해 보인다. 그래서 그런지 대부분의 엘리베이터 안에는 거울이 부착되어 있다. 엘리베이터에 거울이 부착되기 시작한 것은 미국의 오티스OTIS사가 1853년 엘리베이터를 처음 선보이기 시작했을 때부터였다.

엘리베이터가 첫선을 보이자 속도가 너무 느리다는 불만이 많았다. 속도를 높이기 위해 기술자들을 동원해 해결책을 찾아 봤지만 시간과 비용이 많이 들고 기술적인 문제도 해결하기가 쉽지 않았다. 이때 한 여성 관리인이 거울을 부착하자는 제안을 했다. 엘리베이터가 올라가는 동안 아무 것도 하지 않고 앞만 바라보면서 지루하게 서 있는 엘리베이터 이용자들의 시선을 거울로 유도함으로써 엘리베이터의 느린 속도를 인식하지 못하도록 한 것이다. 기술자들은 기술적인 시각에서만 고객들의 불만을 해결하려 했기 때문에 다른 대안을 생각해 내지 못했지만 관리인은 기술자들과 다른 시각에서 문제에 접근, 보다 쉬운 방법으로 고객들의 불만을 해결할 수 있었다.

기술적인 백그라운드가 튼튼한 세일즈맨이나 기술지원 엔지니어로 일하다가 영업으로 직무를 전환한 세일즈맨의 경우 자신의 기술을 지나치게 과신한 나머지 모든 문제를 기술적인 관점에서만 접근하려는 경향이 많다. 그러다보면 숲을 보지 못하고 나무만 보는 우를 범하기 쉽다. 오랫동안 강력한 브랜드 파워로 필름 사진 시장을 지배해 왔던 코닥은 자신들의 기술을 과신한 나머지 모두가 디지털 카메라 시장이 곧 도래한다고 믿었음에도 시장의 흐름 변화에 느긋하게 대처하다가 디지털 카메라에 관련된 많은 기술을 축적하고 있었음에도 불구하고 경쟁에서 뒤처지는 상황에 빠지고 말았다.

이처럼 엔지니어링 스킬은 잘 활용하면 좋은 세일즈 툴이 될 수 있지만 잘못 사용하면 오히려 비즈니스에 걸림돌이 될 수도 있다.

기술적 백그라운드의 함정

흔히 "이공계 출신은 문제에 부딪혔을 때 이를 극복하려는 의지나 집중력은 강한데 융통성이 부족한 게 흠이다"라는 소리를 많이 듣는다. 엔지니어로 일하게 되면 세세한 기술적인 면까지 꼼꼼하게 챙겨야 한다. 기술적인 문제가 발생하면 문제가 해결될 때까지 문제의 원인을 찾아서 해결책을 만들어 내야 하기 때문에 이런 생활이 오래도록 반복되다 보면 업무 스타일 자체가 소심해지고 융통성이 부족해지기 쉽다. 그러다 보면 큰 그림을 보지 못하고 지나치게 기술적인 측면에 집착, 제품의 스펙이나 기능적인 측면에만 초점을 맞추려 한다. 문제는 고객이 제품의 기능이나 스펙이 좋다는 이유로 물건을 구입하지는 않는다는 것이다. 면접시험에 혹시 도움이 될까 해서 다양한 스펙을 준비하지만 스펙이 좋다고 해서 면접시험에 합격된다는 보장이 없는 것과 마찬가지다.

2000년대 초반만 해도 디지털 카메라 시장은 화소수 경쟁이었다. 휴대폰 역시 마찬가지였다. 100만 화소에서 1,000만 화소 휴대폰까지 선보이면서 카메라 폰이 디지털 카메라 시장까지 점령할 것처럼 보였다. 화소라는 기술적 스펙이 제품 선정을 위한 셀링 포인트가 되면서 소비자들 역시 화소수가 카메라의 성능을 좌우하는 요소라고 믿었다. 이런 상황에서 더 이상 화소 경쟁을 해서는 도무지 승산이 없다고 판단한 캐논은 셀링 포인트를 화소에서 디자인과 품격, 사용의 편리성, 소형 경량화 등으로 바꿔버렸다. 그러자 시장의 흐름이 서서히 바뀌기 시작하면서 시장 판도가 뒤바뀌기 시작했다. 결국 캐논은 업계 5-6위에서 업계 1위로 올라설 수 있었다.

이처럼 디테일한 기술적 스펙이 아닌 기술 지원, 교육, 호환성, 신뢰성, 내구성, 인지도, 시장점유율, 가격, 브랜드 가치, 디자인 등 다른 세일즈 이슈들을 이용해서 얼마든지 상황을 반전시킬 수 있다. 엔지니어 출신 기술영업사원이 튼튼한 기술적인 백그라운드가 있음에도 불구하고 비 엔지니어 출신 영업사원과의 경쟁에서 밀리게 되는 주된 요인도 열린 마음, 즉 유연한 사고로 큰 그림을 그리지 못하고 너무 사소한 기술적인 부분에 집착하다가 대부분의 기회를 놓쳐버리기 때문이다.

성격을 알면 솔루션이 보인다

세일즈맨은 고객의 행동유형뿐 아니라 자신의 행동유형이 어떤지에 대해서도 정확히 알고 있어야 한다. 자신의 행동유형을 안다는 의미는 자신의 영업적인 측면에서의 강점과 약점을 알고 있다는 것과 같다. 강점과 약점에 대해 정확히 알고 있어야 강점은 살리고 약점은 보완할 수 있다.

내성적인 성격은 단점이 아니다

영업은 성격이 활달하고 외형적인 사람에게 적합하다고 알려져 있다. 사교적이고 대인관계가 원만하기 때문이다. 그러나 성격이 내성적이고 조용한 사람도 영업을 잘하는 사람이 많다. 캐나다의 제20대 총리였던 장 크레티앙Jean Chretien은 선천적인 장애를 가지고 태어났다. 안면근육 마비로 한쪽 귀가 들리지 않았고, 입이 비뚤어져 발음도 어눌했다. 연설을 많이 해야 하는 정치인에게는 치명적인 약점이다. 그런 그가 재무, 산업, 통상 등 다양한 분야 장관직을 10차례 역임했고 1993년 제20대 총리가 된 후 3번이나 총리를 지냈다.

그는 자신의 신체적 장애를 부끄러워하지 않았다. 선거유세장에서 "여러분, 저는 언어장애를 가지고 있습니다. 그 때문에 오랜 시간 고통을 당했습니다. 하지만 지금은 제가 가진 언어장애 때문에 제 생각과 의지를 전부 전하지 못할까봐 고통스럽습니다. 인내심을 가지고 저의 말에 귀를 기울여 주십시오. 저의 어눌한 발음이 아니라 그 속에 담긴 저의 생각과 의지를 들어 주셨으면 합니다. 저는 말을 잘 하지 못하지만 대신 거짓말도 하지 못합니다"라고 말했다. 그의 진솔한 말은 유권자의 공감을 샀다. 그는 자신의 언어장애를 부끄럽게 생각하지 않았고, 자신의 신체적 장애를 감추려 하기보다는 그것을 솔직하게 인정하고 드러냄으로써 오히려 국민들의 지지와 사랑을 받을 수 있었다.

영업은 물건을 파는 것이 아니라 자신을 파는 것이다. 그래서 신뢰성이 무엇보다도 중요하다. 내성적이고 조용하면서 차분한 사람은 말이 많고 활달한 성격의 사람에 비해 안정감과 신뢰감을 심어 줄 수 있다. 차분하고 논리적인 설명이 오히려 신뢰감을 주고 이해를 돕는다.

성격을 아는 것이야 말로 성공 영업에 이르는 지름길

사람에게는 4가지 서로 다른 행동유형이 있으며 이들을 분석하는 데 있어서 중요한 구성요소가 되는 두 가지의 인간행동 방향이 있다. 즉 영향성Assertiveness과 반응성Responsiveness이다. 영향성은 타인의 생각이나 행동에 영향을 끼치고자 하는 인간의 의지이고, 반응성은 타인이나 그 주위 환경에 대해 아무 억제를 받지 않고 반응하려는 인간 성향을 말한다.

인간 행동을 이해하기 위해 영향성을 반응성과 결합해서 분석형, 추진형, 온화형, 표현형 4가지 형태의 행동유형으로 구분, 사람들의 행동이 이들 4가지 행동유형 중 어디에 속하는지를 분석해 보기로 한다.

첫째, 분석형Analytical style이다.

커뮤니케이션을 피하고 자기 목소리를 억제하는 등의 비교적 단조로운 스타일이다. 사실fact과 데이터를 선호하며 일에 초점을 맞춘다. 대화의 속도를 조절하며 비교적 천천히 이야기한다.

가급적 자기주장을 자제하는 스타일이다. 절제된 행동과 지나치게 감정적이거나 주도적인 사람 앞에서는 입을 닫아버린다. 분석형의 고객을 상대할 때는 항상 미리 준비하고 대비하는 자세가 필요하다. 설명에 필요한 자료와 이를 입증할 데이터 등을 항상 준비하고 있어야 한다. 적당히 넘어가는 것을 싫어하기 때문에 기술적으로 자신이 없으면 기술지원 엔지니어의 도움을 받아 명확한 답변을 주어야 한다.

둘째, 추진형Driving style이다.

자기주장이 강하고 빠르게 이야기하며 매우 직설적이다. 결과와

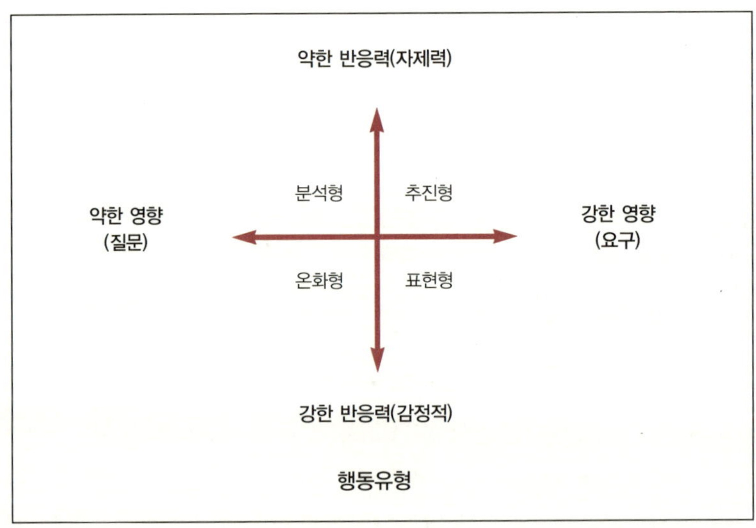

성과에 초점을 맞추는 경향이 있으며 결정하는 데 오래 시간을 끌거나 지나치게 감성적인 사람을 싫어한다. 처음 대할 때 부담이 가는 스타일로 필요한 이야기 외에는 많은 이야기를 나누는 것을 꺼린다. 제품이나 서비스가 마음이 든다는 판단이 서면 스스로 강하게 밀어붙이는 스타일이다. 상대가 진실성이 결여되어 있거나 자신감이 없어 보이면 마음의 문을 열지 않는다. 따라서 직접 대화를 이끌어가려고 하지 말고 고객이 바른 방향으로 갈 수 있도록 길잡이 역할만 해주면 된다. 요점을 가급적 빨리 꺼내는 것이 좋으며 결정을 스스로 내리게 하는 것이 좋다.

셋째, 온화형Amiable style이다.

천천히 생각하면서 말하는 스타일이다. 성격이 비교적 온화하고 누구에게나 친절하다. 다른 사람들의 의견을 비교적 잘 받아주고 다른 사람과의 관계에 관심이 많다. 감정적인 문제나 다른 사람과 관련된 문제에 부딪치게 되면 양보하는 스타일이다. 성격이 우유부단한 편이기 때문에 일의 끊고 맺음이 분명하지 않으며 업무의 진행이 느리다. 따라서 일의 진행을 위해서는 앞에서 당기고 뒤에서 밀면서 일을 진행시키거나 주위의 도움을 받을 필요가 있다.

넷째, 표현형Expressive style이다.

무언과 새로운 그림을 그리는 것을 좋아하고 자기과시가 강해 제품투자 등을 통해 주위 사람들로부터 인정받고 싶어하는 충동을 많이 느낀다. 제품 선정시 실용적인 측면보다 남에게 자신을 알릴 수 있는 측면에 더 신경을 쓴다. 새로운 일을 추진하는 데 항상 도전적이다. 데이터나 분석적인 것을 싫어하기 때문에 수치나 기술적인 데이터보다 시각적인 자료에 보다 관심을 보인다. 자극적인 요소를 활용해서 쉽게 관심을 불러일으킬 수 있으며 자신의 영감과 직관에 도움을 주는 사람에게 호의적이다. 관심을 갖는 시간이 짧기 때문에 세미나나 제품 소개를 할 때 흥미를 잃지 않도록 해줘야 한다.

세일즈맨이 서로 다른 두 고객에게 같은 시간에 동일한 내용을 소개하더라도 두 고객이 받아들이는 내용의 강도나 느낌은 다를 수 있다. 서로의 행동유형이 다르기 때문이다. 한 고객은 내용이 부족하다고 느껴 좀 더 자세한 자료를 요청할 수 있고, 다른 고객은 요점만 간단히 설명할 것이지 왜 이렇게 길게 설명하는지 모르겠다고 짜증을 낼 수 있다.

세일즈맨 교육 과정에서 가장 우선적으로 인간의 행동유형에 대해 교육을 시키는 이유도 세일즈 스킬 못지않게 고객의 행동유형을 이해하는 것이 중요하기 때문이다. 고객의 행동 유형을 이해해야 고객과의 관계도 좋아지고 업무 효율도 증대시킬 수 있다. 세일즈맨은 고객의 행동유형뿐이 아니라 자신의 행동유형이 어떤지에 대해서도 정확히 알고 있어야 한다. 자신의 행동유형을 안다는 의미는 자신의 영업적인 측면에서의 강점과 약점을 알고 있다는 것과 같다. 강점과 약점에 대해 정확히 알고 있어야 강점은 살리고 약점은 보완할 수 있다.

성공적인 기술영업의 조건

다양한 세일즈 스킬

사고의 유연성

일에 대한 열정

풍부한 지식과 경험 쌓기

건강한 체력 유지

다양한
세일즈 스킬

영업 스킬이 뛰어난 세일즈맨은 고객의 마음을 읽고 고객을 설득할 수 있는 능력이 있기 때문에 고객과 불필요하게 많은 시간을 허비하지 않는다. 또 상황에 맞게 어떤 리소스를 활용해야 하는지를 알기 때문에 똑같은 시간을 투자해도 남보다 성과가 빨리 나타난다.

훌륭한 목수는 연장을 탓하지 않는다

연장만 잘 다루거나 좋은 연장을 많이 가지고 있다고 해서 훌륭한 목수라고 하지 않는다. 훌륭한 목수는 기후 조건이나 문화적인 측면을 고려해서 집을 해석하고, 채광과 통풍을 고려해서 터와 방향을 잡는다. 또 나무의 질감과 속성을 잘 알고 있기 때문에 적재적소에 필요한 나무를 골라 쓸 줄 알고 흙과 돌, 나무가 삼위일체가 되도록 집을 짓는다. 집이 잘못 지어졌다고 결코 나무 탓을 하지 않는다.

훌륭한 세일즈맨은 비즈니스 실적이 저조한 원인을 제품의 품질이 경쟁사보다 떨어져서, 가격이 너무 비싸서, 경기가 나빠져서, 고객들 의식 수준이 낮아서, 제품 출시가 늦어서 등과 같이 외부 탓으로 돌리지 않는다. 자신을 돌아보고 잘못된 부분이 있으면 바로 잡고 모르는 부분이 있으면 배우려고 항상 노력하기 때문에 세일즈 스킬이 뛰어나다. 고객의 니즈가 무엇인지, 고객이 무엇을 필요로 하고 있고 무엇을 원하는지, 활용 가능한 인적 물적 자원은 어떤 것이 있는지 등을 정확히 파악한 후에 고객에게 적합한 솔루션을 만들어 낸다. 고객에게 적합한 솔루션을 만들기 위해 자신이 가지고 있는 각종 리소스를 적절히 활용할 수 있는 능력도 가지고 있다.

단지 말을 잘하거나 주문을 많이 받아 온다는 이유만으로 영업 스킬이 뛰어난 세일즈맨이라고 하지 않는다. 영업 스킬이 뛰어난 세일즈맨은 고객의 마음을 읽고 고객을 설득할 수 있는 능력이 있기 때문에 고객과 불필요하게 많은 시간을 허비하지 않는다. 또 상황에 맞게 어떤 리소스를 활용해야 하는지를 알기 때문에 똑같은 시간을 투자해도 남보다 성과가 빨리 나타난다. 남보다 열심히 뛰는 것도 중요하지만 보다 효과적이고 효율적으로 일을 하기 위해서는 별도의 시간을 내서라도 영업 스킬을 향상시키기 위한 노력을 기울여야 한다.

고객의 성격과 심리를 읽어야 한다

마크 트웨인Mark Twain의 《톰 소여의 모험》에 나오는 유명한 일화 중에 '울타리 페인트 칠하기' 이야기가 있다.

작은 마을에 톰과 폴리 이모가 함께 살고 있었다. 장난꾸러기 톰은 말썽을 부리다가 이모로부터 벌로 담장에 페인트를 칠하라는 작업이 주어졌다. 톰은 하기 싫은 페인트칠 작업을 다른 아이들을 시켜야겠다는 생각으로 붓을 집어 들고 조용히 페인트칠을 시작했다. 이내 벤이 덫에 걸려들었다. "야! 너 벌 받는 중이구나?" 보통 때 같으면 억울해서 화라도 내겠지만 이 날은 아무 대꾸도 하지 않고 마치 화가라도 된 듯한 눈길로 붓 자국을 찬찬히 살피고는 다시 한 번 붓질을 하였다. "야, 톰, 너 일해야 하니?" "아, 벤이구나. 누가 온 줄도 몰랐네!" "야, 나 수영하러 가는 길인데 같이 안 갈래? 하긴 너는 일이나 해야겠구나, 그렇지?" "일이란 게 뭔데?" "이게 일이 아니고 뭐니?" "글쎄, 그럴 수도 있고 아닐 수도 있지. 다만 분명한 건 이게 내 마음에 딱 든다는 사실이야. 이런 일이 날마다 있는 줄 알아?" "야, 톰! 나도 한번만 칠해보자." "안 돼. 여기는 잘 보이는 길가라서 깨끗이 칠해야 한단 말이야. 하기야 이것을 깨끗이 잘 칠할 수 있는 애는 이천 명에 하나도 없을 거야." "야, 톰, 정신 차리고 할 테니 좀 해보자. 내가 이 사과 한 입 줄게." 이렇게 해서 톰은 놀면서 벤뿐만이 아니라 지나가는 다른 친구들을 시켜 담장 페인트칠을 끝내도록 하였고 친구들이 가진 좋은 물건들 도자기 것으로 만들었다:

이 이야기는 우리에게 두 가지 점을 시사해 준다. 첫 번째로 사람들은 뭔가 하지 못하도록 하면 더 하고 싶어지고 하지 못하게 되는 것에 대해 매력을 느낀다는 점이다. 홈쇼핑에서 팔 물건이 몇 개 남아 있지 않다고 하면 별 관심 없던 물건에 관심이 가면서 마음이 조급해진다. 두 번째로 사람들은 다른 사람들의 행동을 기준으로 상황을 판단하고 그들이 하는 대로 따라 한다는 점이다. 이것을 심리학에서는 '양떼현상' 이라고 한다. 점심 먹을 곳을 찾다가 식당 앞에 긴 줄을 발견하면 아무 생각 없이 그 줄 뒤에 서는 것이다.

이처럼 사람들은 비합리적이고 비상식적인 행동을 서슴지 않는다. 그뿐만이 아니다. 싼 가격에는 팔리지 않던 물건도 가격을 대폭

올리면 팔리고, 10원 차이인데도 20,000보다 19,990원이 싸게 느껴진다. '천길 물속은 알아도 한 길 사람 속은 모른다' 는 속담이 있다. 그만큼 사람의 마음을 읽기가 어렵다는 말이다. 사람들은 자신들의 속내를 잘 드러내지 않기 때문에 무슨 생각을 하고 있는지 그들의 마음속을 들여다보는 것이 생각보다 어렵다. 고객이 "가격이 생각보다 비싸네요" 라고 무심코 던진 한 마디가 "나와 거래하고 싶은 생각이 없어졌나?" " 경쟁사보다 우리 가격이 비싼가?" "우리 물건을 사고는 싶지만 가진 돈이 모자라서 그런가?" " 자신이 생각했던 가격보다 높다고 생각하는 것일까?" 등등 상황에 따라 서로 다른 의미로 읽힐 수 있다.

만약 고객이 더 이상 거래하고 싶은 생각이 없어서 던진 말을 세일즈맨이 물건을 사고는 싶지만 돈이 모자라기 때문이라고 오판할 경우 어떤 일이 벌어질까?

세일즈맨은 가급적 물건을 팔고 싶은 욕심에서 자신이 할 수 있

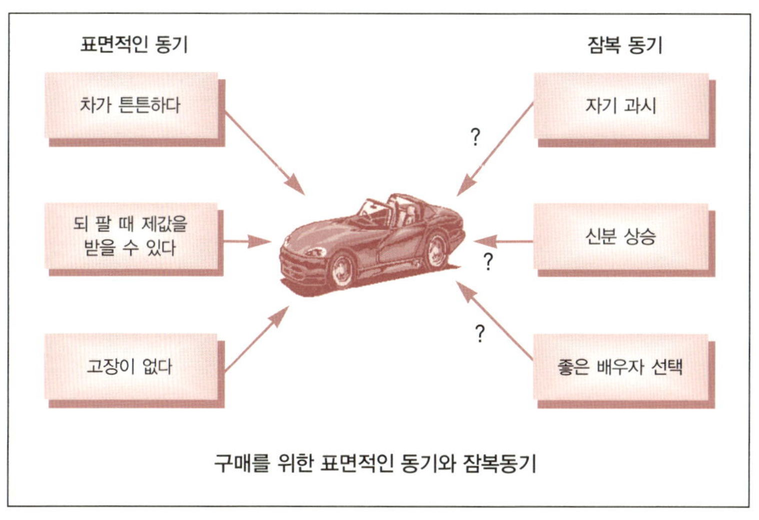

구매를 위한 표면적인 동기와 잠복동기

는 범위 내에서 고객의 기대치를 충족시키기 위한 노력, 즉 가격을 내리기 위한 노력을 계속할 것이다. 고객 역시 도망가기 위한 구실을 찾기 위한 노력을 계속할 게 틀림없다.

이처럼 고객의 속마음을 잘못 읽으면 피차 불필요한 에너지를 낭비하게 된다. 바로 이런 이유에서 세일즈맨은 고객에게 다양한 질문을 던져가면서 고객의 속마음을 정확히 읽어내기 위해 많은 노력을 기울인다. 고객의 마음을 읽어야 정확한 솔루션을 만들어 낼 수 있고 불필요한 시간 낭비를 막을 수 있기 때문이다.

고객의 속마음을 읽는 것 못지않게 앞에서 언급한 것처럼 고객의 성격을 파악하는 것 역시 중요하다. 고객이 어떤 성격의 소유자이냐에 따라 비즈니스 스타일을 달리해야 하기 때문이다.

의사소통 능력이 있어야 한다

《소통의 기술》(하지현/미루나무)에는 다음과 같은 내용이 나온다.

백인, 황인, 흑인에게 검정색 종이를 보여주며 종이의 색이 무엇인지 물었다. 백인과 황인은 검정색이라 답했지만 흑인은 다르게 대답했다. "살색입니다."

사람들이 사물을 어떻게 지각perception하느냐에 따라 받아들이는 결과가 달라진다. 예를 들어 서울 상암 축구장의 축구경기 예고방송을 축구팬들은 스트레스 해소의 기회로, 경기장 주변 상인이나 택시기사에게는 돈벌이 기회로, 교통경찰에게는 경기장 질서를 유

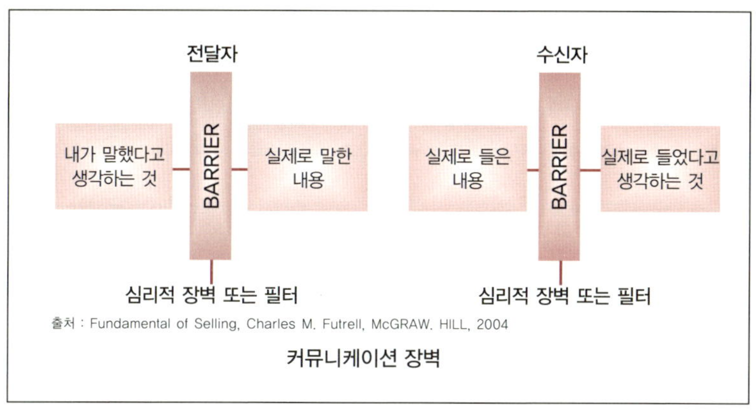

커뮤니케이션 장벽

지해야 하는 일거리로 지각하는 등 사람마다 서로 다르게 받아들인다.

사람들은 자신이 듣고 싶은 것만 듣고 보고 싶은 것만 보기 때문에 똑같은 것을 보고 들어도 서로 다르게 지각하고 다르게 기억한다. 차를 구입할 필요성을 전혀 느끼지 못하는 고객에게 자동차 세일즈맨이 차에 대해 설명하려 들면 관심을 보이지 않거나 한 귀로 듣고 한 귀로 흘려버린다. 반면에 차를 구입할 생각이 있는 고객은 누군가가 차에 대해 이야기하면 하던 일을 제쳐두고 관심을 보인다. 이와 같이 정보를 받아들이는 사람이 어떤 자세를 취하느냐에 따라 정보를 받아들일 수도 있고 그냥 흘러보낼 수도 있다.

최근 들어 고객들이 편리하게 접근할 수 있는 다양한 정보채널이 존재하면서 고객이 필요로 하는 정보 선택권의 범위가 급격히 확대되는 추세에 있다. 따라서 고객이 진정으로 필요로 하는 내용의 정보가 무엇인지 사전에 미리 정확하게 파악하지 못하고 있을 경우 커뮤니케이션 장애를 일으킬 수 있다. 커뮤니케이션이 생각보다 어려운 이유다.

커뮤니케이션이 어려운 또 한 가지 이유는 커뮤니케이션 전문가에 의하면 우리가 전달하고자 하는 내용 중에서 10%만 언어에 의해 전달되고 30%는 목소리에 의해, 그리고 나머지 60%는 우리의 신체언어body language에 의해 전달되기 때문이다. 신체언어는 무의식적으로 상대의 속마음이 외부로 드러나기 때문에 내면의 생각을 말보다 더 정확히 읽을 수 있다. 아무리 제품지식이 풍부하고 제품의 품질이 우수해도 고객에게 내용을 제대로 전달할 수 없거나 고객이 말하고자 하는 내용을 제대로 이해할 수 없다면 아무런 의미가 없다. 자신이 말하고자 하는 내용을 고객이 알아듣기 쉽게 전달하는 능력도 중요하지만 전달한 내용을 고객이 얼마나 정확히 이해했는지, 전달받은 내용에 대해 어떻게 생각하고 있는지, 혹시 반론objection이나 거부감은 없는지 등에 대해 고객의 입과 신체언어를 통해 정확히 전달받을 수 있어야 한다.

의사가 정확한 진단을 내려야 올바른 처방을 내릴 수 있듯이 고객의 생각을 정확히 읽을 수 있어야 제대로 된 솔루션을 만들 수 있다. 말하는 것 못지않게 경청 능력이 중요한 이유다.

생각보다 경청은 쉽지 않다. 경쟁사도 의식해야 하고 머리속에는 온통 고객에게 전달할 정보로 가득 차 있기 때문이다. 고객이 충분한 시간을 내주지 않을 것 같다는 생각에 마음은 더 조급해진다. 그러다 보니 고객의 말을 경청하기보다 어떻게 하면 제품 소개를 무사히 마칠 수 있을지에 대한 생각으로 머리가 복잡하다.

고 이병철 삼성회장은 문제가 생기면 현장의 기술자를 포함한 전문가들의 의견을 진지하게 듣고 해결 방안을 찾았다. '자신의 생각을 말하기 전에 남의 말을 먼저 귀담아 들으라' 는 경청의 중요성을 누구보다 잘 알고 있었다. 경청의 중요성을 일깨우는 이청득심以聽得心이란 말이 있다. 귀 기울여 듣는 것이야 말로 사람의 마음을 얻는 최고의 지혜라는 의미다. 자신의 말을 앞세우기 전에 고객이 무슨 생각을 하고 있고 무엇을 원하는지를 파악하기 위해서라도 고객의 말에 귀를 기울이고 고객을 배려하려는 자세가 필요하다.

필이 느껴지도록 설명해야 한다

고객에게 제품을 소개할 때 가급적이면 이해하기 쉽고 필feel이 느껴지도록 설명해야 한다. 너무도 당연한 말이지만 생각처럼 쉽지 않다. 간단한 범용 제품이거나 기술적인 백그라운드가 있는 고객의 경우야 별로 문제될 게 없다. 그러나 제품의 기능이 다양하거나 기술적인 백그라운드가 낮은 고객의 경우 전문용어 대신 알기 쉬운 용어나 표현으로 제품의 특징이나 장점을 설명하기가 쉽지 않다. 그래서 기술영업을 담당하고 있는 사람 모두는 어떻게 하면 고객에게 보다 이해하기 쉽고, 보다 감동적으로 설명할 수 있을지에 대해 항상 고민하게 된다.

언어의 마술사라는 말을 들을 정도로 프레젠테이션 능력이 탁월하다는 스티브 잡스는 이런 어려움을 어떻게 극복했을까?

스티브 잡스는 2010년 중순 샌프란시스코에서 아이폰4 신제품 출시 프레젠테이션을 가졌다. 잡스는 자신의 프레젠테이션 능력을 유감없이 발휘, 아이폰4의 우수성을 한껏 과시하면서 강력한 경쟁 모델인 삼성의 갤럭시S보다 화질, 기능, 크기 등에서 우수하다고 했다. 그냥 두루뭉수리하게 우수하다고 하면 현명한 고객들은 잘 믿지도 않을 뿐더러 크게 감동을 받지도 않는다.

차별화를 통해 뭔가 고객의 마음을 움직일 수 있는 셀링 포인트 selling point를 찾아야 한다. 그래서 스티브는 갤럭시S가 자랑하는 슈퍼 AMOLED능동형 유기발광 다이오드와의 차별화에서 셀링 포인트를 찾았던 것이다. 아이폰4의 LCD 디스플레이가 AMOLED보다 밝기가 우수하다는 점을 강조하기 위해 '해상도이미지를 표현하는데 인치당 얼마나 많은 점을 사용하느냐를 나타냄'라는 용어 대신에 '망막retina 디스플레이'라는 새로운 용어를 만들어 가면서 차별화를 시도했다. '색 재현율' '명암비' '응답 속도' '시야각' 등 디스플레이에 관련된 여러 스펙 중에서 해상도에 초점을 맞춘 이유는 해상도만큼은 아이폰가로 640개, 세로 960이 갤럭시S가로 480, 세로 800보다 누가 봐도 확실하게 우수하기 때문이다.〈조선일보 참조, 2010-06-11〉

이렇게 되면 맨 처음 접한 정보에 크게 영향을 받는 정박효과 anchoring effect에 의해 해상도망막 디스플레이가 여러 디스플레이 관련 스펙 중에서 가장 중요한 셀링 포인트로 부각된다.

정박효과는 일종의 '선입관'이다. 가장 먼저 접한 정보에 고정되어 이후 새롭게 받아들이는 정보를 주관적인 편견을 가지고 받아들인다. 가격 흥정이나 협상에서 서로 유리한 초기값을 누가 먼저 제시하느냐에 따라 그 결과가 좌우되는 원리와 같다.

그러나 분명한 사실은 화질은 해상도만으로 결정되는 게 아니라 컬러, 명암비, 응답 속도 등이 종합적으로 영향을 미친다. 실제로 갤럭시S는 원래의 색상을 얼마나 비슷하게 표현하느냐를 나타내는 색 재현율, 밝은 정도를 나타나는 명암비, 화면에 잔상을 남기지 않는 정도를 나타내는 '응답 속도' 등에서 아이폰4에 사용되는 LCD 디스플레이보다 우수해서 게임이나 동영상을 즐기는 데 유리하다는 게 일반적인 평가다.

반면에 아이폰4는 해상도가 좋아 전자서적 같은 작은 글씨도 선명하게 볼 수 있다는 장점이 있다. 전자서적을 보는 데는 빠른 응답 속도가 별 의미가 없기 때문에 응답 속도가 떨어진다고 해서 전혀 문제될 것도 없다.

이처럼 스티브는 고객의 마음을 쉽게 사로잡을 수 있는 셀링 포인트를 선점해서 차별화를 시도할 수 있는 능력을 지녔다. 그는 또 간결하면서도 감동적인 언어로 고객의 마음을 흔든다. 예를 들어 위대한great, 놀라운amazing, 믿기지 않는unbelievable, 엄청난tremendous, 경이로운phenomenal 등의 단어를 즐겨 사용한다.

'보기 좋은 떡이 먹기도 좋다' 는 우리 속담이 있다. 요즈음 디자인을 유달리 강조하는 이유도 보기 좋게 만들어야 잘 팔리기 때문이다. 아이팟이 세계적인 히트를 친 것도 바로 디자인 덕분이다.

언어도 간결하면서 아름다운 옷을 입히면 설득력이 높아지고 사람들의 가슴에 오래 남는다. 스티브 잡스가 아이팟을 소개할 때 '당

아이폰4와 갤럭시S의 스펙 비교

	아이폰4	갤럭시S
해상도	640×960	480×800
색 재현율	70~80%이상	110~120%
명암비	800:1	1000000:1
응답속도	3 ms(?)	0.01ms
시야 각	160도 이상(?)	free

신 주머니 속의 1000곡'이라고 간결하게 표현했던 것처럼 히딩크 감독은 월드컵 16강을 끝내고 나서 "나는 아직도 배가 고프다"라는 표현으로 8강 의지를 표현했던 것을 아직도 우리는 생생히 기억한다. 이처럼 고객의 마음을 움직일 수 있는 셀링 포인트를 찾아서 간결하면서도 감동적인 언어 구사로 고객의 마음을 움직여야 한다.

구매 및 세일즈 프로세스를 컨트롤할 수 있는 능력

고객이 구매 욕구를 느끼는 시점부터 제품을 구입하기까지 여러 단계를 거치게 되는데, 이를 '구매 프로세스'라고 부른다.(29페이지 참조) 마찬가지로 고객에게 물건을 팔기 위해서도 비슷한 여러 단계를 거치게 되는데, 이를 '세일즈 프로세스'라고 부른다.

세일즈맨은 구매 프로세스와 세일즈 프로세스 양쪽 모두를 정확히 이해하고 있어야 한다. 각 단계마다 세일즈맨으로서 해야 할 일은 무엇이고 어떻게 해야 고객의 니즈나 문제점을 정확히 찾아내서 효과적으로 대응할지에 대해 정확히 모르고 있으면 프로세스를 제대로 컨트롤할 수가 없다. 프로세스를 컨트롤한다는 의미는 구매나 세일즈 프로세스를 고객이 마음대로 좌지우지하는 게 아니라 세일즈맨이 주도권을 쥐고 의도하는 방향으로 고객을 리드해 나가는 것을 말한다. 그렇게 하기 위해서는 무엇보다도 올바른 방향으로 이끌 수 있는 능력이 있다는 확신을 고객에게 심어주어야 한다. 그래야 고객이 순순히 따라온다.

고객의 입장에서 생각하고 세일즈 프로세스를 고객의 구매 프로세스에 맞춰야 한다. 고객이 마음의 결정을 할 때까지 기다리지 말

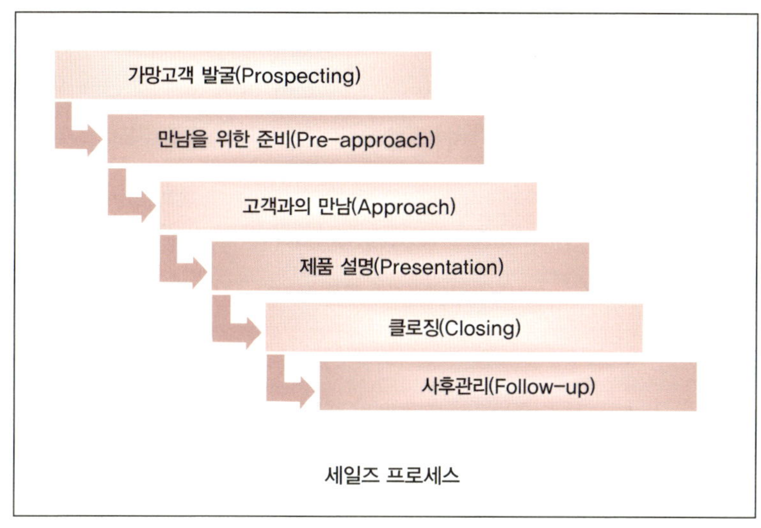

세일즈 프로세스

고 고객이 구매 프로세스의 어느 위치에 있는지를 파악, 다음 스텝으로 이동할 수 있도록 제안해야 한다. 프로세스를 컨트롤할 수 있어야 필요한 시점에 주문을 받을 수가 있다. 프로세스가 제대로 컨트롤되지 않아 구매기간이 계속 길어지게 되면 중간에 새로운 경쟁자가 나타나 힘겨운 싸움을 해야 되는 경우가 생길 수 있고 자칫 투자예산이 갑자기 사라지는 바람에 투자검토 자체가 중단될 수도 있다. 무엇보다도 고객이나 세일즈맨 모두 불필요한 시간을 많이 허비하게 된다.

고객은 투자금액이 크거나 투자에 대한 위험부담이 크다고 느낄수록 투자검토에 신중을 기하려 하기 때문에 필요 이상으로 구매검토에 오랜 시간이 소요되기 쉽다. 따라서 세일즈맨은 고객이 불안해 하거나 확인하고 싶어 하는 내용들에 대해 고객이 요구하기 전에 미리미리 준비해서 대비하는 것도 프로세스를 컨트롤하는 데 도움이 될 수 있다.

협상 능력

협상의 사전적 의미는 둘 또는 그 이상의 협상 당사자간에 협의에 의해 어떤 목적에 부합하는 결정에 도달하는 거래의 과정을 말한다. 사람들은 비즈니스뿐만 아니라 매일 매일의 일상생활 속에서 의식적으로나 무의식적으로 다양한 종류의 협상을 통해 여러 가지 문제점과 갈등을 해결하고자 한다.

연봉을 올리기 위한 회사 상사와의 협상, 노사간 임금 협상, 국가간 통상, 노동, 보건, 환경, 군축, 인권 문제 등과 관련된 다양한 협상이 이루어진다. 심지어 아이에게 용돈을 주는 것도 협상을 통해 이루어진다고 볼 수 있다.

세일즈맨에게 있어서 '협상'이라고 하면 우선 먼저 클로징 단계에서의 가격 협상을 떠올리지만 사실은 가격 협상 외에도 가망고객을 처음 만나서 오더를 마무리하고 사후관리에 이르는 과정에서 많은 사람들과 다양한 종류의 협상을 하게 된다.

고객이 필요로 하는 솔루션을 제공할 수 없을 때는 연구소나 기술지원팀들과 함께 솔루션을 찾기 위한 협상을 하게 되며, 고객에게 필요한 기술 세미나를 개최하기 위해 연구소를 비롯한 관련 부서와 세미나 내용, 장소, 일정, 참석 대상 등에 관한 협상을 하게 된다. 또 장비 납기지연으로 문제가 발생할 경우에는 고객과 세일즈맨간에 최적의 솔루션을 찾기 위한 협상을 하게 된다. 이처럼 기술영업은 가격 협상 외에도 세일즈에 관련된 다양한 종류의 협상을 해야 하기 때문에 다른 직종에서 근무하는 사람들보다 협상능력이 뛰어나야 한다.

수평적 사고를 하라

통찰력과 창의성이 뛰어났던 고 정주영 현대그룹 명예회장에 대한 재미있는 일화가 있다.

1952년 12월 아이젠하워 미국 대통령이 한국 전선을 둘러보기 위해 한국을 방문할 때 부산에 있는 유엔군 묘지를 방문하기로 되어 있었다. 한겨울 황량한 묘지를 대통령에게 보여주고 싶지 않았던 미군 담당자는 묘지 단장 공사를 위해 여러 건설회사 사장들을 불러 공사 입찰에 참여할 것을 요구했다. 묘지 단장 공사는 별 문제가 아니었지만 푸른 잔디를 입혀 달라는 요구에 모든 건설사가 입찰을 포기했다. 현대건설 정주영 사장은 미군 담당자에게 "풀만 푸르게 나 있으면 되는 것 아니냐?"고 묻고는 "그렇다"는 답변을 듣자 공사비의 3배를 받는 조건으로 요구조건을 승낙했다. 그리고는 보리밭에서 새파랗게 자라는 보리를 수십 트럭 옮겨 심어 묘지를 초

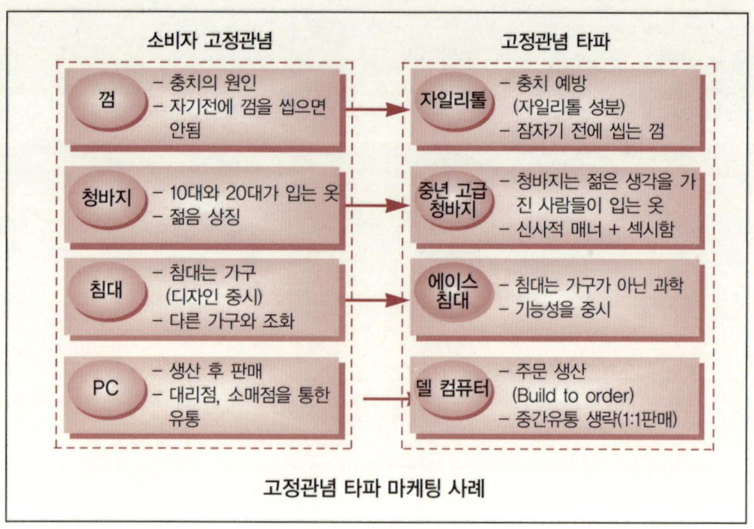

록 바다로 만들었다. 비록 잔디는 아니었지만 황량했던 묘지가 파랗게 변하자 미군은 놀라움을 금치 못했고 이후 미 8군 공사는 모두 현대건설 차지가 되었다.

정주영 회장의 긍정적이고 유연한 사고가 돋보인다. "왜 한겨울에 푸른 잔디를 요구할까?"라는 스스로의 질문을 통해 고객이 원하는 핵심compelling event이 무엇인가를 찾아 고객이 원하는 솔루션을 제공할 수 있었고, 그렇게 함으로써 고객에게 신뢰를 쌓아 경쟁사와의 차별화를 통해 더 많은 부가가치를 창출할 수 있었다.

이처럼 긍정적이고 유연한 사고를 우리는 수평적 사고라고 한다. 에드워드 드 보노Edward de Bono에 의해 처음 소개된 수평적 사고는 하나의 경로를 통해 정확한 해결 방법을 모색하는 것과 달리 정확성보다는 다양성에 중점을 두는 유연하고 함축성 있는 사고를 의미한다. 수직적 사고는 분석적이고 순차적인 반면, 수평적 사고는 창의적이고 순서에 아무런 구애를 받지 않는다. "영업이 무엇이냐?"고 물었을 때 "영업은 돈을 받고 물건을 파는 행위입니다"라고 대답했다면 기존의 알고 있는 지식과 경험을 바탕으로 논리적으로 판단했기 때문에 수직적 사고를 했다고 볼 수 있다.

만약에 "영업은 분위기를 팔고, 경험을 팔고, 자신을 파는 것이다"라고 대답한다면 수평적 사고를 했다고 볼 수 있다. 영업을 단순히 돈과 물건을 교환하는 행위로만 보지 않고 비즈니스 주체인 세일즈맨과 고객과의 관계를 연결시켜 여러 의미 있는 관계를 찾으려고 했기 때문이다.

세일즈맨은 고객의 마음을 꿰뚫어볼 줄 아는 마음의 눈을 지녀야 한다. 그리고 상황을 정확히 판단해서 순발력 있는 대안도 제시할 수 있어야 한다. 그러기 위해서는 무엇보다도 사고의 유연성이 절실히 요구된다. 사물과 현상을 다각적으로 이해하고 종합적으로 판단할 수 있는 입체적 사고라야 문제의 본질과 핵심을 정확하게 읽어낼 수 있기 때문이다.

입체적 사고는 자신이 처한 상황으로부터 일정 거리를 두고 전체

수평적 사고와 수직적 사고의 차이점

수직적 사고	수평적 사고
• 논리적이고 직선적/ 순차적 사고	• 직관적이고 순서에 구애받지 않음
• 고정관념을 가지고 사물을 판단하려는 사고	• 전통적인 고정관념을 탈피한 유연하고 함축성 있는 사고
• 하나의 경로를 통해 정확한 해결 방법을 모색	• 정확성보다는 다양성에 중점을 두면서 다각적인 각도로 사물을 관찰하는 사고
• 주어진 목표를 가지고 일을 체계적으로 추진할 수 있어 효과적	• 현실성보다는 가능성을 먼저 보는 수평적 사고를 지닌 사람이 미래의 주인

적인 그림을 바라볼 수 있을 때 가능하다. 세일즈맨이 제시한 가격에 대해 고객이 "가격이 생각보다 비싸군요?"라는 반론objection을 제기했을 때 가격이 문제가 되는지, 아니면 말 못할 불만이 있는데 가격을 문제 삼는 것은 아닌지, 진짜 말하고자 하는 핵심이 무엇인지 등을 다각적으로 분석해봐야 한다. 만약 가격이 문제가 된다면 가격을 깎아 주는 방법, 예산을 증액하도록 유도하는 방법, 다른 모델로 대치하는 방법, 옵션을 조정하는 방법 등 다양한 대안을 마련할 수 있어야 한다.

확증 편향의 오류에서 벗어나야 한다

자신의 주장이나 믿음을 확증하는 정보는 적극적으로 받아들이지만 그 반대인 경우 무시하거나 애써 외면해 버리는 것을 심리적 용어로 '확증편향confirmation bias'이라고 한다. 한 마디로 자기가 보고 싶은 것만 보고 믿고 싶은 것만 믿는 것을 말한다. 어떤 사람에 대해 좋지 않은 소릴 듣고 나면 그 사람이 괜히 싫어지고 모든 행동 하나하나가 못마땅하게 여겨지는 것도 확증편향의 일종이다.

사람들은 자신의 믿음이나 가설을 뒷받침 해주는 것들은 쉽게 찾아내거나 찾고 싶어 하지만, 자신의 신념에 반反하는 것은 무시하는 경향이 있다. 만약 우리가 어떤 제품의 품질이 좋다고 믿으면 우리가 옳다는 것을 입증할 자료에는 관심을 보이지만 그에 반하는 자료는 무시해버린다.

자기 회사의 서비스 품질이 경쟁사에 비해 우수하다고 믿으면 경쟁사의 서비스 문제로 인한 고객 불만사항은 바로 눈에 들어오지만 자기 회사의 서비스 불만에 대해서는 "고객의 기대치가 너무 높다" "우리 장비를 사용하고 있는 고객의 수준이 너무 낮다" "가격을 낮추기 위한 전략이다"는 등의 이유를 대면서 사실을 부정하려 한다. 반대로 자신의 서비스에 대해 고객이 만족해하는 뉴스에 대해서는 적극적인 관심을 보인다.

많은 세일즈맨이 빠지기 쉬운 대표적인 확증편향 중의 하나가 제품 가격에 관한 것이다. 세일즈 활동을 하는 데 있어서 가장 중요한 문제가 무엇이냐고 물으면 많은 사람들이 이구동성으로 가격 문제라고 답한다. 가격 문제만 해결되면 비즈니스를 쉽게 활성화시킬 수 있다고 주장한다. 물론 자신들의 주장을 입증할 많은 자료들을 가지고 있다. 그러나 분명한 사실은 가격은 판매 활동에 영향을 미치는 중요한 요소임에는 틀림없으나 결정적 요소는 아니며 많은 사람이 주장하는 것만큼 구매를 결정하는 데 크게 영향을 미치지도 않는다. 다만 확증편향에 빠져 자신이나 제품의 가치를 스스로 평가절하하고 있을 뿐이다.

확증편향에 빠지게 되면 모든 논리를 자신이 설정해 놓은 비합리적인 방향으로 몰고간다. 따라서 자신의 모습을 객관적으로 보는 것이 매우 어렵고 세일즈 상황을 오판하는 우를 범하게 된다. 이러한 확증편향의 오류에서 벗어나기 위해서는 무엇보다도 사물을 대할 때 자신의 관점이나 생각과 달리하는 사람이 있다는 사실을 인정하는 게 중요하다. 서로 다른 사람들의 의견이나 견해를 통해 나만의 선입견은 없는지 냉철하게 판단해야 한다. 가급적 다양하고 폭넓은 정보를 수집해서 중립적이고 객관적인 자세로 정보를 평가하려는 노력을 견지해야 한다.

열정은 삶을 움직이는 기관차다

"성공적인 사람의 공통적인 특징은 열정이다. 열정 없이 이루어지는 것은 아무 것도 없다." GE의 전 회장 잭 웰치가 한 말이다.

모든 일이 다 그렇지만 특히, 기술영업에 꼭 필요한 것 중 하나가 일에 대한 열정이다. 열정은 자신을 강하게 만드는 정신력인 동시에 비즈니스를 성공으로 이끄는 원동력이다. 아무리 영업 능력 뛰어나고 천부적인 재능을 가지고 있다 하더라도 열정이 없으면 아무런 소용이 없다. 무릇 세상의 모든 성공의 이면에는 많은 어려움과 난관에도 포기하지 않고 꿋꿋이 버텨낸 집념과 열정이 있다. 열정적인 삶을 사는 사람은 나이를 먹지 않는다고 한다. 맥아더 장군이 연설 때 즐겨 인용했다는 미국 시인 새뮤얼 울만의 시 '청춘'에서는 젊음과 청춘을 이렇게 예찬했다.

청춘은 인생의 어느 기간이 아니라 마음의 상태다. 청춘은 의지력이요, 풍부한 상상력이요, 불타는 열정이요, 삶의 깊은 샘에서 솟아나는 신선함이요, 비겁을 극복하는 용기요, 안일함을 물리치는 모험심이다. 나이를 먹는다고 늙는 것이 아니다. 이상을 포기할 때 비로소 늙는다. 세월의 흐름은 피부를 주름지게 하지만, 열정을 잃으면 영혼을 주름지게 한다.

나이가 들어 명예퇴직을 걱정하는 사람들이 많지만 일에 대한 열정이 있으면 영업에서 나이는 아무런 장애도 되지 않는다. 나이가 들수록 지혜가 깊어지기 때문에 젊은이들 못지않게 잘할 수 있다.

열정은 아무 것도 할 수 없을 것 같은 절망적인 상황 속에서도 놀라운 힘을 발휘한다. 신념과 자신감을 갖고 불굴의 집념과 의지로 과감하게 앞으로 나아가는 것이 열정이다. 그렇다고 무턱대고 열정만 있어서는 안 된다. 방향감각이 있어야 한다. 제대로 된 방향으로 열정을 쏟아야 효과를 낼 수 있다.

영업을 하다 보면 많은 난관에 봉착할 수 있다. 갑자기 강력한 새로운 경쟁자가 나타나기도 하고 오랜 친분 관계를 유지해온 고객이 갑자기 퇴사를 하게 되는 바람에 원점에서부터 투자검토를 다시 시작해야 되는 경우 등 예상치 못한 많은 일들이 벌어질 수도 있다. 때로는 남이 가보지 않은 새로운 길을 개척해야 하는 경우도 있고 길을 잘못 들어 되돌아와야 하는 경우도 생긴다. 주문은 받아냈는데 물건을 납기에 맞출 수 없어 주문을 포기해야 하는 경우가 생길 수도 있다. 이 모든 문제들이 일에 대한 열정과 집념이 없으면 해결하기가 힘들다.

긍정적인 사고를 가진 사람은 매사에 열정적이다

신발을 파는 두 사람의 세일즈맨이 새로운 신발시장을 개척하라는 임무를 받고 아프리카에 갔다. 한 사람은 아프리카에 가는 것을 별로 기분내켜 하지 않았으나 다른 한 사람은 그 임무가 좋았고 자신에게 좋은 기회라고 생각했다. 아프리카에 도착한 두 사람은 여기저기 다니면서 시장조사를 마친 후 본사에 보고서를 작성했다. 별로 기분내켜 하지 않았던 세일즈맨은 "가망성이 없는 시장입니다. 아무도 신발을 신고 다니지 않습니다"라고 보고했다. 반대로 좋은 기회라고 생각한 다른 세일즈맨은 "무한한 잠재력을 지닌 시장입니다. 아무도 신발을 신고 다니지 않습니다"라고 보고했다고 한다.

발명왕 에디슨은 필라멘트 전구를 개발하기 위해 2천 번이나 실험을 거듭하고 있었다. 한 기자가 "2천 번이나 실험을 했는데도 개발하지 못했으니 헛수고를 했군요?"라고 묻자 에디슨은 "나는 2천 가지의 방법으로는 전구가 만들어지지 않는다는 것을 알아냈습니다"라고 대답했다.

평범한 사람들의 관점에서 보면 그는 분명히 실패를 거듭한 무능력자다. 그러나 그는 실패가 성공의 밑거름이라는 긍정적인 사고로 끊임없이 노력한 결과 세계 최초로 전구를 발명한 발명가로 이름을 올릴 수 있었다. 긍정심리학의 창시자인 미국의 마틴 셀리그만Martin Seligmen 박사에 대한 얘기가 《긍정의 심리학》이민규 지음에 나온다.

유능한 세일즈맨을 선발할 방법을 찾아달라는 메트로폴리탄 생명보험 회사 사장의 부탁을 받고 관찰한 결과, 성공한 세일즈맨과 실패한 세일즈맨들 간에는 결정적인 차이가 있었다. 성공한 직원들은 낙관적이었으며 실패하는 사람들은 비관적이었다. 특히, 보험가입 권유를 거절당했을 때 스스로에게 말하는 방식이 매우 다르다는 사실을 확인했다. 실적을 많이 올리는 직원은 "이 사람은 너무 바빠" "이 사람은 이미 다른 보험에 가입했지만, 부분보험일 거야" 또는 "저녁 식사 중에 전화를 걸었나 봐" 라는 식으로 생각한다. 그러나 비관적인 사람들은 "난 안 되나 봐" "재주가 없나 봐" "이러다간 밥값도 제대로 못 하겠어" 라는 식으로 중얼거린다.

셀그리만은 낙관주의 검사를 실시한 뒤 1년이 되었을 때와 2년이 되었을 때의 보험 계약고를 비교했다. 분기별 평균 계약실적을 비교한 결과 입사 후 1년째에는 낙관적인 사원의 경우 3천 87달러인 반면 비관적인 사원은 1천 962달러를 계약해서 낙관적인 사람이 비관적인 사원에 비해 57%나 더 많은 계약 실적을 올렸다. 입사 후 2년 차에는 낙관적인 사원이 무려 600% 이상 실적을 올린 것으로 나타났다.

이처럼 '할 수 있다' 는 긍정적인 사고를 가진 사람은 매사에 열정적이다. 긍정적인 사고를 습관화하기 위해서는 긍정적인 언어를 사용해야 한다. '말이 씨가 된다' 는 속담이 있듯이 말이란 자기 생각을 표현하기 때문에 긍정적인 사고는 긍정적인 언어를 통해 이루어진다.

장사꾼이라는 열등감에서 벗어나야 한다

환자에게 아무런 약효가 없는 가짜 약을 진짜 약이라고 속이고 먹게 했을 때 실제로 병세가 호전되는 현상을 위약효과 또는 플라

시보 효과placebo effect라고 부른다. 2차 세계대전 중 약이 부족할 때 의사가 환자에게 가짜 약을 투여하면서 진짜 약이라고 하면 환자가 좋아질 것이라고 생각하는 믿음 때문에 병이 낫는 경우가 많았다고 한다. 약효는 없지만 마음먹기에 따라 신체의 변화에 영향을 준 것이다. 많은 사람들로부터 능력을 인정받고 있는 의사가 환자 앞에서 치료에 대해 자신감을 보이거나, 치료 진행 상황에 대해 수시로 친절하게 설명해주면 치료효과가 높아진다는 연구결과도 플라시보 효과 덕분이다.

이처럼 약이 아닌 것을 복용하고도 약효가 나타나는 것을 보면 마음먹기에 따라 달라지는 일들이 얼마든지 있을 수 있다는 것을 알 수 있다. 똑같은 김치인데도 김치를 담근 사람이 누구냐에 따라 맛이 다르게 느껴지는 것이 인간의 마음이다.

세일즈맨도 환자가 믿고 신뢰할 수 있는 의사처럼 성실하고 진실되며, 능력이 있는 사람이라는 것을 고객이 믿도록 해야 한다. 그러기 위해서는 영업에 대한 자긍심을 가져야 한다.

주변에서 보면 일에 보람을 느끼지 못하고 마지못해, 어쩔 수 없이 세일즈맨으로 활동하는 사람들이 있다. 이들은 하루라도 빨리 기회만 되면 영업에서 벗어나고 싶어 한다. 장사꾼이라는 열등감에 사로잡혀 있다. 먹고 살기 위해 어쩔 수 없이 영업을 하고 있으니 열정이 생길 리 없다.

커피를 단순한 음료가 아니라 사람과 사회가 만나는 공간으로 인식하도록 해서 스타벅스 커피전문점 신화를 만들어낸 하워드 슐츠 스타벅스 CEO. 그는 1982년 시애틀 출장 중 스타벅스 커피 맛을 보고는 가정용품을 생산하는 스웨덴의 해마플라스트사 부회장이라는 자리를 내던지고 조그마한 커피전문점 마케팅 책임자로 들어갔다. 위만 바라보는 우리에겐 창피해서 엄두도 내지 못할 일이지만 그는 좋은 직함을 미련 없이 버리고 낮은 곳으로 내려가 남들이 알아주지 않는 직함을 선택했던 것이다.

그가 이렇게 할 수 있었던 배경에는 대학 졸업 후 복사기로 유명한 미국의 제록스에서 세일즈맨으로 일하면서 체계적으로 배운 세일즈 교육과 경험이 있었다. 젊은 시절의 세일즈 교육과 경험이 스타벅스를 세계 최대의 커피전문점으로 키워가는 데 중요한 역할을 한 셈이다.

영업에 대한 애정과 긍정적인 태도는 자주 좋은 결과를 만들어낸다. 성공의 80%는 일을 대하는 자세나 태도가 결정짓는다고 한다. 자기 자신에게 어떤 상표를 붙이는가에 따라 자신의 운명도 바뀌게 되는 셈이다. 능력이 없기 때문에 실패하는 사람보다 일에 대한 의욕이 없기 때문에 실패하는 사람이 훨씬 많다. 따라서 영업에 대한 의욕이나 열정은 능력보다 더 중요하다고 볼 수 있다.

풍부한 지식과 경험 쌓기

젊은 시절 스티브 잡스는 훌륭한 제품들을 많이 개발했지만 팔리지가 않았다. 고객과 소통할 줄 몰랐고 고객의 생각을 읽지 못했기 때문이다. 뒤늦게 젊은이들의 삶을 몸소 체험하고 나서야 성공의 열쇠를 찾게 되었다.

제품에 대한 지식만으로는 부족하다

미국 뉴욕에 있는 대부분의 고급 보석상들의 소유주는 유태인이라고 한다. 이들 보석상들에게는 다른 보석상들에게서 볼 수 없는 두 가지 특징이 있다.

첫째, 서로 보석을 주고받을 때 보석의 크기와 품질에 관한 문서로 된 보증서를 주고받지 않는다고 한다. 다이아몬드를 취급하는 사람들은 다른 사람들로부터 신뢰를 얻는 것이 무엇보다 중요하나 이들 사이에는 신뢰라는 사회적 자본이 이미 형성되어 있기 때문이다.

둘째, 유태인들은 보석에 대한 공부보다 고객과의 눈높이를 맞추기 위한 교양이나 인품을 쌓는 교육을 우선시한다. 보석 감정 못지 않게 부유한 고객층과 자연스런 눈높이를 맞추기 위한 교육이 더 중요하다고 판단하기 때문이다. 이들은 비즈니스와 아무런 관련이 없어 보이는 정치, 경제, 문화, 여가, 스포츠 등 다양한 분야에서 전문가 못지않은 해박한 지식을 가지고 있다. 이러한 풍부한 지식이 대화를 풍성하게 하고 사고의 폭을 넓혀 준다. 또 비즈니스맨으로서 정확한 판단을 내리는 데에도 도움을 준다.

타깃 고객들의 가치관과 라이프 스타일을 파악하기 위해서는 구체적으로 이들이 하루 24시간을 어떻게 보내고 있는지, 관심 사항은 무엇인지, 세상의 다양한 이슈들에 대해 이들은 어떤 생각을 하고 있는지를 파악하는 게 중요하다. 젊은 시절 스티브 잡스는 훌륭한 제품들을 많이 개발했지만 팔리지가 않았다. 고객과 소통할 줄 몰랐고 고객의 생각을 읽지 못했기 때문이다. 뒤늦게 젊은이들의 삶을 몸소 체험하고 나서야 성공의 열쇠를 찾게 되었다.

호텔 체인인 리츠칼튼 호텔은 고품격 서비스로 유명한 호텔이다. 규격화된 획일적인 서비스가 아니라 고도로 차별화된 서비스를 제공하는 것으로 유명하다. 리츠칼튼 호텔은 모든 체인점마다 고객 코디네이터를 두고 호텔에 머무르는 고객의 개인적 취향을 조사해서 고객별로 차별화된 서비스를 제공한다. 예약고객의 명단이 입수되면 고객 코디네이터가 입력해둔 데이터베이스를 활용, 투숙할 고객의 취향에 맞도록 맞춤 서비스를 제공한다. 이러한 서비스 덕분에 총체적 고객만족도가 가장 높은 호텔로 평가받고 있다.

이제는 품질을 넘어 품격으로 승부해야 한다. 상품에도 품격이 있다. 품질은 유사해질 수 있지만 품격은 유사해질 수 없다.

사람들은 자신이 좋아하는 사람으로부터 물건을 산다

사람들은 똑같은 물건이라도 자신이 좋아하거나 믿을 수 있는 사람으로부터 물건을 산다. 또 사람들은 자신에게 관심을 가져주는 사람과 비즈니스를 하고 싶어 하고 자신과 비슷하거나 닮은 사람을 좋아한다. 자신과 비슷한 사람은 자신과 말이 통하는 사람으로 생각한다. 자신의 말에 공감을 표시해주고 자신을 항상 배려해주는 사람이며, 자신을 기분좋게 해주는 사람이다. 루스벨트와 이야기를 나눈 사람이라면 누구도 자신이 존중받았다는 느낌을 받고 그의 박식함에 놀랐다고 한다.

그는 어떤 손님과 만나기로 약속을 하면 그 사람의 직업이나 취향을 미리 파악하고 사전에 그 사람이 관심을 가질 만한 주제에 대해 책이나 다른 자료들을 통해 조사했다고 한다. 미국의 심리학자인 윌리엄 제임스^{William James}는 "인간 본성의 가장 끈질긴 욕망은 인정받고 싶어 한다는 것이다"라고 했다. 고객의 마음을 사로잡기 위해 서로간의 공통분모를 찾아 그 사람이 가장 흥미를 느끼고 있는 일에 관해 이야기하고 그가 중요한 사람이라는 느낌이 들도록 만들면 금방 고객과 가까워질 수 있다.

적을 알고 나를 알아야 한다

세일즈맨 중에 적을 알고 나를 알아야 싸움에서 이긴다는 손자병법을 모르는 사람은 아무도 없다. 그러나 자신이나 적을 아는 것이 구체적으로 무엇을 의미하는지에 대해 정확히 아는 사람은 그리 많지 않다. 우선 먼저 자신에 대해 알고 있어야 한다는 게 어떤 뜻인지 살펴보자.

첫째, 자신이 팔고 있는 제품에 대해 잘 알고 있어야 한다.

자신의 상품이 가지고 있는 기능이나 특징, 기존 제품들에 비해 어떤 장점을 가지고 있는지, 그리고 제품을 통해 다양한 고객들에게 어떤 이득이나 혜택을 제공할 수 있는지에 대해 알고 있어야 한다.

둘째, 자신의 회사에 대해 잘 알고 있어야 한다.

결혼 상대자가 자신의 외모나 능력만 보지 않고 집안 내력을 알고 싶어 하듯이 고객들은 제품만 보고 물건을 사지 않는다. 회사의 매출 실적이나 이익, 주력 제품, 시장점유율, 회사의 역사 등에 대해 알고싶어 한다. 또 회사나 세일즈맨을 믿을 수 있는지, 마음놓고 A/S를 받을 수 있는지, 회사 인지도나 브랜드 가치는 얼마나 되는지 등에 대해서도 알고싶어 한다. 따라서 제품에 관련된 지식뿐만이 아니라 회사에 관련된 사항에 대해서도 자세히 알고 있어야 한다.

셋째, 이용 가능한 리소스에 대해 잘 알고 있어야 한다.

영업 활동이나 고객 사후 관리를 위해 이용 가능한 리소스들을 어떻게 적재적소에 유용하게 활용할 것인지에 대해 잘 알고 있어야 경쟁력 확보 및 고객 지원에 도움이 된다. 유능한 세일즈맨은 활용 가능한 리소스를 유효적절하게 잘 활용하지만 능력이 떨어지는 세일즈맨은 누구나가 활용할 수 있는 리소스조차도 제대로 활용하지 못하고 모든 것을 혼자서 해결하려 한다. 활용 가능한 리소스로는 기술 자료, 엔지니어, 직장 동료, 사장, 우호고객 등 아주 다양하다. 심지어 가족이나 친구도 훌륭한 리소스가 될 수 있다.

넷째, 자기 스스로에 대해 알고 있어야 한다.

　영업 측면에서 자신의 강점은 무엇이고 단점은 무엇인지, 영업 활동을 위해 어떤 잠재력을 가지고 있는지, 경쟁사와 차별화할 수 있는 자신만의 가치는 무엇인지, 자신은 어떤 성격의 소유자인지 등에 대해 알고 있어야 한다. 자기 자신에 대해 보다 정확히 알기 위해서는 쓴소리도 귀담아 들을 수 있는 열린 사고가 필요하다. 그래야 동료 직원이나 고객을 통해 제대로 된 조언이나 피드백을 받을 수 있다.

　그렇다면, 경쟁사에 대해서는 무엇을 알고 있어야 할까?

　첫째, 경쟁사 제품이다.

　제품에 대한 주요 특징이나 장점, 비교 우위 포인트, 차별화 전략으로 내세우고 있는 핵심 포인트 또는 주 타깃 시장은 어디인지 등에 대해 알고 있어야 한다.

　둘째, 비즈니스 전략에 대해 알고 있어야 한다.

　경쟁사 제품의 가격이나 고객지원 정책, 시장점유율 확대나 경쟁력 확보를 위해 어떤 비즈니스 전략을 추진하고 있으며 이를 위해 영업이나 기술지원 조직은 어떻게 운영되고 있는지 등에 대해 알고 있어야 한다.

　셋째, 경쟁사의 주요고객에 대해 알고 있어야 한다.

　주요 거래처는 어디인지, 관계가 좋은 고객은 누구이고 불만을 가지고 있는 고객은 누구인지 등에 대해 알고 있어야 한다. 경쟁사에 대한 정확한 이해는 비즈니스 전략을 수립하거나 신제품 개발에서 많은 도움이 되기 때문에 자기 자신에 대한 이해 못지않게 중요하다.

외국어 능력을 갖추어야 한다

글로벌화의 영향으로 취업 준비생들은 물론이고 어린 학생들까지 영어 열풍이 대단하다. 이런 이유에서인지 몰라도 나이든 세대에 비해서 영어 실력이 몰라보게 좋아졌다. 이웃 중국과의 비즈니스 규모가 커지면서 영어는 물론 중국어를 포함한 제2외국어를 공부하는 학생도 증가하고 있다. 그런데도 아직 많은 사람들이 영어 때문에 스트레스를 받는다. 그렇다고 해서 영어를 모른 척할 수는 없다. 영어뿐 아니라 일본이나 중국과 비즈니스를 하기 위해서는 틈나는 대로 일본어나 중국어도 배워두는 것이 좋다.

국내 회사에 취업해서 해외 비즈니스를 담당할 경우에는 외국어가 절대적으로 필요하지만 국내 고객을 상대로 할 경우에는 외국어가 크게 필요치는 않다. 그러나 영어를 포함한 외국어 실력을 갖추면 영업 경험을 쌓아서 기회가 되면 외국계 회사에 진출할 수도 있고 외국계 회사와 비즈니스를 추진해 볼 수도 있다. 또 외국 경쟁사 자료를 분석해 볼 수 있는 등의 여러 이점이 있다.

외국계 회사나 외국계 회사 국내 대리점에 근무하는 경우 국내회사에 근무하는 경우에 비해 외국어 비중이 상대적으로 높다. 회사마다 비즈니스 상황은 다르지만 적어도 영어나 일본어로 된 팸플릿이나 제품설명서 정도는 이해할 수 있어야 한다. 또 영문 이메일을 통한 의사소통, 외국 엔지니어나 마케팅 담당자와의 전화 통화, 해외교육 참여 등을 위해서도 기본적인 영어문서 작성이나 회화는 가능해야 한다.

물론 아주 유창한 외국어 실력을 필요로 하지는 않는다. 외국어 실력이 출중하면 좋겠지만 어디까지나 비즈니스를 위한 것이기 때문에 필요할 때 기본적인 커뮤니케이션이 가능할 정도면 충분하다. 그러나 장차 외국계 회사에서 크게 성공하고 싶거나 해외 근무를 원하는 사람의 경우는 다르다. 업무 능력이 뛰어난데도 영어 때문에 승진이나 해외 근무에서 탈락하는 경우가 생기기 때문에 가급적 미리미리 어학에 대한 투자를 해두는 것이 좋다.

고객과 말이 통해야 한다

예영숙 삼성생명 전무는 '보험여왕' '보험달인' '보험지존' 으로 불릴 정도로 보험영업 업계에서 선망의 대상이 된 인물이다. 2000-2009년까지 10년 연속 그랜드 챔피언, 수입보험료가 10년 동안 2,000억 원에 이른다. 세일즈의 달인 소리를 듣게 된 데에는 나름대로 여러 이유가 있다. 무엇보다도 재정 컨설팅에 필요한 보험, 증권, 투신, 세무, 부동산, 금융상품 등 재테크에 관련된 풍부한 지식을 바탕으로 고객들의 구미에 맞는 맞춤설계를 제공할 수 있었다. 프로야구에서 정치, 경제에 이르기까지 다양한 계층의 고객 눈높이에 맞춘 대화를 위해 하루도 빠짐없이 2종류 이상의 신문을 정독해왔다고 한다.

투자금액이 작은 딜의 경우 실무자 선에서 투자검토가 마무리되는 경우가 많지만 투자금액이 크고 투자결과가 고객에게 미치는 영향이 큰 경우 말단 실무자선에서부터 최고경영자에 이르기까지 여러 계층의 다양한 사람들이 비즈니스에 참여하게 된다. 비즈니스에 참여하는 그룹은 크게 4종류의 그룹으로 구분해 볼 수 있다.

첫째, 전문가technical 그룹이다.

세일즈맨이 주로 만나게 되는 제품 검토자가 여기에 해당된다. 이 그룹의 주 관심사는 제품의 특징, 기능, 가격, 납기 등에 관련된 사항들이다. 제품 모델 간 기능에 어떤 차이점이 있는지, 가격 대비 성능은 어떠한지, 경쟁사 제품과 비교해서 어떤 기능이 우수한지, 구매 발주 후 얼마 만에 제품을 받을 수 있는지 등에 관해 기술적으로 자세하게 논의하게 된다.

둘째, 사용자User 그룹이다.

제품을 사용하는 사람으로 담당자, 초급 관리자, 중급 관리자들이 이에 속한다. 이들의 주 관심사는 새로운 투자를 통해 매출을 증대시키고 원가를 절감하는 데 있다. 또 투자한 제품이나 서비스가 제대로 활용되어 투자를 통해 기대했던 효과가 나타날 수 있도록 하는 데 모든 노력을 기울인다. 따라서 투자한 제품이나 서비스가 실제 업무에 쉽게 적용 가능한지, 문제가 생겼을 때 필요한 도움을 쉽게 받을 수 있는지, 효과를 극대화하기 위해서는 어떠한 조치들이 필요한지에 대해 관심을 기울인다. 제품 검토에 직접적으로 깊이 관여하지는 않지만 이들 그룹이 반대할 경우 투자로 연결되기 어렵다.

셋째, 결정권자Economic buyer 그룹이다.

재무담당 부사장, 전무, 사장 등 최고위 경영층이 이 그룹에 속한다. 이들은 제품을 선택하기보다는 전문가나 사용자가 선택한 제품의 적정성 여부와 자금을 집행할지 여부를 결정한다. 이들은 투자에 소요되는 비용이나 투자시 회사가 성장하는 데 얼마나 기여를 할 수 있는지 등에 관심을 보인다. 즉 투자대비 효과ROI가 이들의 주된 관심사항이다.

넷째, 코치Coach 그룹이다.

코치는 세일즈맨에게 필요한 조언이나 영업에 필요한 고객정보를 제공해 주는 사람으로 비록 직접 구매결정에는 참여하지 않지만 세일즈맨에게 있어서 대단히 중요한 존재이다. 구매에 참여하는 사람들 주변에서 회사 사정에 밝은 사람을 코치로 선별하는 것이 좋다. 무엇보다도 이들을 통해 구매 결정에 참여하는 사람으로부터 얻기 어려운 유익한 정보들을 얻을 수 있다. 고객이 확보하고 있는 투자예산, 구매에 관련된 사람들의 성격, 업무 내용, 지적 수준, 관심 분야, 경쟁사 동향 등에 관한 정보를 이들을 통해 쉽게 얻을 수 있다.

이들 4종류의 그룹과 원활한 의사소통이 이루어지기 위해서는 무엇보다도 이들 고객이 쓰는 언어를 사용해야 한다. 전문지식은 물론 정치, 경제, 사회, 문화, 스포츠 등 다양한 분야에 대한 지식을 갖출 필요가 있다.

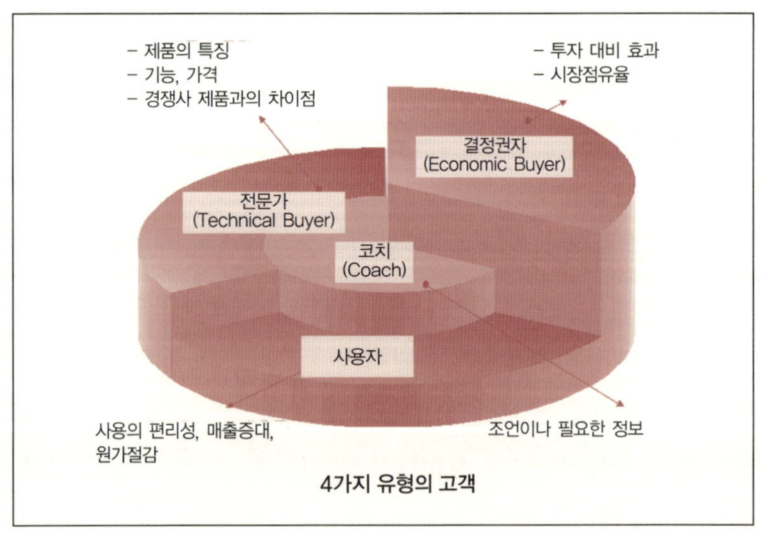

4가지 유형의 고객

체력이 영업력이다

체력이 국력이라고 하듯이 영업의 힘은 튼튼한 체력과 건강에서 나온다. 머리는 빌릴 수 있어도 건강은 빌릴 수 없다. 영업에 필요한 지혜나 아이디어는 주위에서 얼마든지 구할 수 있지만 건강만은 스스로 관리해야 한다. 쇼펜하우어는 "인간이 갖는 행복의 대부분은 건강에 의해 좌우된다. 건강은 만사의 즐거움과 기쁨의 원천이다"라고 했다. 그렇다. 건강해야 일이 재미있고 힘든 줄을 모른다. 건강이 따라주지 않으면 아무리 열정이 넘치고 하고 싶은 게 많아도 할 수가 없다.

영업은 사무실에 앉아 혼자서 할 수 있는 일이 아니다. 고객을 찾아 바쁘게 돌아다녀야 한다. 차로 이동하다 보면 체력 소모가 많다. 고객과의 성공적인 미팅을 위해 준비해야 할 것도 많다. 고객을 만나서도 긴장의 끈을 풀 수 없다. 고객의 속마음을 읽어내야 하고 말한 마디 한 마디에 신중을 기해야 하기 때문에 에너지 소모가 많고 스트레스가 쌓인다. 스트레스가 쌓이고 에너지 소모가 많다 보면 건강한 사람도 자칫 건강을 잃기 쉽다. 무엇보다도 건강이 좋지 않거나 피로가 쌓이면 얼굴 표정이 밝지 못하다. 얼굴 표정이 밝지 못하면 고객에게 부담을 준다. 특히 첫 만남의 경우 첫인상을 나쁘게 만들기 쉽다. 이런 이유에서 과로나 과음으로 몸이 피곤할 때는 가급적 고객과의 만남을 삼가는 것이 업무에 오히려 도움이 된다.

직접 고객을 만나는 대신 전화나 이메일로 대신하면 길에서 허비하는 시간도 줄일 수 있고 건강도 챙길 수 있기 때문에 오히려 효과적이라고 생각할지 모르지만 꼭 그렇지만은 않다. 고객을 직접 마주하고 상담하는 것과 전화로 상담하는 것은 하늘과 땅 사이 만큼이나 차이가 크다. 전화로 상담을 하게 되면 커뮤니케이션에서 중요한 표정이나 몸동작 등을 통해 전해지는 의미를 제대로 읽어낼 수가 없다.

또 비즈니스에 관련된 사람들을 가급적 많이 만나서 여러 의견을 들어봐야 정확한 방향을 잡을 수 있고 필요한 솔루션도 만들어낼 수 있기 때문에 영업은 가급적 고객과 얼굴을 마주해야 한다. 이를 위해서는 무엇보다도 건강이 뒤따라 주어야 한다.

삶의 여유가 필요하다

열심히 영업하는 사람에게 "건강 챙겨가면서 일하세요!"라고 하면 "건강이 중요한지 몰라서 그러는 줄 아세요? 건강을 챙기다 보면 일은 언제하고요?"라고 퉁명스럽게 반응하는 경우가 많다. 눈코 뜰

사이 없이 바빠 건강에 신경쓸 겨를이 없다는 말이다.

영업은 자신들에게 주어진 목표가 뚜렷하고 목표를 달성했느냐 못했느냐에 따라 대우가 크게 달라지기 때문에 자칫 무리하기 쉽다. 특히 입사한 지 얼마 되지 않는 젊은 세일즈맨의 경우 의욕이 앞서다 보면 무리하게 된다. 젊기 때문에 무리해서 일해도 크게 피곤한 줄 모르기 때문에 계속 무리하게 된다. 시간이 지나면서 서서히 몸에 적신호가 나타나지만 실적에 쫓기다 보면 일을 외면하지 못하고, 달리 뾰쪽한 방법이 없기 때문에 종전에 해오던 방식대로 일을 계속하게 된다. 경험이 짧은 세일즈맨뿐만 아니라 영업을 오래한 사람 중에도 시간에 쫓기고 실적에 쫓겨 건강을 상하는 사람들이 많다.

영업을 머리로 하지 않고 몸으로 하는 사람, 남의 도움을 받지 않고 모든 것을 혼자 하려는 사람, 쌓인 스트레스를 제때 풀지 못하는 사람, 영업을 정식으로 배우지 못하고 혼자 터득해 가면서 배운 사람들 중에 이런 사람들이 많다.

언제나 일에만 매달려 있는 사람은 바쁘기만 하고 성공의 기회를 잡지 못한다. 아인슈타인은 "연구실에 있을 때보다 샤워할 때 아이디어가 더 많이 샘솟았다"고 했다. 미국 심리학자 앤드류 베버리지 박사는 "막혔던 문제점을 잠시 잊어버린 채 다른 한가한 일에 빠져들었을 때 기발한 아이디어가 뜬금없이 나오는 경우가 많다"고 했다. 이런 이유에서 구글은 직원들의 자발성과 창의성을 북돋우기 위해 70%는 회사가 부여한 업무를 위해 시간을 쓰고, 20%는 개인적으로 하고 싶은 일에, 나머지 10%는 아이디어 구상하거나 명상하는 데 사용하도록 하고 있다.

‘포스트 잇Post-it’ 사무용품으로 유명한 3M 역시 직원들이 낸 아이디어를 중요시 한다. 아이디어 개발을 위한 ‘15% 규칙’ 을 만들어 놓았다. 기술직 사원은 누구나 업무시간 중 15% 시간을 자신의 일과 무관하게 개인적으로 관심을 가지고 있거나 흥미 있는 일에 사용하도록 하고 있다. 개발부서에 근무하는 사람만 아이디어가 필요하고 창의성이 요구되는 것은 아니다. 영업도 아이디어가 필요하고 창의성이 요구된다. 고객이 부른다고, 무조건적으로 고객을 찾아 나선다고 실적이 오르지 않는다.

여유를 가지고 즐기면서 일을 해야 능률이 오르고 실적이 좋아진다. 그래야 건강도 좋아지고 더 즐겁게 일할 수 있다. 그렇다면 어떻게 해야 실적에 쫓기지 않으면서 여유를 가지고 일을 할 수 있을까?

첫째, 우선순위를 정해서 일을 해야 한다.

처음 영업을 시작할 때는 거래처가 적기 때문에 별 생각 없이 열심히 일만 하면 된다. 그러다가 거래처가 늘어나기 시작하면 고객들의 다양한 요구사항들이 급격이 늘어나게 된다. “가장 중요한 것이 가장 하찮은 것에 의해 좌우되어서는 안 된다”는 괴테의 경고처럼, 자칫 별 생각 없이 열심히 일만 하다 보면 사소한 일을 처리하다가 중요한 딜을 놓치거나 급한 일을 처리하지 못해 고객과 불편한 관계에 놓이게 된다.

둘째, 자기계발에 신경을 써야 한다.

스티븐 코비가 지은 《7가지 습관》이란 책에 이런 대목이 나온다.

산에서 나무를 베고 있는 사람에게 “무엇을 하고 계십니까?” 라고 묻자 나무를 베고 있는 사람이 퉁명스럽게 “나무를 베고 있소” 라고 대답했다.

“매우 지쳐 보이는 군요, 얼마나 오랫동안 나무를 베었습니까?” 라고 다시 나무를 베는 사람에게 물었다. 그러자 “다섯 시간 이상 일을 했소. 지쳤소. 무척 힘든 일이오.” 라는 대답이 돌아왔다. 그러자 다시 “그러면 잠시 시간을 내서 톱날을 갈면 어떻겠소?” 라고 물었다. 그러자 그는 “나는 톱날을 갈 시간이 없소, 너무 바쁘단 말이오” 라고 단호히 말했다.

회사 차원에서 사원들의 업무 능률을 끌어올리기 위한 목적으로 영업에 관련된 교육이나 어학 교육 프로그램 등이 준비된 경우에는 그나마 다행이지만 그렇지 않은 경우 일에 몰두하다 보면 자칫 자기계발에 소홀하기 쉽다. 자기계발에 소홀하면 업무 효율이 떨어져 똑같은 시간을 투자해도 자기계발에 철저한 사람에 비해 결과가 나쁘다. 경쟁력도 떨어져 실전에서 경쟁사에 패할 가능성이 높다.

중소기업에 몸담고 있는 세일즈맨은 대기업에서 근무하는 세일즈맨에 비해 상대적으로 회사에서 제공하는 교육 기회가 적다. 자기계발을 위한 노력을 등한시할 경우 자칫 대기업에 근무하는 세일즈맨과의 경쟁에서 밀릴 수 있다. 또 새로운 분야에서 일할 수 있는 좋은 기회가 주어졌는데도 능력이 모자라 포기해야 하는 경우가 생길 수 있다. 따라서 바쁘다는 핑계로 자기계발 노력을 게을리해서는 안 된다. 자기 계발에 충실하면 자신감과 여유가 생겨 일이 즐겁고 실적도 올라간다.

셋째, 업무 효율성을 높여야 한다.

영업은 무엇보다도 업무 효율성을 높이는 것이 중요하다. 어떤 일은 세일즈맨 혼자서 처리하는 것이 효과적이지만 어떤 경우는 기술 또는 개발팀과 팀워크를 이뤄 처리하는 것이 효과적일 수 있다.

고객을 직접 찾아가는 것이 효과적일 때도 있고 이메일이 훨씬 효과적일 때도 있다.

훌륭한 세일즈맨은 시간을 효율적으로 사용한다. 아무 때나 고객을 만나러 가지 않는다. 만나야 할 시점에 만나러 간다. 업무 효율성이 높기 때문에 초보 세일즈맨이 고객을 설득하기 위해 두 번 세 번 만나러 갈 때 한 번이면 족하다. 핵심을 짚어 고객을 설득할 수 있는 설득력이 있기 때문이다. 똑같은 문제로 고객과 씨름하고 있을 때 능력 있는 세일즈맨은 자기계발에 시간을 쏟고 새로운 아이디어를 구상한다. 즐길 줄 아는 사람이 영업도 잘 한다. 놀 때 놀 줄 아는 사람이 건강도 좋고 표정도 밝고 새로운 아이디어가 샘솟기 때문에 업무 실적도 높다. 업무 실적이 높기 때문에 스트레스도 적다. 바로 이런 이유에서 선순환 논리의 영업을 해야 한다.

어떤 회사를 선택할 것인가

21세기의 직업 전망

어떤 직장을 선택할 것인가?

자신에게 맞는 회사를 어떻게 찾을 것인가?

기술영업사원을 필요로 하는 회사

기술영업을 위한 준비

21세기의 직업 전망

교육 훈련이 필요한 신입사원보다 경력사원을 선호하고 있으며 직원 선정 기준도 어느 회사에 근무했느냐보다 어떤 일을 했으며 무슨 일을 잘 할 수 있는 지로 바뀌고 있다. 기술영업도 마찬가지다. 큰 회사에서 근무하는 것이 중요한 것이 아니라 재미있고 적성에 맞는 분야에서 일하는 것이 중요하다. 그래야 자신의 능력을 유감없이 발휘할 수 있고 일이 재미있기 때문에 성과도 좋아진다.

직장 선택의 기준이 회사에서 직종으로 바뀐다

과거에는 대부분의 사람들이 자기가 일하고 싶은 직종에 상관없이 회사 규모가 크거나 잘 알려진 회사, 또는 재무 건전성이 우수하고 튼튼한 회사를 선호했다. 큰 회사나 잘 알려진 회사에 다녀야 안정적인 직장생활을 할 수 있고 남들에게도 인정받을 수 있다고 생각했다. 대학에 진학할 때도 일부 특수학과를 제외하고는 학과보다 어떻게 하면 좋은 대학에 들어갈 수 있느냐에 관심을 기울였다. 좋은 대학을 나와야 좋은 회사에 취직할 수 있고 성공한 선배들의 도움도 받을 수 있어 직장생활하는 데 여러 모로 유리하다는 생각에서였다. 지금도 많은 젊은이들이 대기업이나 공기업 또는 공무원을 선호하는 게 현실이다.

그러나 이러한 현상은 글로벌 시대로 진입하면서 변하기 시작했다. 특히 IMF 외환위기는 사회 곳곳에 많은 변화의 바람을 몰고 왔고, 그 이후 사회 각 분야에서 치열한 무한경쟁이 심화되고 있다.

산업화 시대에는 규정을 잘 준수하고 성실하게 열심히 일하는 사람이 대우받는 시대였다면 지금은 남이 할 수 없고 나만이 할 수 있는 차별화된 인재가 필요한 시대다. 이러한 시대에 살아남기 위해서는 하는 일이 재미있어야 하고 적성에 맞아야 한다. 재미도 없고 적성에도 맞지 않는 일을 열심히 노력만 한다고 해서 성과가 나지 않기 때문이다.

과거처럼 나이가 차면 승진시켜주고 봉급을 올려주는 연공서열이라는 버팀목도 사라졌다. 오직 능력만이 자리를 보장한다. 평생 직장이 사라지면서 이직률이 높아지고 갈수록 경쟁이 치열해지고 있다. 교육훈련이 필요한 신입사원보다 경력사원을 선호하고 있으며 직원 선정 기준도 어느 회사에 근무했느냐보다 어떤 일을 했으며 무슨 일을 잘 할 수 있는지로 바뀌고 있다. 기술영업도 마찬가지다. 큰 회사에서 근무하는 것보다 재미있고 적성에 맞는 분야에서 일하는 것이 중요하다. 그래야 자신의 능력을 유감없이 발휘할 수 있고 일이 재미있기 때문에 성과도 좋아진다.

100인 1색이 아니라 1인 100색을 요구한다

과거에는 성실하게 열심히 일하는 사람이 존경받고 대우를 받았으며, 한 분야에 전문적인 지식만 보유하고 있으면 성공이 보장되었다. 그러나 지금은 똑같은 목소리를 내고 과거에 해온 방식을 그대로 답습해서는 안 된다. 무언가 새롭고 신선한 아이디어를 요구하는 시대다. 양보다는 질을, 효율Efficiency보다는 효과Effectiveness를,

기능보다는 느낌을, 상품 자체보다는 상품에 담긴 경험이나 스토리를, IQ보다는 오히려 EQ가 더 중요시되는 시대다. 전혀 다른 분야에서도 능력을 발휘할 수 있는 사람, 즉 멀티태스킹이 가능한 사람에게 성공이라는 열매가 돌아간다.

그렇기 때문에 누구나 할 수 있는 평범한 일보다는 남이 하지 못하는 일을 할 수 있는 능력과 경험을 가진 사람, 뭔가 새롭고 창의적인 경험을 한 사람이 더 대우를 받는다. 기억력이 좋고 남보다 열심히 공부한 덕분에 지적 수준은 높지만 4지 선다형의 획일화된 사고에 젖어 있는 사람보다는 비록 지적 수준은 조금 떨어져도 창의력이 뛰어나고 감성이 풍부한 사람들이 더 대우를 받을 수 있다. 부족한 지적 수준은 인터넷의 발달로 마음만 먹으면 얼마든지 보충할 수 있지만 창의력이나 감성은 단기간에 개발되어지거나 얻어지지 않는다. 자신의 관점이 아닌 상대방의 관점에서 사물을 볼 줄 알고 주변 사람들과 공감할 수 있는 유연한 사고와 소통능력이 요구된다.

경력사원을 선호한다

IMF 이전 삼성이나 현대와 같은 재벌그룹들은 각 그룹 계열사에서 필요로 하는 신입사원을 한꺼번에 뽑아 기본교육을 시킨 후 계열사에 내려보내면 계열사별로 별도의 교육을 시킨 후 현업부서에 배치했다. 기업들이 정부의 성장 드라이브 정책에 맞춰 영업이익보다는 매출액, 즉 외형을 키우는 데 주력했기 때문에 성장에 필요한 우수한 인원을 대량으로 뽑았다. 그 바람에 중소기업은 우수한 신입사원을 뽑기가 어려웠다. 그러다가 IMF 금융위기를 맞아 경영환경이 어려워지자 경영 방식을 외형 성장 위주에서 벗어나 내실 위주의 경영으로 바꿨다. 이익이 나지 않는 사업은 과감하게 접거나 매각했고 인력채용 방식에도 커다란 변화를 가져왔다. 과거와 같은 그룹 차원의 대규모 신입사원 충원 대신 현업부서에서 필요한 때 필요한 인원을 뽑는 수시충원 체제를 선호하게 되면서 자연스럽게 신입사원 대신 경력사원 채용이 늘었다. 과거에는 이익보다 회사 규모를 키우는 데 치중했고 경쟁이 지금보다 상대적으로 심하지 않았기 때문에 대량으로 신입사원을 뽑아 일정기간 훈련시킬 수 있는 여유가 있었다.

그러나 지금처럼 변화의 흐름이 빠르고 경쟁이 치열한 비즈니스 환경에서는 업무적응 교육을 필요로 하는 신입사원보다는 바로 현업에 투입할 수 있는 경력사원을 선호하는 현상이 앞으로도 지속될 가능성이 높다.

기술영업도 가급적 신입보다는 경력사원을 선호한다. 경력사원을 채용할 경우 그동안 영업하면서 쌓아온 인맥, 풍부한 시장 지식, 갈고 닦은 세일즈 스킬을 활용할 수 있으나 신입사원의 경우 세일즈 훈련을 포함해서 모든 것을 처음부터 시작해야 한다는 부담이 따르기 때문이다. 따라서 신입사원이라는 불이익을 극복하기 위해서는 경력사원에 뒤지지 않는 자신만의 차별화 전략을 마련해야 한다. 그리고 틈나는 대로 세일즈 관련 교육훈련이나 관련 서적을 통해 나름대로의 준비 작업을 해둬야 한다.

'1인 기업'이 뜬다

'아이튠즈' 음악 스토어와 각종 애플리케이션을 판매하는 앱스토어에서는 2010년 4분기 우리 돈으로 1조 2000천억 원의 매출을 올렸다고 한다. 사실 애플의 콘텐츠는 외주 생산한 아이폰과 아이패드를 고가에 팔기 위한 미끼상품 성격이 강했지만 단순한 미끼상품이 아닌 그 자체로도 엄청난 성장동력이 될 수 있음을 증명했다. 애플의 콘텐츠는 아이폰과 아이패드의 판매를 매년 60~70% 증대시키고, 더 많이 판매된 하드웨어는 다시 콘텐츠 판매를 눈덩이처럼 불리고 있다. 〈조선일보, 2011-01-24〉

애플의 앱스토어 성공은 1인 기업을 꿈꾸는 많은 사람들에게 꿈을 심어주고 있다. 전에는 아무리 좋은 아이디어가 있어도 창업을 하기 위해 어느 정도의 사업 밑천이 필요했고 혼자서 개발, 판매, 수금, 자금조달을 해결하기가 쉽지 않았다.

그러나 정보통신의 급속한 발달은 비즈니스 개념에 혁명적 변화를 몰고오고 있다. 지식이나 경험이 있고 창의력이 뒷받침되면 무에서 유를 창출해낼 수 있다. 스마트폰에 내장되는 각종 콘텐츠 제작 사업 외에도 컨설팅, 교육 등에 관련된 다양한 1인 기업들이 탄생하고 있다. 많은 돈을 들이지 않아도 다양하고 신속한 서비스를 제공할 수 있다는 점을 강점으로 내세우고 있는 이들 1인 기업들은 인터넷을 통한 정보 공유와 네트워크 형성으로 규모의 영세성이라는 어려움을 극복할 수 있게 되었다. 이제 창의적인 아이디어만 있으면 누구나 '사장님'이 될 수 있는 세상이 펼쳐지고 있다. 기술영업을 하면서 쌓은 풍부한 경험과 마케팅 노하우, 탄탄한 인맥은 미래의 1인 기업을 하기 위한 좋은 준비과정이 될 수 있다.

어떤 직장을
선택할 것인가?

직업 선택이 중요한 이유는 사람은 환경의 지배를 받기 때문이다. 어떤 환경에서, 어떤 사람들과 함께, 어떤 일에 종사하느냐에 따라 사람의 모습이 달라진다. 기업 문화가 생기는 이유도 여기에 있다. 직업에 따라 사람의 성격은 물론 가치관마저 달라진다.

운명이 직업을 결정하는 것이 아니라 직업이 운명을 결정한다

이채욱 전 인천공항 사장전 GE 코리아 사장 은 자신의 저서《백만 불짜리 열정》에서 대학 졸업 후 수출실적 1위의 큰 회사로 보수와 조건이 훨씬 좋았던 '동명목재' 대신 미래의 가능성을 보고 '삼성물산'을 택했는데 그 선택이 옳았다고 술회했다. 현시점에서 삼성물산과 회사마저 사라져 버린 동명목재를 비교해 보면 누구라도 너무도 당연한 선택이었다고 생각할 것이다.

그러나 합판을 만들던 동명목재는 70년대 중반까지만 해도 부산을 상징하는 세계적인 기업이었던 데 비해 당시의 삼성물산은 보잘 것 없는 회사에 불과했다. 평범한 취업 지망생이었다면 삼성을 선택하는 게 쉽지 않았을 것이다.

이채욱 사장이 삼성물산을 선택한 것은 보수는 낮았지만 미래의 가능성이었다. 일자리를 구하지 못해서 고민하고 있는 젊은이들에게 직업 선택이 중요하다고 하면 아마 배부른 소리를 한다고 할지 모르지만 젊은이들에게 있어 직업 선택은 운명이 직업을 결정하는 것이 아니라 직업이 운명을 결정할 정도로 매우 중요하다. 특히 대학을 갓 졸업하고 사회에 첫발을 내딛는 사회 초년생들에게 있어서의 직업 선택은 더더욱 중요하기 때문에 신중을 기해야 한다.

과거와 달리 평생직장의 개념이 사라지고 다양한 직업군들이 생겼다가 사라지며, 다시 새로운 직업군들이 생겨나기 때문에 과거처럼 심각하게 고민할 문제가 아닐 수도 있다. 그럼에도 직업 선택이 중요한 이유는 사람은 환경의 지배를 받기 때문이다. 어떤 환경에서, 어떤 사람들과 함께, 어떤 일에 종사하느냐에 따라 사람의 모습이 달라진다. 기업 문화가 생기는 이유도 여기에 있다. 직업에 따라 사람의 성격은 물론 가치관마저 달라진다. 금융계에 종사한 사람은

회사 선택시 고려 사항

	첨단 의료설비 도입	회사 입사
기능적 측면	- 정확도, 정밀도 향상 - 안전성, 신뢰성 향상 - 확장성, 사용의 편의성	- 연봉, 후생복지 - 사무실 환경, 근무 장소 - 회사규모, 종업원 수 - 재무 건전성 - 장래성
정서적 측면	- 환자 안정감 향상 - 직원 근무의욕 향상	- 업무 분위기 - 직무 만족감 - 자부심 - 동료애(팀워크)
상징적 측면	- 병원 브랜드 향상 - 환자 자부심 고취	- 타이틀(직위) - 회사 이미지/브랜드 - 제품(영업품목)의 대외 인지도

매사에 정확하고 타산적이며, 언론인 출신은 비판적이라는 소리를 듣는 이유도 사람들이 근무환경에 영향을 받기 때문이다.

세계는 무한경쟁의 시대에 돌입했다. 소위 말하는 '철밥통'이 깨질 날도 그리 멀지 않았다. 이러한 시대적 상황에서 직장 선택은 매우 중요하다.

일단 선택했으면 최소 3년은 다닐 각오를 하라

사람은 물건을 팔아서 적당한 이익을 남겨야 하고 물건을 구입한 사람은 구입한 물건을 통해서 이익을 창출해야 한다. 이런 비즈니스를 우리는 '윈윈win-win' 비즈니스라고 한다. 모두가 바라는 비즈니스 모델이지만 생각처럼 쉽지만은 않다. 물건을 판 사람은 많은 이익을 보지만 물건을 구입한 사람은 손해를 보거나, 물건을 싸게 구입한 사람은 많은 이익을 보지만 물건을 판 사람은 많은 손해를 보게 되는 경우, 또는 물건을 판 사람이나 구입한 사람 모두 손해를 보는 경우가 생길 수 있다. 바람직하지 않은 비즈니스 모델이지만 실제로 현업에서는 이런 상황이 심심찮게 발생한다. 이런 일이 발생하는 데에는 물건을 팔고 사는 사람간의 커뮤니케이션이나 신뢰성 문제, 적정선을 벗어나는 무리한 요구조건 등 여러 이유가 있을 수 있다.

자신이라는 상품을 파는 취업희망자와 상품을 사는 회사간에도 바람직스럽지 못한 비슷한 상황이 발생할 수 있다. 아무리 열심히 준비하고 검토한다 해도 피상적이고 제한적인 정보만으로 마음에 꼭 맞는 회사나 사람을 선택하기가 생각처럼 쉽지 않기 때문이다. 각고의 노력 끝에 회사에 입사했는데도 불구하고 낯선 환경에 제대

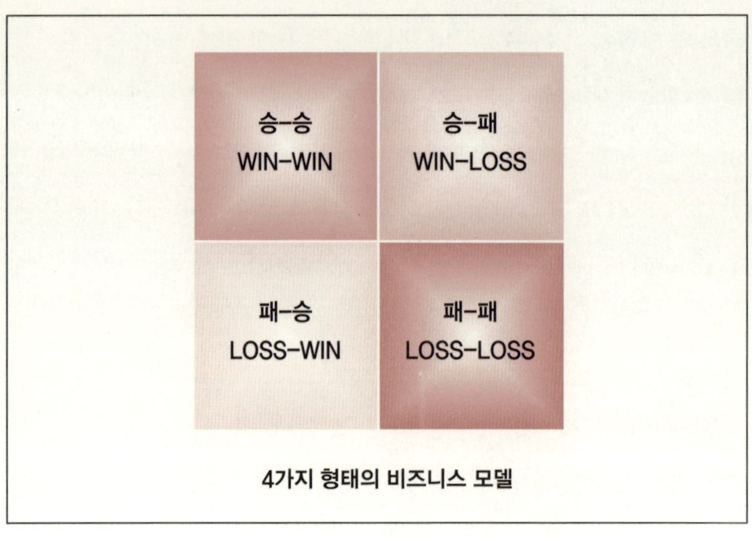

4가지 형태의 비즈니스 모델

로 적응을 못해 중도 탈락하는 경우가 생긴다. 생각보다 처우가 나빠서, 일이 마음에 들지 않아서, 상사가 귀찮게 해서, 과도한 업무에 혹사를 당해서, 동료직원들과의 호흡이 맞지 않아서, 경쟁이 너무 치열해서 등등 그만두고 싶은 여러 이유가 있을 수 있다. '회사가 여기 하나뿐인가?' '찾아보면 적어도 지금 다니는 회사보다는 좋은 회사가 있겠지' 라는 생각에서 회사를 그만두고 싶은 유혹을 느끼게 된다. 그러나 이는 바람직하지 못한 생각이다. 스스로의 이력을 관리해야 하는 시대에 이직이 잦거나 근무기간이 짧으면 결코 자신의 이력관리에 도움이 안 된다. 짧은 근무경력을 이력에서 지우고 싶어도 일단 회사에 입사하게 되면 의료보험이나 국민연금에 자동 가입되므로 영원히 지워지지가 않는다.

일찍 퇴사하게 되면 당사자는 물론 어렵게 직원을 채용한 회사도 여러 면에서 타격을 받는다. 따라서 이런 일이 발생하지 않도록 면접에서 취업지망생이나 면접관 모두 보다 신중을 기해야 하겠지만 일단 뽑았으면 회사는 가급적 좀 더 나은 환경에서 일할 수 있도록 세심한 배려를 해야 한다. 마찬가지로 일단 회사에 들어왔으면 미처 생각하지 못한 어려움이 있더라도 적어도 3년은 자신과 자신을 뽑아준 회사를 위해 최선을 다해야 한다.

말콤 글래드웰의 저서 《아웃라이어Outliers》에 보면 '1만 시간의 법칙' 이라는 것이 나온다.

어느 분야에서든 세계 수준의 전문가가 되려면 1만 시간을 투자해야 성공할 수 있다는 것이다. 1만 시간은 하루 3시간씩 10년이고 일주일에 20시간씩 10년이다. 하루 10시간씩 투자하면 3년이다. 천재 소리를 듣는 모차르트도 걸작으로 평가받는 진정한 모차르트 협주곡은 10년이 흐른 시점에 만들어졌다고 한다. 세계에서 가장 유명한 록 밴드 비틀즈를 포함한 유명한 작곡가, 야구선수, 소설가, 스케이트 선수, 피아니스트에 이르기까지 어떤 분야에서든 성공을 이루기까지는 '1만 시간' 의 연습을 했다고 한다.

사람들은 생각처럼 일이 잘 풀리지 않으면 자신의 재능이 부족하기 때문이라고 생각한다. 그러나 실은 재능이 부족해서라기보다 집념이 부족한 경우가 대부분이다. 일본에서 경영의 신이라고 불렸던 마쓰시다 고노스케는 집이 몹시 가난해 어릴 적부터 구두닦이, 신문팔이 등을 하면서 세상을 살아가는 데 필요한 경험을 쌓았고, 몸이 약해 항상 운동에 힘써 왔으며, 초등학교도 못 나왔기 때문에 누구에게나 물어가며 배우는 일을 게을리 하지 않은 덕분에 성공할 수 있었다고 한다.

도저히 적성에 맞지 않아서, 근무 환경이 너무 나빠서, 재능이 떨어져서 등의 외부 환경을 탓하는 대신 자신이 속한 조직에서 승부를 걸겠다는 자세로 1만 시간을 투자해 볼 충분한 가치가 있다. 자신이 하는 일을 좋아하려고 노력하다보면 성과가 오르고, 성과가 오르다보면 회사에도 좋은 변화가 찾아올 수 있다. 불가피하게 회사를 떠나 새로운 직장에서 일하거나 자신의 사업을 시작할 때에도 좋은 밑거름이 될 수 있다.

주도산업으로 부상하는 성장 산업

시대의 변화에 따라 뜨는 산업이 있고 지는 산업이 있듯이 직업도 뜨는 직업이 있고 지는 직업이 있다. 베이비 붐 시대에는 산부인과나 소아과가 인기였다. 그러나 맞벌이 부부가 늘고 소득 수준이 늘면서 선진국처럼 출생률이 급격이 떨어지고 있다. 자연히 산부인과나 소아과가 줄어들고 대신 성형외과가 인기를 끌고 있다.

옛 소련의 체르노빌 원자력 발전소와 미국 쓰리마일 원자로 폭발사고로 원자력발전 산업이 주목을 받지 못하다가 지구 온난화로 인한 이산화탄소 규제가 본격화 되자 다시 원자력산업이 차세대 에너지산업으로 각광을 받으면서 이 분야의 인력수요가 급증했다. 하지만 이번 일본에서 발생한 원전사고의 여파로 원전에 대한 기대수요가 다소 위축될 가능성이 있으며, 그 경우 또 다른 대체에너지 관련 산업이 각광받게 될 가능성이 높다. 이처럼 시대적 변화에 따라 인기 직업도 달라진다. 따라서 가급적 미래지향적인 분야에서 일하는 게 장래를 위해 좋다.

그렇다면 같은 기술영업이라도 어떤 분야가 유망할까? 첨단산업의 발달로 기술집약형 산업이 주축을 이루게 되고 의료, 레저, 스포츠 등의 서비스 관련산업 비중이 커지게 된다. 아무래도 정보통신 산업 분야, 자동화 기술 분야, 대체에너지 관련산업 분야, 환경오염 방지기술 분야, 노령화와 건강 중시에 따른 의료산업 분야가 유망 하다고 할 수 있다.

참고로 미래 유망산업을 전망할 때 흔히 거론되는 것이 5T 산업 이다. 정보기술Information Technology, 바이오기술BioTechnology, 나노기술 Nano Technology, 환경기술Environmental Technology, 문화기술Culture Technology 등 이른바 5T라는 신기술이 미래 산업을 주도할 것으로

첨단 의료 기기를 위한 의료 바이오융합 기술

기술	내용	제품
바이오 전자	– 질병을 감지, 진단, 치료하는 소자와 감지된 생체 정보를 송수신 하는 소자를 연구하는 기술 • 바이오 진단 기술 • 바이오 컴퓨팅 • 인공생체 보조기 • 생체정보 단말과 통신 기술	– 휴대용 바이오센서, 바이오 칩, 진단기기, 인공생체 보조기
생체정보 언터페이스	– 각종 생체 정보를 인식, 처리 분석하여 새로운 의료서비스 가 가능하도록 하는 기술	– 진단 및 영상기기
바이오 인포메틱스	– 다양한 생명 현상의 정보를 통계적, 전산적인 방법으로 저장 분석 활용하는 기술 • 신약개발, 질병 진단 및 치료, 농수산물 품종 개량 등에 적용	– 진단 및 분석기기
영상기술	– 고해상도 3차원 의료 영상기술	– PACS, EMR
의료로봇	– 정밀성, 다양한 정보 분석 및 응용, 정밀 진단, 수술, 재활 등 분야에서 적용됨	– 수술 로봇, 재활 로봇, 시뮬 레이터 로봇 등

자료: 〈융합경영〉, 글로세움,P278

예측되고 있다. 그 중에서도 IT 산업은 현재 우리나라의 핵심 성장 주도 산업으로 세계적인 경쟁력을 유지하고 있는 품목이 많다.

그러나 아무리 유망 성장산업이라도 국제경쟁력을 갖추지 못하면 수요증가로 인한 관련제품의 수입은 증가해도 그와 관련된 제조업은 발전하지 못한다. 예를 들면 국내 종합병원들이 시설을 확충하면서 첨단설비를 늘리고 있지만 국내 의료기기산업의 낙후로 대부분 외국에서 의료장비들을 수입하고 있는 실정이다. 따라서 의료기기 관련 기술영업은 대부분 외국계 의료기기 전문 공급회사나 외국계 회사 대리점 종사자들을 통해 이루어지고 있다.

회사의 규모보다 일을 배울 수 있는 회사

취업 지망생 누구나 대기업을 선택하느냐, 중소기업을 선택하느냐를 두고 한두 번 고민해보지 않은 사람이 없을 것이다. 대부분의 사람은 대기업이 여전히 안정적이고 대우도 좋다는 생각을 하고 있다. 그러면서 한편으로는 과거와 달리 중소기업 중에도 대기업 못지않게 대우나 업무환경이 좋은 회사가 많다는 생각도 하고 있다. 사실 중소기업 중에는 근무환경이나 대우가 대기업 못지않은 회사들도 많다. 그럼에도 불구하고 아직까지도 대기업 선호현상이 지속되고 있는 것은 대기업에 대해 갖고 있는 고정관념이 강하기 때문이다.

대기업과 중소기업 중에서 어디에 근무하는 것이 좋으냐를 일률적인 잣대로 평가하는 것은 바람직하지 않다. 사람들의 일하는 스타일 또는 적성이나 성격에 따라 평가 기준이 달라질 수 있기 때문이다.

통상 대기업에서 세일즈맨으로 일할 경우 다양한 교육 기회가 주어지기 때문에 영업에 대해 체계적으로 공부할 수 있는 기회가 주어진다. 또 업무 체계가 잘 갖춰져 있고 영업에 필요한 다양한 리소스 등을 활용할 수 있어 경쟁사와의 경쟁에서 여러 유리한 점이 있다. 반면에 업무가 영업에 국한되고 업무 영역도 세분화되어 있어 다양한 경험을 쌓는 데에는 어려움이 있다. 또 지휘계통이 복잡해서 의사결정이 느리고 조직이 경직되어 있을 가능성이 높다. 이는 고객에 대한 서비스 불만으로 이어지기 쉽다.

중소기업에서 일하게 될 경우에는 재정적인 어려움이나 교육여건 미비로 대기업에 비해 체계적인 교육 훈련을 받을 기회가 상대적으로 적다. 특히 신입사원의 경우 시행착오를 겪어가면서 스스로 일을 배워나가거나, 비슷한 방법으로 영업 스킬을 터득한 선배의 경험을 귀동냥으로 배워나가야 하기 때문에 대기업에 근무하는 세일즈맨에 비해 경쟁력이 떨어지기 쉽다. 또 영업 본연의 업무 이외에도 세미나나 전시회 행사 등과 같은 마케팅 관련 업무를 포함한 여러 업무를 동시에 수행해야 하기 때문에 일이 다소 힘들 수 있다. 그럼에도 대기업에서 할 수 없는 다양한 경험을 쌓을 수 있어 미래 성장을 위한 좋은 밑거름이 될 수도 있다. 또한 세일즈 활동에 필요한 리소스가 한정되어 있기 때문에 대기업과의 경쟁에서 불리할 수 있지만 의사소통이 원활하고 융통성을 발휘하기가 대기업에 비해 유리하기 때문에 강점은 살리고 단점은 보완하면 나름대로의 경쟁력을 확보할 수 있다.

따라서 어떤 회사를 선택할지에 대한 결정은 대기업이냐 중소기업이냐가 중요한 것이 아니라 자신의 적성이나 스타일이 어디에서 일하는 게 더 적합한가, 장차 자신이 가고자 하는 방향에 더 도움이 될 수 있는 선택은 어떤 것인가를 따져보는 게 중요하다.

또 한 가지는 기회가 된다면 혼자 할 수 있는 영업보다 기술지원, R&D, 협력업체, 마케팅이 한 팀을 이뤄 할 수 있는 프로젝트 솔루션 영업을 해볼 것을 권하고 싶다. 그래야 보다 큰 그림을 그릴 수 있게 되고 말단 실무자에서부터 최고경영자까지 상대할 수 있어 인맥의 폭을 넓힐 수 있다.

대기업과 중소기업의 업무 차이

대기업	중소기업
– 다양한 교육기회 제공 • 체계적인 세일즈교육을 포함한 다양한 직무교육 기회가 주어짐	– 교육기회가 적음 • 선배사원의 도움을 받거나 시행착오를 해가면서 스스로 일을 배워야 함
– 고객지원 시스템이 비교적 잘 갖춰져 있음 • 고객만족 증진 • 경쟁사와 차별화	– 재정적인 문제로 비교적 지원시스템이 열악함 • 투자시, 특히 고가장비 투자의 경우 고객들의 우려가 큼
– 회사 브랜드 가치가 높음 • 고객 신뢰도 증진	– 회사 브랜드 가치가 낮음 • 낮은 회사 브랜드를 커버하기 위한 세일즈맨 자신에 대한 신뢰도가 크게 요구됨
– 지휘체계가 복잡 • 가격이나 정책 등에 관련된 의사결정이 느리고 조직운영이 경직되기 쉬움. 고객 불만 요인으로 작용	– 탄력적인 운영 • 가격이나 지원정책 등 상황에 맞게 탄력적인 대처가 용이함
– 업부의 세분화 • 영업, 마케팅, 기술지원, 발주/ 납품, 계약 등으로 조직 구분 • 제품별 지역별, 회사 규모별로 영업 구역 구분	– 다양한 업무 수행 • 업무 영역 구분 없이 폭넓게 일을 해야 함 • 다양한 업무 습득 기회
– 다양한 세일즈 리소스 보유	– 활용 가능한 리소스 제한적

자료 : 융합경영, 글로세움, p278

처우와 안정성

아무리 하는 일이 보람되고 재미있다고 하더라도 보수가 적거나 회사가 안정적이지 못하면 좋은 직장이라고 할 수 없다. 회사가 안정적이어야 가정이 편안하고, 가정이 편안해야 일에 몰입할 수 있고, 일에 몰입할 수 있어야 좋은 실적을 올릴 수 있다. 그래야 회사에 대한 기여도를 높일 수 있고 개인적으로 실적에 비례한 인센티브도 많이 받게 된다. 인센티브는 연봉과 연동되기 때문에 똑같은 실적을 올려도 연봉이 낮으면 인센티브도 낮다. 따라서 가급적 연봉이 높을수록 좋다. 또 회사가 얼마나 안정적이고 후생복지 시스템이 잘 갖춰져 있는지를 평가하기 위해 회사 매출액, 자본금, 사원 수, 사업내용, 휴가제도, 경조사 지원, 자기계발 지원 등에 대해서도 살펴볼 필요가 있다. 연봉이 높고 후생복지 시스템이 잘 되어 있어야 삶의 질을 높일 수 있기 때문에 보수나 복지제도는 회사 선택의 중요한 요소가 된다.

하지만 너무 보수나 복지에 신경을 쓰다 보면 실제 중요한 장래성 문제에 대해 소홀해지기 쉽다. 지금 당장은 봉급이나 근무환경이 마음에 들지 않아 다소 만족스럽지 않더라도 더 좋은 미래를 위해 다양한 경험을 쌓고 능력을 키워 자신을 레벨 업 시킬 수 있다면 자신의 이력관리를 위해 좀 더 길게 보고 참고 기다릴 줄 아는 인내심이 필요하다.

자아실현

미국의 심리학자 매슬로우의 인간욕구 5단계에 의하면 인간이 완전히 만족한 상태에 있는 것은 잠시뿐이다. 인간은 만족할 수 없는 욕구를 가지고 있기 때문에 어떤 욕구가 충족되면 다른 욕구가 생기고 그 욕구가 충족되면 또 다른 욕구가 생긴다. 즉 인간의 가장 기본적인 의, 식, 주에 관한 생리적 욕구가 실현되고 나면 안전에 대한 위협이나 불안에서 벗어나고 싶어 하는 안전에 대한 욕구, 다른 사람들과 관계를 맺고 소속감을 느끼고 싶어 하는 사회적 욕구, 다른 사람들로부터 인정받고 존경받고 싶어 하는 존경에 대한 욕구, 그리고 마지막으로 모든 것을 스스로 선택하거나 결정하고 다른 사람의 지시나 영향으로부터 자유로워지고 싶어 하는 자아실현에 대한 욕구를 느끼게 된다.

우리가 직업을 구하는 가장 중요한 이유는 부모로부터 독립해서 1차적 욕구인 먹고 사는 문제를 스스로 해결하기 위해서다. 요즘처럼 취직이 하늘의 별 따기만큼이나 어렵다는 시기에는 이것저것 따져가면서 직장을 고르는 것 자체가 사치스러워 보일 수 있다.

그러나 직장 연륜이 쌓이고 어느 정도 자리를 잡게 되면 돈이 전부가 아니라는 생각이 들면서 지금까지 자신과 회사를 위해 열심히 일해 온 직장이나 직업에 대해 회의감을 느끼게 된다. "과연 나에게 직장은 어떤 존재인가?" "언제까지 내가 이런 일을 계속해야 하나?" 등 마음의 갈등을 느끼게 된다.

따라서 직업이나 직장을 선택하기에 앞서 진정으로 어떤 삶을 원하고, 어떤 사람이 되기를 원하는지, 그러한 꿈을 실현하기 위해 자신이 선택해야 할 직업이나 회사의 모습은 어떠해야 하는지, 평생 직업인으로서 자아실현의 꿈을 어떻게 키워갈지 등에 대한 밑그림을 가지고 있어야 한다. 이제 직장은 더 이상 단순한 생계수단이 아니라 자신을 계발하고 자신의 인생을 가꾸어가는 자아실현의 터전이 되어야 한다.

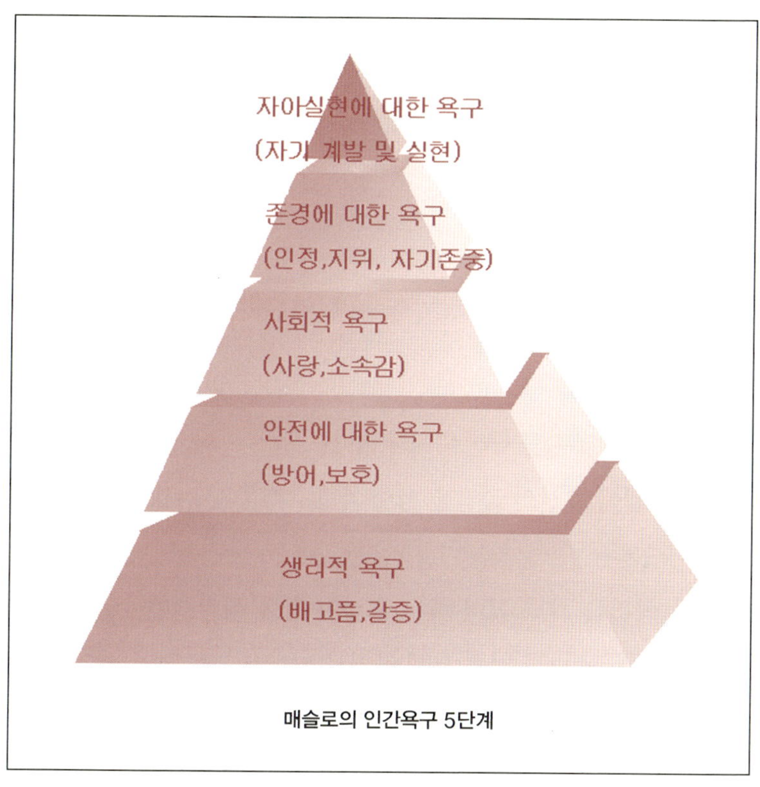

매슬로의 인간욕구 5단계

나에게 맞는 회사를
어떻게 찾을 것인가?

기업체에서 의뢰가 많이 들어와 마음에 드는 회사를 선택하는 경우라면 몰라도 그렇지 않은 경우에는 직접 찾아 나서야 한다. 여러가지 이유로 자신에게 적합한 회사를 찾아나서는 것을 망설이는 취업지망생은 취업이 되더라도 활발한 영업활동을 할 수 없다. '부지런한 새가 벌레를 잡는다'는 말처럼 가만히 앉아만 있어서는 부지런한 사람에게 기회를 빼앗길 수 있다. 준비가 끝날 때까지 기다리지 말고 찾아다니면서 준비해야 한다.

기다리지 말고 직접 찾아 나서야 한다

세일즈맨이 자신의 물건을 사줄 가망고객을 찾는 방법에는 크게 3가지가 있다.

첫째, 물건을 사고 싶어 하는 고객이 직접 세일즈맨이나 회사를 찾는 경우다. 큰 노력 없이 쉽게 구매로 이어질 가능성이 높다. 그러나 이런 좋은 기회가 아무에게나 주어지는 것은 아니다. 회사나 세일즈맨에 대한 고객 인지도나 브랜드 가치가 높아야 한다. 고객이 누가 자신에게 필요한 물건을 팔고 있는지조차 모르고 있거나, 알고는 있어도 회사나 세일즈맨에 대한 평판이 좋지 않으면 기회 자체가 주어지지 않는다. 특별한 경우가 아니면 오래 전부터 알고 있거나 광고나 소문을 통해 들어본 회사를 우선적으로 찾게 된다. 바로 이런 이유에서 제품의 인지도나 브랜드 가치를 높이기 위해 여러 매체를 통해 광고도 하고 세일즈맨이 열심히 새로운 고객을 찾아다닌다.

둘째, 추천에 의한 방법이다. 지인이나 회사 동료 또는 거래처 고객으로부터 투자 가능성이 있는 고객을 추천받는 방법으로 투자 대비 효과가 높다. 추천자의 사회적 지명도가 높거나, 또는 추천자가 구매 예상 고객과 친분이 두터운 경우 쉽게 구매로 연결될 수도 있다. 세일즈맨이 기존 고객과 좋은 관계를 유지하고 싶어 하는 이유 중의 하나도 필요할 때 추천을 부탁하거나 고객으로부터의 추천을 기대하기 때문이다.

셋째, 가망고객을 직접 발굴하는 방법이다. 신문이나 잡지, 전국 기업체 명부, 인터넷 등을 이용해서 가망고객을 직접 발굴하는 방법으로 인터넷을 활용할 경우 분야별 업체 명단을 쉽게 확보할 수 있기 때문에 인터넷을 이용하는 방법이 가장 효과적이다.

예를 들어 대한상공회의소www.korchambiz.net 홈페이지를 방문하면 분야별 기업정보를 포함한 다양한 정보를 얻을 수 있다. 업체 명단이 확보되면 이를 토대로 자신의 제품을 필요로 할 만한 회사들에 대한 세부 분류작업을 하게 된다. 주 업종은 무엇인지, 매출액이나 회사의 규모는 얼마나 되며 재무 건전성은 어떠한지 등의 자료가 분류작업을 위한 판단기준이 된다. 분류작업이 끝나면 전화나 이메일을 이용해 가망고객을 접촉한다. 혹시 이 방법이 투자한 시간에 비해 효과가 떨어진다고 생각할지 모르지만 영업을 잘하는 사람이나 못하는 사람 모두가 가장 널리 이용하는 정통 판매기법 중의 하나다. 또 비용은 좀 들지만 세미나나 국내외 전시회 행사 등을 통해 짧은 시간에 많은 가망고객을 발굴할 수도 있다.

취업지망생이 자신을 필요로 하는 회사를 찾는 방법도 세일즈맨이 가망고객을 찾는 방법과 유사하다. 앞에서 설명한 첫 번째 방법처럼 기업에서 필요한 인원을 학교취업센터에 의뢰해 오는 경우 쉽게 직장을 구할 가능성이 높다. 그러나 지명도나 학교 브랜드 가치가 낮다는 이유로 기업으로부터 취업 의뢰가 들어오지 않을 경우 면접 기회 자체가 주어지지 않을 수 있다. 다음으로 직장선배나 주위 사람들로부터 추천을 받는 방법이다. 미국의 사회학자 마크 그래노배터는 '사람들이 일자리를 어떻게 얻는지'에 대한 연구를 수행하다가 응답자의 30% 이상이 아는 사람을 통해 전에는 생각해 보지도 못했던 새로운 일자리를 얻었다는 사실을 밝혀냈다고 한다. 이처럼 추천은 직장을 구할 수 있는 좋은 방법 중의 하나다.

마지막으로 수고스럽기는 하지만 구매고객이 직접 찾아올 때까지 기다리지 않고 세일즈맨이 구매 가능성이 높은 고객들을 직접 찾아 나서듯이 취업지망생 스스로 자신에게 맞는 회사를 찾아 나서는 방법이다. 기업체에서 의뢰가 많이 들어와 마음에 드는 회사를 선택하는 경우라면 몰라도 그렇지 않은 경우에는 직접 찾아 나서야 한다. 자신이 없어서, 귀찮아서, 두려운 생각이 들어서, 준비가 덜 되어서 등의 이유로 자신에게 적합한 회사를 직접 찾아나서는 것을 망설이는 취업지망생은 취업이 되더라도 활발한 영업활동을 할 수 없다. '부지런한 새가 벌레를 잡는다'는 말처럼 가만히 앉아만 있어서는 부지런한 사람에게 모든 기회를 빼앗길 수 있다. 준비가 끝날 때까지 기다리지만 말고 찾아다니면서 준비해야 한다. 부딪히면서 준비해야 제대로 된 준비가 될 수 있다.

한꺼번에 모든 것을 얻으려 하지 말라

대학 졸업생들의 취업이 어려워지면서 정부까지 나서서 기업인들에게 투자를 늘려달라고 사정하고 있는 실정이다. 기업들은 기업들 나름대로 열심히 노력하고 있는데도 불구하고 정부에서 자꾸 투자를 늘리고 사원들을 더 많이 뽑으라고 한다면서 내심 정부에 대한 불만이 많다. 우리의 취업 현실이 얼마나 심각한지를 보여주는 한 단면이라고 볼 수 있다. 이처럼 취업난이 심각한 것은 무엇보다도 경기가 좋지 않기 때문이지만 앞으로 경기가 좋아진다고 해도 기대했던 것만큼 기업들의 인력수요가 늘어나지는 않을 것이다. 그 이유는 몇 가지가 있다.

첫째, 그 동안 인력 수요에 비해 대졸 취업자의 공급이 계속 늘어왔기 때문에 경기가 회복된다고 해서 적체가 하루아침에 해소되기 어렵다.

둘째, 설비 자동화나 경영 합리화로 예전에 비해 인력 수요 자체가 크게 줄었다. 제품의 품질이나 가격 경쟁력을 높이기 위해 그동안 기업들은 끊임없이 공장 자동화나 경영 합리화를 추구해오면서 제조 불량률이 줄어들고 24시간 공장을 가동할 수 있게 되어 생산성이 크게 높아졌다. 과거에는 100명의 작업자가 필요했던 작업을 지금은 50명이면 충분히 해낼 수 있게 되었다. 생산 분야만 그런 것이 아니라 개발 분야도 설계 자동화가 꾸준히 진행되고 있다. 다양한 개발 툴을 활용, 개발 시간 단축은 물론, 설계품질도 높이고 있다. 이런 현상은 우리나라뿐 아니라 전 세계적인 현상이다.

셋째, 인력 공급원인 대학이 소비자인 기업의 기대치를 충족시키지 못하고 있다. 대학들이 기업에서 필요로 하는 양질의 인력을 공급하지 못하다보니 기업들은 신입사원 대신 경력사원을 선호한다. 신입사원을 채용할 경우 기업들은 교육투자에 많은 돈을 들여야 하고 곧바로 현업에 투입할 수 없기 때문에 시간 손실이 크다.

그렇다면 빠른 시간 내에 회복되기 어려운 취업 현실에서 벗어날 수 있는 해결책은 무엇일까? 눈높이를 조금 낮추면 된다. 물론 눈높이를 낮춘다는 게 말처럼 쉽지는 않다. 눈높이를 낮춘다는 것은 지금까지 품어왔던 꿈과 희망을 포기하는 것으로 받아들여질 수 있기 때문이다. 그러나 눈높이를 낮춘다고 해서 결코 꿈과 희망을 포기하는 것은 아니다. 인생은 길고 긴 마라톤이다. 앞을 가로막고 있는 커다란 장애물을 조금 돌아갈 뿐이다.

기술영업직의 경우 다른 직종과 달리 조금 돌아간다고 해서 크게 문제될 게 없다. 회사에 들어가 열심히 일하다 보면 무엇과도 바꿀 수 없는 경험이 쌓이게 된다. 또 여러 사람들을 만나다 보면 무형의 자산인 고객을 얻게 되고 보이지 않던 새로운 길이 보인다. 거기다가 실적이 좋으면 부수적으로 인센티브도 받을 수 있다. '손 안의 새 한 마리는 숲 속의 새 두 마리 이상의 가치가 있다'는 속담이 있다. 마음에 드는 회사에 들어가기 위해 졸업을 늦춰가면서 스펙을 쌓는 데 많은 에너지를 낭비할 필요가 없다. 한 술 밥에 배부를 수 없고 모든 것을 동시에 다 충족해주는 회사는 지구상 어디에도 없다.

산업 전시회 참관

서울 강남의 코엑스나 경기도 일산의 킨텍스에서는 매년 다양한 종류의 산업전시회가 열린다.

　행사 규모는 작지만 이곳 말고도 전국적으로 매년 다양한 전시회가 열린다. 이들 행사장에서 개최되는 전시회의 주목적은 전시장을 찾는 수많은 불특정 다수의 관람객들에게 국내외 출품업체들의 제품을 한 자리에서 비교해 볼 수 있는 기회를 제공하기 위해서다. 출품업체들은 경쟁사와의 차별화를 위해 저마다 특색 있게 부스를 꾸며놓고 관람객을 끌어 모은다. 한 사람이라도 관람객을 더 끌어 들이기 위해 전시제품이나 부스 위치 선정은 물론 부스 규모까지 세심한 주의를 기울인다. 제품의 홍보나 설명을 위해 세일즈맨은 물론 기술지원 엔지니어들을 포함한 가용 가능한 모든 인적 자산을 동원한다. 따라서 이들 행사가 취업지망생에게 다음과 같은 측면에서 취업 활동에 여러 도움을 줄 수 있다.

　첫째, 기술영업을 이해하는 산 교육장이다.

　출품업체들은 자사의 중요한 전략 상품이나 신상품, 또는 다양한 솔루션을 출품한다. 부스를 찾아오는 방문객들에게 자사의 상품 소개는 물론 방문객이 궁금해 하는 내용이나 질문사항에 대해 부스를 책임지고 있는 세일즈맨이나 기술지원 담당 엔지니어가 친절하게 설명을 해준다. 기술영업을 꿈꾸는 취업지망생들에게는 기술영업을 이해할 수 있는 아주 좋은 산 교육장인 셈이다.

　둘째, 진출하고 싶은 분야에 대한 자세한 정보를 얻을 수 있다.

　학교에서는 주로 기초학문을 배우기 때문에 자신들이 전공한 기술이 사회에서 구체적으로 어떻게 활용이 되고 있는지 잘 모른다. 주위에 누가 가르쳐 주는 사람도 없고 마땅히 물어 볼 만한 곳도 없다. 현실이 이렇다 보니 전기과를 졸업한 취업지망생이 전선회사나 회사 이름에 '전기' 라는 단어가 붙은 회사를 찾아 헤매는 웃지 못할 일이 벌어지게 된다.

산업전시회에 참석해 보면 기계, 전기, 전자, 화학, 광학 등이 융합된 컨버전스 제품을 포함한 다양한 제품들이 출품된다. 이러한 제품들에 대한 필요한 정보를 한 장소에서 영업이나 기술지원 담당자들의 도움을 받아가며 손쉽게 얻을 수 있다. 예를 들어 출품된 제품의 용도나 기능이 무엇이고 고객은 누구인지, 영업에서의 애로사항은 무엇인지 등에 대해 자세히 배울 수 있다. 필요하면 출품된 제품에 관련된 다양한 자료도 무료로 얻어 볼 수 있다.

셋째, 기업에 대한 유익한 정보를 얻을 수 있다.

전시회 종류에 따라 차이는 있지만 국내 대기업이나 중소기업, 벤처기업, 미국을 비롯한 다양한 국적의 회사, 외국계 회사의 제품을 국내에 공급하는 수많은 대리점 업체들이 행사에 참여하게 된다. 부스의 규모나 분위기, 출품 제품, 행사 진행자들의 매너나 태도, 방문객들의 호응도 등을 파악하면 출품업체들의 제품이나 회사 경쟁력이 어느 정도 수준이며 회사 분위기는 어떤지 등에 대해 알 수 있다.

예를 들어 매년 초에 코엑스에서 열리는 'SEMICON KOREA' 행사는 반도체 설계나 생산에 관련된 제품을 제조하거나 판매하는 수많은 국내외 기업들이 참여하기 때문에 반도체관련 기술영업을 지원하고 싶은 화공, 기계, 전기, 전자, 광학 분야 전공자들에게 매우 유익한 정보를 제공한다. 전시회를 통해 어떤 회사가 행사에 참여하고 있는지에 대해 아는 것만으로도 중요한 의미가 있다. 필요한 추가 자료는 인터넷을 통해서도 어느 정도 파악할 수 있기 때문이다.

넷째, 취업으로 연결될 수 있는 계기가 마련된다.

전시회 참관은 지식의 폭을 넓히는 것은 물론 취업으로 바로 연결될 수 있는 기회의 장이 될 수 있다. 여러 부스를 둘러보다가 일해보고 싶은 회사가 눈에 들어오면 부스를 방문, 가급적 대화를 편하게 주고받을 수 있는 온화형(140페이지 참조) 스타일의 세일즈맨에게 다가가 제품에 관련된 설명을 요청한다. 설명 중에 궁금한 내용이 있으면 질문을 하도록 한다. 질문은 제품에 관련된 내용에 국한하지 말고 회사나 영업에 관련된 분야까지 확대해서 보다 친근한 대화 분위기를 조성하도록 한다. 친근한 분위기가 조성되면 명함을 요청하면서 이렇게 대화를 풀어갈 수도 있다.

"저는 OO대학에서 OO학과를 전공하고 있는 홍길동이라고 합니다. 기술영업이 하고 싶어서 이번 전시회에 일부러 참관했습니다. 설명을 듣다 보니 제품이나 회사 분위기가 마음에 들어 OO사에서 OO님과 함께 일해보고 싶습니다. 가능한 방법을 좀 알려주시면 고맙겠습니다. 아직 기술영업 경험은 없지만 현재 틈나는 대로 영업 관련 서적을 보고 있고 교육도 받을 계획입니다."

이런 제의에 대해 "아직 저희 회사는 인원 충원 계획이 없습니다. 나중에 기회가 되면 그때 도전해 보시지요"라거나, "저보다는 OO과장님을 접촉해 보시는 게 도움이 됩니다"라거나, "나중에 서류를 한 번 보내주시지요. 제가 저희 부장님과 상의해 보겠습니다"라거나, "다음 주 중에 회사로 연락을 한 번 주시지요"라는 등의 답변을 들을 수 있을 것이다. 중요한 것은 당장 기회가 주어지지 않더라도 이런 방법으로 대화를 나눴던 담당자와 연결 포인트를 만들어

산업전시회장 전경

놓으면 인원 충원 기회가 생길 때 누구보다 먼저 기회를 얻을 수 있다는 점이다.

친근한 대화 분위기를 조성하기 위해서는 가급적 부스가 비교적 한가한 시간에 찾아가는 게 좋고, 부스 분위기가 혼잡해서 사적인 대화를 나누기에 적절하지 않다고 판단되면 일단 명함을 받아온 뒤 나중에 전화나 이메일로 요청을 해도 된다.

이처럼 전시회 참관은 전공에 상관없이 기술영업을 원하는 모든 취업자들에게 여러 모로 도움을 줄 수 있다. 물론 취업지망생들이 선호하는 취업박람회도 많은 도움을 줄 수 있으나 취업박람회는 취업지망생이 지원하고 싶은 회사를 선택하는 게 아니라 회사가 필요한 사람을 선별한다는 점에서 산업전시회에 비하면 수동적인 취업활동이라고 할 수 있다. 따라서 취업박람회보다는 산업전람회가 기술영업을 원하는 취업지망생에게 더 실속 있는 행사라고 할 수 있다.

학교 취업센터 활용

대학생 취업이 어렵다 보니 대부분의 대학이 졸업생들의 취업을 돕고자 취업센터나 이와 유사한 조직을 운영하고 있다. 이들 조직은 이력서나 자기소개서 작성법, 면접요령에 관한 특강이나 적성검사 등 취업에 필요한 여러 도움을 주고 있다. 그러나 일부 대학의 경우 지원활동이 다소 수동적인 지원에 그쳐 취업지망생들에게 크게 도움을 주지 못하고 있다. 취업지망생들이 가고 싶어 하는 회사를 직접 발굴하기보다는 기업에서 요구하는 내용을 학생들에게 소개해주는 역할에 치우치고 있다는 느낌이 든다.

가급적 우수한 인재를 뽑고 싶어 하는 기업들의 입장에서는 당연히 유명대학에 추천 요청이 편중될 수밖에 없다. 이런 문제를 해결하기 위해서는 기업체로부터의 추천 요청이 적은 대학의 경우 유명대학보다 더 적극적으로 취업센터의 역량을 강화해야 하지만 취업센터 운영에 따른 비용 부담이나 인식 부족 때문인지 몰라도 취업지망생들의 기대치를 크게 충족시켜주고 있지 못하고 있는 실정이다.

취업센터는 직원들의 입장이 아닌 취업센터의 고객인 학생의 입장에서 학생들에게 필요한 상품을 준비해야 한다. 그렇다면 과연 학생들에게 필요한 상품은 뭘까? 기업체에서 필요로 하는 사람이다. 기업체에서 필요로 하는 사람은 바로 앞에서 설명한 바와 같이 영업이나 기술영업 분야에서 일할 사람이다. 그렇기 때문에 취업센터도 당연히 영업이나 기술영업에 관심을 기울여야 한다. 이를 위해서는 무엇보다도 취업센터 직원부터 영업이 무엇이고 영업과 기술영업의 차이가 무엇인지 정도는 정확하게 알고 있어야 제대로 된

상품을 갖춰 놓을 수 있다. 그래야 고객인 취업지망생들에게 자신 있게 상품을 소개할 수 있다. 아직 취업지망생들의 이러한 기대치를 충족시키지 못하는 부분이 있겠지만 그렇다고 해서 취업센터를 외면해서는 안 된다. 활용 가능한 부분은 취업센터를 활용해 가면서 자신이 할 수 있는 부분은 스스로 찾아 나서야 한다.

취업 관련 사이트 활용

인터넷이 활성화 되면서 자사의 홈페이지나 구인, 구직 전문 사이트에 채용 공고를 내는 경우가 늘고 있다. 기업체 홈페이지를 직접 찾아다니면서 필요한 사람을 뽑는지 확인하는 방법은 시간도 많이 걸리고 매우 비효율적이다. 그 방법보다는 구인, 구직 전문사이트를 방문하는 것이 보다 효과적이다. 잡코리아www.jobkorea.co.kr, 리크루트www.recruit.co.kr, 인크루트www.incruit.co.kr, 사람인www.saramin.co.kr 등과 같은 전문 취업사이트에 자신의 이력서와 자기소개서를 올려 놓으면 필요한 회사에서 이들 서류를 보고 면접요청을 해온다. 가급적 구인 정보량이 많은 사이트를 선정하는 것이 좋고 서류작성을 할 때 자신을 다른 사람들과 차별화시키는 것이 중요하다.이력서와 자기 소개서 작성 요령 참조

주위로부터의 추천

기업에 다니는 학교 선배나 주변 지인들의 도움이나 추천을 받는 방법이다. 학업에 충실한 것도 중요하지만 가급적 주위에 많은 인

맥을 쌓아놓는 게 중요하다. 특히 주위에 기술영업에 종사하는 사람들이 있으면 이들에게 기술영업을 하고 싶다는 의사 표시를 미리 해두는 것도 추천을 받는 데 도움이 된다.

모르는 사람이 없을 정도로 코카콜라나 펩시콜라는 전 세계적으로 잘 알려진 상품이다. 그럼에도 불구하고 이들 제품은 엄청난 돈을 들여 다양한 매체를 통해 끊임없이 광고를 내보낸다. 맛에 아무런 변화가 없는데도 말이다. 이들 회사가 엄청난 돈을 들여 광고를 계속하는 이유는 뭘까? 소비자들이 물건을 살 때 가장 최근에 접한 정보에 영향을 받기 때문이다. 추천을 부탁받은 사람도 가장 최근에 부탁받은 사람에게 가장 관심을 갖게 된다.

추천을 부탁해놓고 그냥 내버려두면 시간이 지나면서 기억 속에서 사라지게 된다. 따라서 추천을 부탁한 사람에게 수시로 확인 요청을 해야 한다.

기술영업사원을 필요로 하는 회사

같은 회사에서 생산된 제품이라도 제품의 종류에 따라 판매방식이 달라진다. 따라서 기술영업사원을 필요로 하는지 여부를 확인하기 위해서는 지원하고자 하는 회사의 홈페이지 등을 통해 어떤 종류의 제품을 공급하고 있는지를 우선적으로 확인해야 한다.

모든 제조업체가 기술영업사원을 필요로 하는 것은 아니다

영리를 추구하는 모든 회사는 자신들이 만든 상품이나 서비스를 팔기 위해 세일즈맨을 필요로 한다. 그렇다고 해서 모든 회사가 기술영업사원을 필요로 하는 것은 아니다. 팔고자 하는 제품이나 서비스 종류가 무엇인지에 따라 달라진다.

예를 들어 국내 굴지의 제조업체인 현대자동차의 경우 자신들이 만든 제품을 국내소비자들에게 판매할 때 기술영업사원이 아닌 일반영업사원을 통해 판매한다. 해외 판매의 경우에도 기술영업사원이 아닌 자동차 딜러를 통해서 판매한다. 그렇지만 현대자동차 세일즈맨들이 판매하게 될 자동차를 개발하거나 생산하는 데 필요한 다양한 설비나 부품들은 수많은 분야에 종사하고 있는 기술영업사원들에 의해 현대에 공급된다.

소비재 제품을 생산하는 삼성전자나 LG전자의 경우에도 현대자

동차와 마찬가지로 TV와 같은 가전제품을 판매하기 위해 기술영
업사원을 필요로 하지 않지만 제품을 개발하고 생산하는 데 필요한
설비나 부품들은 여러 분야에 종사하는 기술영업사원을 통해서 공
급받는다. 같은 삼성전자에서 생산하는 제품이지만 반도체나 통신
네트워크 장비의 경우에는 제품의 특성상 일반 영업사원이 아닌 기
술영업사원을 통해 판매가 이루어진다.

이처럼 같은 회사에서 생산된 제품이라도 제품의 종류에 따라 판
매방식이 달라진다. 따라서 기술영업사원을 필요로 하는지 여부를
확인하기 위해서는 지원하고자 하는 회사의 홈페이지 등을 통해 어
떤 종류의 제품을 공급하고 있는지를 우선적으로 확인해야 한다.

국내기업

모든 국내 기업들은 자신들이 만든 기술관련 제품이나 서비스를
국내 기업이나 관공서, 정부 출연 연구기관이나 군, 학교 등을 상대
로 영업을 하기 위해 국내 기술영업부서를 두고 있다. 또 국내 기
업들의 국제 기술경쟁력이 향상되면서 해외 수출을 담당할 해외
기술영업부서를 두고 있는 회사가 늘어나고 있으며 이미 해외
기술영업부서를 두고 있는 회사들은 기존 영업조직을 강화하고
있는 추세다.

고객층이 다양한 만큼 이들 고객층을 타깃으로 한 제품군도 특수
부품에서부터 반도체 제조설비, 선박이나 항공기에 이르기까지 다
양하다. 이들 제품의 판매를 담당할 기술영업사원은 대기업의 경우

공채 형식을 통해 필요한 인력을 뽑기도 하지만 대부분의 중소기업과 마찬가지로 영업부서의 필요에 의해 수시채용 형태로 신입이나 경력사원을 뽑고 있다. 대기업이나 중소기업 모두 신입보다는 바로 현장에 투입할 수 있는 경력사원을 선호한다. 하지만 중소기업의 경우 아무래도 대기업에 비해 처우나 근무환경이 떨어지기 때문에 대기업처럼 경력사원만을 고집할 수 있는 형편이 못된다. 이런 이유에서 중소기업은 영업경력이 없는 신입사원에게도 비교적 문호가 넓은 편이다.

대기업은 기술영업에 필요한 내부교육이나 위탁교육을 포함한

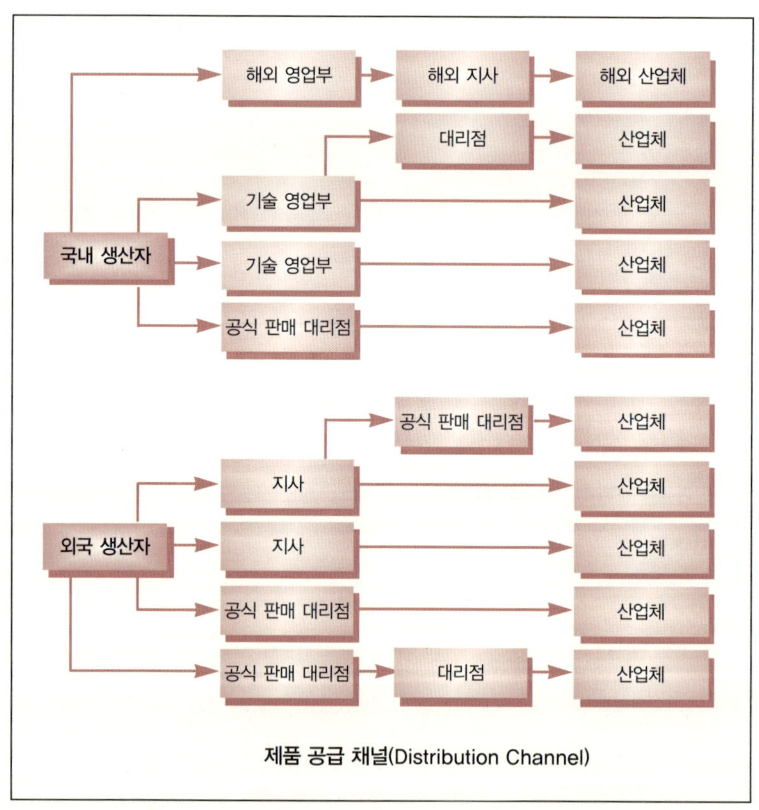

제품 공급 채널(Distribution Channel)

다양한 교육기회가 주어진다. 그러나 규모가 작은 회사의 경우 교육에 투자할 여력이 없어 교육 기회가 대기업에 비해 적다. 군과 같은 특수 분야의 경우 조직의 특수성으로 인하여 필요한 정보 획득이 어렵고 제품 구매형태가 일반 기업과 다르다. 따라서 이들 분야는 일반 신입이나 경력사원 대신에 이들 특수 분야에서 근무한 사람을 특채 형식으로 뽑아 기술영업사원으로 활용하는 경우가 많다.

외국계 회사

국내에는 SK하이닉스 반도체나 삼성전자와 같은 반도체 제조회사에 제조관련 설비를 공급하는 어플라이드 머티어리얼즈 코리아 Applied Materials Korea와 같은 회사를 포함한 수많은 외국계 회사들이 국내에 진출해 있다. 국내에 진출해 있는 이들 외국계 기업이 일반 국내 회사에 비해 비교적 보수가 높고 근무 환경도 좋은 편이지만 국내 회사, 특히 대기업들의 보수가 과거에 비해 크게 올라가면서 외국계 회사와의 연봉 차이는 줄어들고 있는 편이다.

이들 외국계 회사에 근무하기 위해서는 세일즈 경험이나 전문지식 못지않게 외국 본사와의 의사소통이 가능해야 한다. 국내에 진출한 외국계 기업 대부분이 제조나 연구개발보다는 판매 목적으로 진출해 있기 때문에 영업 중심으로 회사가 운영되고 있다. 근무 분위기가 국내 기업보다 비교적 자유스러운 편이다.

하지만 비즈니스 문화가 다르고 가격 정책을 포함한 다양한 규정들이 국내 실정과 맞지 않아 영업활동에 지장을 초래하는 경우도 많다. 국가 브랜드가 높아지고 한국 시장의 규모가 커지면서 국내에서뿐만 아니라 해외에서 근무할 수 있는 기회도 늘고 있으며, 규모가 큰 외국계 회사의 경우 다양한 종류의 세일즈 교육 혜택이 주어지지만 소규모 회사의 경우 스스로 알아서 교육 기회를 마련해야 한다.

외국계 대리점

외국계 회사가 자신들의 물건을 국내에 직접 판매하지 않고 공식 판매 대리점Authorized distributor을 통해 판매하는 방식으로 보통 국내에 1개의 공식 판매 대리점을 두고 있으나 제품의 특성에 따라 공식 판매 대리점을 여러 개 두는 경우도 있다. 공식 판매 대리점을 두는 경우에는 통상 지사를 두고 있지 않으나 경우에 따라 지사를 두고 공식 판매 대리점을 관리하는 경우도 있다. 또 제품의 특성에 따라 공식 판매 대리점 밑에 여러 개의 판매 대리점을 두는 경우도 있다.

통상 외국계 회사에 비해 근무조건이나 보수는 낮은 편이다. 사장 혼자서 운영하는 1인 대리점 회사에서부터 수백 명의 직원을 두고 여러 외국계 회사의 제품을 취급하는 회사에 이르기까지 무수히 많은 대리점들이 있다.

이들 대리점들은 회사 또는 제품에 따라 영업 마진폭이 다르고 비즈니스 형태가 다르기 때문에 근무 여건 역시 차이가 많이 나며 사장이 마음대로 모든 결정을 내릴 수 있기 때문에 외국계 회사에 비해 비즈니스 상황에 맞게 융통성을 발휘할 수 있다. 예를 들어 외국계 회사는 가격 가이드라인 때문에 마음대로 가격을 조정할 수 없지만 대리점은 사장이 비즈니스 상황을 고려한 판단을 바로 내릴 수 있어 상황에 맞춰 유연하게 대응할 수 있다.

영업 경력을 쌓아 스스로 회사를 운영해보고 싶은 사람들은 대리점에서 근무하는 것이 여러 측면에서 좋은 경험이 될 수 있다. 또 경험이 전무하거나 어학능력이 떨어지는 취업지망생의 경우에도 비교적 손쉽게 접근할 수 있다는 장점이 있다.

외국계 회사와 외국계 대리점의 차이점

구분	외국계 법인 또는 지사	외국계 대리점
고객선호도	– 전반적으로 좋음 • 기술지원 엔지니어 자질 우수 • 고객지원 체제에 대한 고객 신뢰도 높음	– 외국계 회사에 비해 떨어짐 • 전반적인 기술지원 능력이 외국계 회사에 비해 떨어짐 • 기술지원, 특히 장기적인 기술지원에 대한 고객 우려 큼
업무유연성	– 문화적인 차이로 유연성 떨어짐 • 고객 불만 요인(A/S 정책, 계약조건, 서비스 비용 등) • 영업 장애 요인으로 작용	– 시장상황에 능동적인 대처 • 한국적 비즈니스 환경 고려 • 비즈니스 상황 변화시 신속한 대응
근무조건	– 근무환경이나 처우가 비교적 좋음	– 외국계 회사에 비해 근무환경이나 처우가 바교적 떨어짐 • 회사규모나 경영자의 사업 철학에 따라 근무조건 차이가 큼
입사조건	– 대부분 경력사원 채용 • 일부 법인을 제외하고 대부분 경력사원 수시 채용 • 어학(의사소통) 능력 중시	– 신입 및 경력사원 • 신입 및 경력사원 수시채용 • 어학 비중이 상대적으로 낮음
경력관리	– 영업 품목이 한정되어 있음 • 진출 분야가 제한적 • 후광효과(회사 브랜드 가치)	– 여러 비즈니스 파트너 상대 • 다양한 경험, 외국계 회사 진출, 또는 개인 사업시 유리
시장변화에 따른 변화	– 매출 또는 시장점유율 낮을 시 지사 폐쇄 후 대리점 체제로 전환 – 대리점 매출 규모 커지면 지사 체제로 전환 가능성 높음	– 시장 지배력이 낮을 경우 판권이 다른 대리점으로 넘어가기 쉬움 – 시장 지배력이 높을 경우 매출 규모가 커도 대리점 체제 존속 가능성 높음

팔릴 수 있는 상품으로 자신을 준비한다

자신이 필요로 하는 물건을 구입하는 것은 생각보다 쉽지 않다. 비슷한 제품군들이 주위에 넘쳐나고 있고, 제품이 좋으면 가격이 비싸고 가격이 싸면 품질이 떨어진다는 것을 경험을 통해 익히 잘 알고 있기 때문이다. 마찬가지로 새로운 사람을 채용하는 면접관의 입장에서도 필요한 사람을 뽑는 게 쉽지만은 않은 일이다. 능력이 뛰어난 취업지망생은 보수를 많이 달라고 하거나 받아들이기 어려운 무리한 요구를 하는 등 입사조건이 까다롭고, 입사 후에도 회사가 기대했던 것보다 마음에 들지 않는다고 퇴사해 버리기 쉽다. 반대로 능력이 떨어지는 사람은 적은 비용으로 쉽게 채용할 수는 있지만 업무 능률이 떨어진다.

훌륭한 세일즈맨은 이러한 고객들의 구매 애로사항이나 고객이 꼭 필요로 하는 니즈가 무엇인지, 어떻게 하면 고객으로부터 구매 욕구를 불러일으킬 수 있는지, 그리고 경쟁제품과의 경쟁에서 이기기 위해 어떻게 해야 하는지를 잘 알기 때문에 세일즈 프로세스 각 단계별 필요한 준비를 철저히 해둔다. 마찬가지로 취업지망생도 면접관에게 자신의 상품성을 높여 채용하고 싶은 욕구를 불러일으키거나 다른 수많은 경쟁자와의 차별화를 통해 경쟁에서 이길 수 있도록 구직 프로세스 각 단계별 준비를 철저히 해둬야 한다.

세일즈 관련 공부를 해둔다

중국의 개혁과 개방을 이끌었던 덩샤오핑은 1979년 미국을 방문하고 돌아와 자본주의든 공산주의든 상관없이 중국 인민을 잘 살게 하면 그것이 제일이라는 의미로 "검은 고양이든 흰 고양이든 쥐만 잘 잡으면 된다"는 흑묘백묘黑猫白猫론을 내세웠었다. 영업도 어느 대학에서 무엇을 전공했고, 어떤 자격증이 있느냐는 별로 중요하지 않다. 장사만 잘하면 된다.

우리 주위에는 초등학교만 나왔는데도 대학 나온 사람 못지않게 성공한 사람이 많이 있듯이 변변한 영업 교육 한 번 받지 않고도 영업을 잘하는 사람들이 많이 있다. 그렇다고 해서 공부를 게을리하라는 말이 아니다. 기회가 되는 대로 세일즈 관련 교육을 받아둬야 한다. 교육을 받을 형편이 안 되면 관련 서적이라도 틈틈이 봐두는 게 좋다. 그렇다면 왜 세일즈 교육이 필요하고, 왜 잘 나가는 회사들이 세일즈 교육에 많을 돈을 투자할까?

투자한 만큼의 가치가 있기 때문이다. 똑같은 능력을 가진 사람이 기초교육과 체계적인 교육을 받았을 때와 자신의 경험에만 의존

세일즈 프로세스와 구직 프로세스 비교

세일즈 프로세스	구직 프로세스
– 가망고객 발굴 • 인터넷, 신문, 업체 리스트, 전시행사 참여, 또는 세미나 개최	– 지원회사 발굴 • 인터넷 업체 리스트, 산업 전시회, 취업 박람회, 학교 선배 활용
– 만남을 위한 준비 • 매출 액 및 직원 수, 주 생산품, 경쟁사 등에 대한 정보파악 • 고객의 니즈 파악 및 구매욕구를 불러 일이키기 위한 자료준비	– 이력서, 자기소개서, 면접 준비 • 지원 회사의 매출액, 직원 수, 주 생산품, 주 고객 경쟁사, 비즈니스 상황 등에 대한 정보수집
– 고객과의 만남 • 구매욕구 자극 → 제품 설명, 또는 데모 유도 • 제품설명을 위한 고객 상황 파악 (qualification)	– 이력서 및 자기소개서 제출 • 관심 유도 → 면접 욕구 자극
– 제품설명 • 제품의 특징, 장점, 얻게 되는 이득에 대한 설명 • 확인을 위한 데모	– 면접을 통한 자기 소개 • 자신의 특징이나 장점, 자신을 채용했을 때 얻게 되는 효과나 이익에 대해 설명 • 자신이 한 말에 신뢰가 가도록 증거 제시
– 클로징(마무리) • 구매결정 시 고객의 우려 사항 불식 • 마무리를 이끌어 내기 위한 질문	– 마무리 • 채용 결정시 면접관 우려사항 불식 • 지원하고 싶다는 직, 간접적 강력한 의사 표시
– 사후관리 • 물건 납품, 교육, A/S 지원 • 판매 실패 후에도 고객과의 긴밀한	– 감사표시 및 후속조치 • 면접에 대한 감사 표시 및 끝마무리에 대한 강한 인상을 심어줄 것 • 전화 확인 및 입사 실패시 재도전 의사 표명

해서 모든 것을 해결하려 할 때 분명한 차이가 난다. 초기에는 교육 받을 시간에 직접 현업에 뛰어들어 몸으로 부딪혀가면서 배우는 사람이 결과가 좋을 수 있다. 그러나 시간이 지나면 체계적인 교육을

받은 사람이 더 좋은 성과를 나타내기 시작한다. 학교를 그만두고 검정고시 준비해서 대학에 진학하는 것이 시간을 단축할 수 있고 더 효율적이라고 생각할 수 있다. 그럼에도 불구하고 정상적인 학교교육을 권장하는 이유는 세상을 살아가는 데 영어, 수학 점수보다 더 중요한 인성교육이나 협동심, 인내심 등을 학교교육을 통해 배울 수 있기 때문이다. 마찬가지로 다양한 세일즈 교육을 받아두면 그만큼 영업 활동을 하는 데 여러모로 도움이 될 수 있다.

그렇다면 구체적으로 세일즈 교육을 받거나 관련서적을 읽어두면 어떤 도움이 될까?

첫째, 현업에 바로 투입할 수 있다.

영업 경험이 없는 신입사원의 경우 현업에 적응하는 데 일정 기간의 시간이 소요된다. 입사한 후 회사에서 세일즈 관련교육 기회가 제공되는 경우에는 그나마 다행이지만 교육을 받을 수 있는 여건이 마련되지 않을 경우 여러 어려움이 따른다. 따라서 기회가 되는 대로 미리미리 필요한 교육을 이수하거나 세일즈 관련 서적을 봐두면 실무에 많은 도움이 된다. 특히 영업은 오직 1등만 존재하기 때문에 아무리 사소한 차이로 경쟁자에게 밀리더라도 일단 경쟁에서 지게 되면 모든 것을 잃게 된다. 따라서 평소에 튼튼한 기초체력을 다지기 위한 학습은 아무리 강조해도 지나치지가 않다.

둘째, 면접시험에 도움이 된다.

교육효과를 떠나 입사 전에 나름대로 세일즈 관련교육을 이수했거나 관련서적을 읽었다는 것은 영업을 하기 위한 준비자세가 되어 있다는 의미로 판단, 서류전형이나 면접시험에서 좋은 점수를 받을 수 있다.

교육 종류	교육 내용
세일즈 기본	• 영업에 대한 이해 • 세일즈맨의 역할 • 세일즈맨의 자세 및 태도 • 구매에 영향을 주는 세일즈 심리 이해 • 구매 및 세일즈 프로세스 이해
커뮤니케이션 스킬	• 말하기 및 듣기 요령 • 피드백 및 질문요령 • 커뮤니케이션 장애 극복 및 방법 • 반론Objection 극복방법 • 효과적인 프레젠테이션 방법
협상 스킬	• 협상에 대한 이해 • 협상을 좌우하는 힘의 종류 • 협상 테크닉 • 윈-윈 협상 방법
가치셀링Value Selling	• ROIReturn On Investment 셀링 • 하이레벨 고객 접근 방법 • 고객의 문제점 분석 방법 • 파트너십 구축 방법
전략적 셀링Strategic Selling	• 기회분석Qualification • 경쟁상황 분석 • 조직분석 및 정치구조 이해 • 전략 및 전술 수립 • 실행Implementation 방법

셋째, 세상을 살아가는 데 도움이 된다.

영업 마인드는 영업 분야에만 국한되지 않고 개발이나 생산 등 모든 분야에서 필요하다. 특히 사회생활을 하는 데 있어서 영업 마인드는 매우 중요하다.

다양한 경험을 하라

고 이병철 삼성 회장은 "사장 그릇만큼 기업도 큰다"는 말을 했다. 그릇이 작으면 큰 것을 받아들일 수 없고 큰 그림을 그릴 수 없다. 컨버전스 시대에는 다양한 지식과 경험, 다양한 사람들의 의견을 받아들일 만한 큰 그릇을 가지고 있어야 한다. 그릇이 작으면 밖으로 흘러 넘치게 된다. 잡으려 해도 자꾸 도망친다. 젊은이들은 꿈을 먹고 산다고 한다. 높이 날아올라야 멀리 볼 수 있듯이 꿈 또한 커야 크게 성공할 수 있다. 꿈은 자신의 삶을 빛내준다.

그렇다면 큰 그릇이란 무엇인가? 원만한 대인관계나 소통, 대담함, 관용, 열린 마음, 배려, 폭 넓고 균형 잡힌 사고 등을 말한다.

면접관은 지적인 수준이나 학업 성적도 중요시 하지만 취업 지망생이 얼마나 큰 그릇을 가지고 있는지를 확인하고 싶어 한다. 따라서 학업에 열중하는 것도 중요하지만 기회가 되는 대로 다양한 경험을 쌓는 것이 중요하다. 특히 기술영업의 경우 더욱 그렇다. 기회가 된다면 인턴 경험을 해볼 것을 권하고 싶다. 미리 직장 경험을 해봄으로써 졸업 후 어떻게 어려움을 극복하고 무엇을 준비해야 할지를 알 수 있기 때문이다. 봉사활동도 중요한 경험이 될 수 있다. 봉사활동을 통해 서비스 정신의 소중함을 배울 수 있고 고객을 섬길 수 있는 마음의 여유가 생긴다. 또 아르바이트 경험도 중요한 경험이 될 수 있다. 가급적 많은 사람과 접촉함으로써 대인관계, 커뮤니케이션 스킬, 협업, 공동체 생활, 경쟁, 상도의 기본 등을 배우거나 실제로 체험해 볼 수 있기 때문이다.

일하고 싶은 분야에 대해 공부하라

자신이 일하고 싶은 영업 분야에 대해 미리 공부해두는 것은 시장 지식을 넓힌다는 중요한 의미가 있다. 신문이나 잡지, 학교 선배 또는 관련 분야 전시회 참관 등을 통해 다양한 정보를 습득할 수 있다. 기업체에서 주관하는 세미나에 참석하는 것도 정보 습득에 많은 도움이 될 수 있다.

무엇보다 자신이 진출하고자 하는 분야에 대해 관심을 기울이는 게 중요하다. 관심을 기울이다 보면 자연스럽게 관심분야에 대한 정보를 자주 접하게 되고, 그러다 보면 더 많은 관심을 갖게 된다. 이렇게 함으로써 일하고 싶은 회사에 대한 올바른 선택은 물론 취업에 필요한 서류작성이나 면접시험에 필요한 직간접적인 도움을 받을 수 있다.

이력서와 자기소개서 작성

나를 차별화 한다

이력서 작성 요령

자기소개서 작성 요령

나를 차별화 한다

회사는 뭔가 새로운 대안이나 전략을 제시할 수 있는 사람을 원한다. 아직 경험이 부족해서 제시하고 있는 대안이나 전략이 다소 현실감이 떨어져도 상관없다. 자신의 강점을 살려 뭔가 새로운 대안과 전략을 제시한다는 것은 그만큼 가능성이 있다는 의미로 받아들여지기 때문에 평범한 사람보다 높은 점수를 받을 수 있다.

차별화의 핵심은 선택과 집중이다

경쟁에서 무엇보다도 중요한 것 중 하나는 필요한 핵심적인 요소, 즉 핵심역량을 차별화 하는 것이다. 볼보 자동차는 안전성을, 도미노 피자는 30분 이내 배달을, 맥도널드는 일관성과 원칙을 지킨 신뢰성과 빠른 주문 처리를, 루이비통이나 샤넬은 세일을 하지 않는다는 일관된 원칙으로, 할인점은 가격이라는 차별화된 마케팅 전략을 내세우고 있다. 만약 할인매장이 "다른 곳보다 가격은 좀 비싸지만 서비스나 품질만큼은 우리가 최고입니다"라고 주장한다면 성공하기 힘들다.

칭기즈칸이 그토록 짧은 기간에 넓은 영토를 정복해 대제국을 건설했던 비결도 자신의 강점을 제대로 활용했기 때문이다. 그는 몽골 유목민족의 강점인 기동성을 살린 속도전으로 세계를 지배할 수 있었다. 유럽 기사의 갑옷 무게는 70킬로그램이었지만 몽골군은 7

킬로그램에 불과했고 가벼운 칼이나 창, 활로 무장했기 때문에 말의 부담을 최소한으로 줄일 수 있었다. 말이 지쳐 속도가 떨어지지 않도록 병사 1인당 기본적으로 말을 3마리씩 지급, 4,000킬로미터를 단 10일만에 주파할 만큼 무서운 속도전으로 유럽을 휩쓸었다. 기동성이 높아지면서 발생하게 되는 보급품 문제를 해결하기 위해 병사들로 하여금 각자 부피를 크게 줄인 보르츠라는 마른 육포를 지니도록 할 정도로 기동성에 총력을 기울였던 것이다.

핵심역량이란 모든 부분에서의 절대 우위를 의미하지 않고 특정 부분에서의 차별화된 능력을 말한다. 취업지망생들 중에는 이력서나 자기소개서를 단순한 통과의례 정도로 인식하고 있는 사람들이 있다. 이는 크게 잘못된 생각이다. 이력서나 자기소개서는 자신이라는 상품을 알리는 일종의 마케팅 홍보자료다. 인사담당자는 이 자료를 통해 취업지망생을 첫 대면하는 것이니 만큼 세심한 주의가 필요하다. 뽑아만 주면 이것도 잘할 수 있고 저것도 잘할 수 있다는 식의 접근 방법보다 다른 지원자들보다 무엇을 어떻게 잘할 수 있는지를 분명하게 보여주는 것이 중요하다.

회사는 뭔가 새로운 대안이나 전략을 제시할 수 있는 사람을 원한다. 아직 경험이 부족해서 제시하고 있는 대안이나 전략이 다소 현실감이 떨어져도 상관없다. 자신의 강점을 살려 뭔가 새로운 대안과 전략을 제시한다는 것은 그만큼 가능성이 있다는 의미로 받아들여지기 때문에 평범한 사람보다 높은 점수를 받을 수 있다.

"저는 제 고향에 위치하고 있는 3개 업체를 주 공략대상으로 삼아 다른 지역으로 업무 영역을 확장시켜보도록 하겠습니다. 제가 이들 3개 업체에

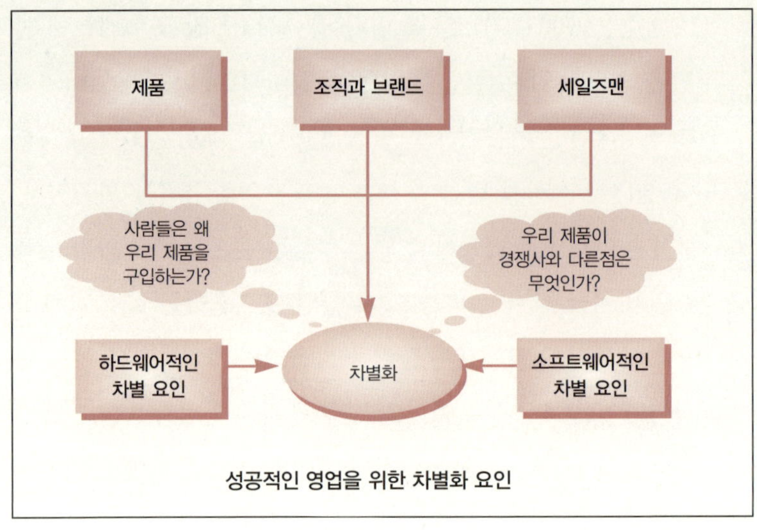

성공적인 영업을 위한 차별화 요인

주목하는 이유는 저희 학교 선배나 지인 분들 중에 이 회사에 근무하고 있는 사람들이 많아 정보 입수가 쉽고 인맥 구축이 용이하기 때문입니다. 이 점을 십분 활용해서 내년 상반기 중에 교두보를 마련하도록 하겠습니다."

똑같은 기술영업이라도 고객의 상황에 따라 비즈니스 스타일이 달라져야 한다. 예를 들어 항공기나 중, 대형 컴퓨터시스템과 같이 규모가 크고 고객이 한정되어 있는 경우에는 전략적 사고와 기획력, 팀워크, 투자분석ROI, 제안서 작성, 프레젠테이션 능력 등을 겸비한 세일즈맨이 유리하다. 반면에 투자 규모가 작고 많은 고객을 상대해야 하는 경우에는 친화력이나 체력이 좋으면서 부지런한 사람이 유리하다. 이와 같이 다양한 고객들의 비즈니스 상황에 맞게 자신들의 장점을 특화시키는 전략이 필요하다.

비즈니스 분야별 차별화 조건

분야	애플리케이션	특징	차별화 조건
중대형 설비 및 시스템	- 통합전산망 시스템 - 물류창고 자동화 - 발전설비, 비행기, 선박 - 규모가 큰 제조설비 - MRI 장비	- 솔루션 판매 • 고객의 다양한 요구조건에 맞는 솔루션 제공 - 투자금액이 큼 • 철저한 투자대비 효과ROI 분석 • 투자검토에 참여하는 인원 많음	- 부서(개발, 기술지원, 협력업체, 영업)간 팀워크 - 기획, 프레젠테이션, 제안서 작성 - 경제지식(ROI투자분석) - 고객, 특히 경영자 그룹과의 원만한 의사소통
연구개발 분야	- 학교, 기업 및 정부 출연 연구용 장비 - 측정 및 분석 장비 - 각종 시뮬레이션 툴 - 개발에 필요한 소재 및 부품	- 엔지니어의 기술적인 요구조건이나 개발규격(스펙) 충족 - 대부분 실무자엔지니어 선에서 투자검토 완료 - 딱딱한 업무 분위기	- 기술적인 백그라운드 - 연구원들과의 친화력 - 마케팅(기술세미나)
중소형 제품 및 범용제품 분야	- 범용계측 장비 - 일반 산업재 - 초음파 진단기, 소형 특수모터, 자동부품 삽입기	- 가망(잠재) 고객이나 거래 업체가 많음 - 실무자엔지니어 선에서 투자검토 완료	- 부지런함, 성실성 - 가망고객 발굴 • 정보력 - 마케팅(세미나, 시장분석) - 커뮤니케이션 스킬
국방관련 분야	- 공격 및 방어무기 - 무기 정비 관련 장비	- 투자에 필요한 정보 획득 어려움(군 보안) - 긴 투자 사이클(투자검토에서 투자까지) - 까다로운 요구조건(규격)	-정보력(인맥) -인내력 -제안서 및 보고서 작성 -친화력

고객의 고객에게 초점을 맞춰라

PC의 핵심 부품인 마이크로 프로세스 칩을 생산하는 인텔의 주 고객은 삼성이나 델Dell과 같은 PC 제조업체들이다. 이들 PC 제조업체들은 인텔이나 인텔 경쟁사로부터 공급받은 마이크로 프로세스를 내장한 PC를 생산, 소비자인 학생, 주부, 회사원, 자영업자 등에게 공급한다. 당연히 소비자들은 삼성이나 델은 알아도 PC에 어느 회사 마이크로 프로세스가 내장되어 있는지에 대해 알지 못했고 알 필요도 없었다. 완제품이 아닌 중간재를 생산하는 인텔은 PC 사용자 입장에서 보면 아무리 품질이 우수한 제품을 가지고 있어도 얼굴 없는 회사에 지나지 않았기 때문에 경쟁사들의 저가공세에 시달려야 했다.

이러한 문제를 해결하기 위해 인텔은 자사의 브랜드를 PC 사용자들에게 직접 알려 경쟁사와의 차별화를 시도했다. 우리가 잘 알고 있는 'Intel Inside' 캠페인은 인텔의 대표적인 차별화 마케팅 전략 중 하나다. PC 제조업체들에게 홍보비용을 지불하는 조건으로 자사의 마이크로 프로세스 칩을 내장한 PC에 'Intel Inside' 라는 로고를 PC 전면에 부착하도록 요구했다. 고객의 고객인 최종 PC 소비자에게 초점을 맞춘 'Intel Inside' 전략을 통해 기업과 자사제품의 가치를 끌어올림으로써 시장 지배력을 키울 수 있었다. 이 방법 외

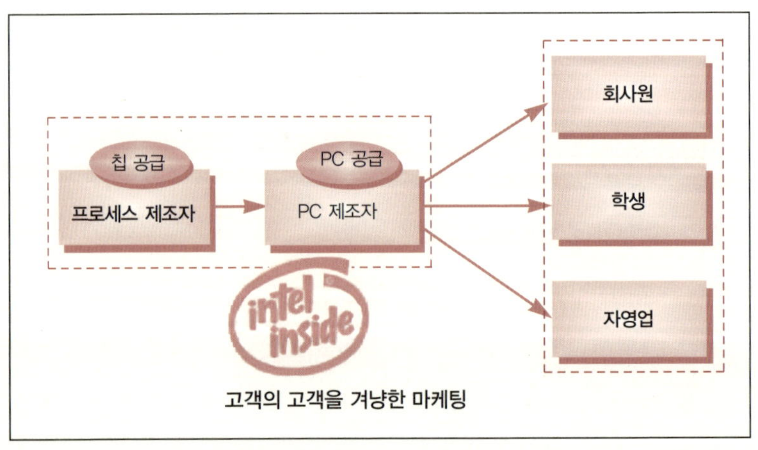

고객의 고객을 겨냥한 마케팅

에도 인텔은 끊임없는 광고 캠페인을 통해 PC 사용자들에게 자신들의 브랜드 가치를 키워가면서 새로운 상품들에 대한 니즈를 창출해 가고 있다.

취업지망생의 고객은 자신을 채용하고자 하는 회사지만 취업지망생 고객의 고객은 자신을 채용하고자 하는 회사의 거래처다. 입사하고 싶어 하는 회사의 고객과 비즈니스를 하기 위해 이력서도 쓰고 면접도 본다. 따라서 인텔이 자신의 고객인 PC 제조업체가 아닌, PC 제조업체의 고객에게 초점을 맞춰 성공했듯이 취업지망생도 지원하는 회사의 거래처를 염두에 두고 입사준비를 해야 한다. 이들에 대해 많이 알고 있다는 것은 그만큼 관심을 갖고 많이 준비했다는 의미가 있기 때문에 채용담당자에게 좋은 인상을 줄 수 있다. 다음 질문들에 대한 답변을 준비해 두는 것이 좋다.

Q1: 나의 고객(지원하고자 하는 회사)의 고객은 누구인가?

Q2: 나의 고객의 경쟁상대는 누구인가?

Q3: 나의 고객은 어떻게 비즈니스를 성공시키고 있는가?

Q4: 나의 고객이 비즈니스에 실패하고 있는 이유는 무엇인가?

Q5: 나의 고객은 어디를 향해 가고 있는가?

Q6: 나의 고객의 고객을 만족시키기 위해 필요한 것은 무엇인가?

Q7: 나의 고객의 성공을 위해 도울 수 있는 것은 무엇인가?

자신을 채용하고자 하는 회사의 입장에서 본다

자기중심적이고 고집스러운 사람은 자기의 입장만을 고수한다.

그러나 융통성이 많고 창의적인 사람은 타인의 입장에서도 세상을 바라보려고 노력한다. 교사는 학생의 입장에서, 세일즈맨은 고객의 입장에서, 부모는 자녀의 입장에서, 배우는 관객의 입장에서 자신의 행동을 바라볼 수 있어야 하고자 하는 일을 제대로 해낼 수 있다.

KT 이석채 전 회장은 애플의 '아이폰'을 도입, 국내에 스마트폰 바람을 불러일으킨 장본인으로 공기업 체질을 지우지 못하고 있던 KT 문화를 송두리째 바꿨다. 혁신과 도전, 변화라는 말이 잘 어울리는 사람이다.

그는 신년 기자간담회에서 "나는 아웃사이더의 눈으로 KT를 봤기에 변화를 이끌어낼 수 있었다"라고 말했다.

이력서나 자기 소개서는 자신이라는 상품을 일하고 싶어 하는 회사, 즉 회사라는 고객에게 세일즈하기 위해 작성하는 서류다. 따라서 자기가 말하고 싶은 것, 중요하다고 생각되거나 강조하고 싶은 것, 이해시키고 싶거나 보여주고 싶은 것, 자랑하고 싶은 것을 적는 게 아니다. 고객이 알고 싶어 하거나 궁금해 하는 것, 고객이 필요로 하고 부족하다고 느끼는 것에 대한 해답을 적는 서류다. 스스로 기업을 경영하고 있고 영업을 책임지고 있는 사람의 입장에서 서류를 작성해야 한다. 그러기 위해서는 지원하는 회사가 판매하는 제품의 특징이나 장단점, 경쟁사, 지원하는 회사의 제품을 사용하는 고객은 누구이고 이들의 관심사항은 무엇인지, 영업 방향이나 전략, 지원하는 회사가 요구하는 스펙영어나 일어 회화 가능 여부, 영업 경력 등은 무엇인지 등에 대해 가급적 많은 것을 알고 있어야 한다.

고객에게 인정받을 수 있는 차별화여야 한다

F15A나 F16 전투기 등의 조종 훈련을 목적으로 개발된 T-50 고등훈련기는 개발된 지 5년이 지난 시점에서 어렵게 인도네시아와 처음으로 수출계약이 성사되었다. 계약이 성사되어 어느 정도 체면 유지는 했지만 예상과 달리 수출 성적표는 초라하다. 디지털 비행 제어시스템이나 디지털 엔진제어 방식 등 최신 디지털기술로 무장한 첨단장비를 갖춰 이탈리아의 M-346 등과 같은 경쟁 기종에 비해 성능면에서 월등한 데도 경쟁에서 밀리고 있다.

경쟁 기종보다 성능이 우수한데도 경쟁에서 밀린 이유는 뭘까? 전문가들의 분석에 의하면 무엇보다도 훈련기 개발 당시 너무 고성능에 집착하다보니 가격이 비싸져 수출 주력시장인 개발도상국가들이 외면하기 때문이라고 한다. 우리 군의 요구에 따라 값비싼 전자장비를 많이 탑재했지만 외국 고객들은 이들 전자장비들에 대해서는 별 관심을 보이지 않는 대신 작전반경이 넓은 점을 감안, 공중급유 기능을 원하고 있다. T-50은 공중급유가 안 된다. 국토가 좁은 국내 실정에 맞추어 설계를 하다 보니 공중급유 기능이 필요하지 않았기 때문이다.

비싼 돈을 들여 외국에서 박사학위를 받았지만 국내 회사에서 일하기에는 조건들이 맞지 않아 면접시험에서 계속 떨어지는 것도 마찬가지다. 아무리 돈을 들여 차별화를 시도해도 고객이 필요로 하지 않으면 아무 소용이 없다. 고객이 필요로 하는 것이 무엇인지를 읽어 내서 그에 맞는 차별화를 시도해야 한다. 불필요한 스펙을 준비해야 할 시간에 기술영업에 필요한 스펙을 준비하는 것이 바로 제대로 된 차별화다.

이력서
작성 요령

이력서 번거롭더라도 자기소개서와 마찬가지로 이력서에 새로운 내용이 추가되거나 지원하고자 하는 회사의 상황에 따라 계속 수정되고 업데이트 되어야 한다. 예를 들어 A 회사에서 영업자로 근무하다가 퇴사한 후 B 회사에 입사하기 위해 이력서를 작성할 경우, 편의점 아르바이트 경력 대신에 A 회사에서 세일즈맨으로 근무했던 내용이 상세히 기록되어야 한다. 아무리 자랑하고 싶은 경험이 있더라도 직무와의 연관성이 떨어지는 내용을 이력서에 그대로 남겨두면 전달력이 떨어진다.

첫인상을 좋게 하라

첫인상이 중요하다는 건 누구나 안다. 첫눈에 들어오는 생김새나 표정 등 극히 제한된 정보로 형성되는 첫인상은 강력한 힘을 발휘한다. 한번 뇌에 입력되면 좀처럼 바뀌지 않는다. 먼저 제시된 정보가 나중에 들어온 정보보다 인상을 형성하는 데 강력한 영향을 미치기 때문에 첫인상이 긍정적이면 나중에 부정적인 정보에 노출되어도 긍정적으로 합리화하거나 일관성을 유지하려 한다. 똑같은 정보라도 첫인상이 어떠냐에 따라 해석이 달라진다. 첫인상이 좋은 사람이 머리가 좋다는 말을 들으면 현명하고 지혜롭다고 평가하지만 첫인상이 나쁘면 교활한 사람이라고 평가한다.

이력서의 첫인상은 사진을 통해 형성된다. 인사담당관의 시선이 맨 처음 가는 곳이 사진이다. 사진에서 좋은 느낌을 주지 못하면 다른 항목에서도 좋은 느낌을 주기 어렵다. 반대로 느낌이 좋은 경우

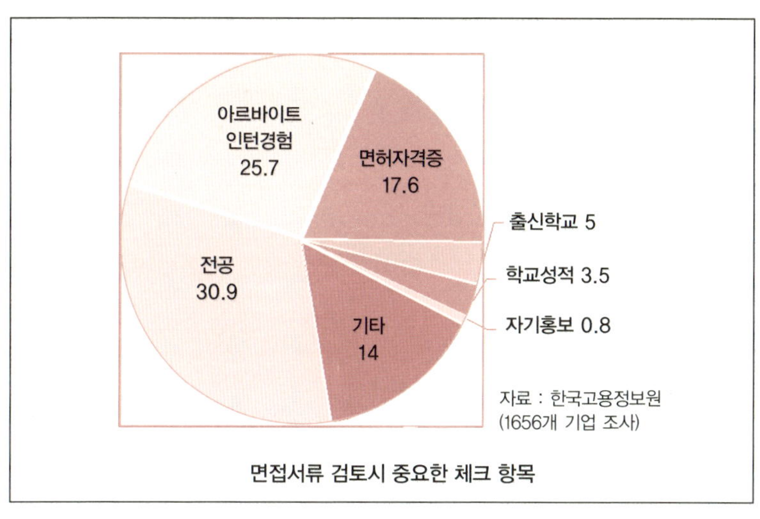

면접서류 검토시 중요한 체크 항목

라면 다른 항목에서 실제보다 후한 점수를 받을 가능성이 높아진
다. 표정 없는 딱딱한 얼굴보다는 환한 미소를 드러낸 얼굴이 상대
에게 호감을 주리라는 것은 당연하다.

복장은 반드시 정장차림이어야 하고, 깔끔한 회색이나 짙은 감색
이 무난하다. 자신의 신체적 결점을 감추기 위한 지나친 포토샵은
삼가는 게 좋다.

불필요한 항목은 과감히 삭제

수요에 비해 공급이 넘치고 상품의 품질이 비슷비슷 하다보니 고
객의 시선을 끄는 게 갈수록 어렵다. 경쟁이 치열해지면서 상품 광
고가 홍수를 이룬다.

인력시장도 상품시장과 마찬가지로 수요에 비해 공급이 넘친다.
그러다보니 사람 한 명 채용하는 데도 수많은 이력서가 인사담당자

의 책상에 쌓인다.

이력서는 자신이라는 상품을 인사담당자라는 가망고객에게 알리는 일종의 광고다. 그렇기 때문에 짧은 시간 내에 가망고객으로부터 관심을 끌 수 있어야 한다.

광고의 핵심은 상품의 특성을 아주 간결하고 설득력 있게 표현해내는 데 있다. 광고의 핵심을 살리지 못해 관심을 끌지 못하면 바로 쓰레기통으로 들어가게 된다. 입사하고자 하는 회사를 위해 열심히 준비한 이력서도 마찬가지다. 인사 담당자에게 관심을 끌지 못하면 바로 휴지통으로 들어간다.

이력서를 통해 나에 대한 모든 것을 설명하려드는 대신 나에 대해 궁금증을 일으키고 더 알고 싶어지도록 유혹해야 한다. 다시 말해 이력서는 나에 대한 모든 것을 알려주는 게 목적이 아니다. 나에 대한 관심과 호기심을 불러일으켜서 면접에 초대하도록 만드는 데 목적이 있다.

흥미를 불러 일으켜야 한다. 나에 대해 보다 자세히 알리고 싶은 욕심에서 또는 반드시 기본 형식을 갖춰야 된다는 생각에서 본적, 가족 관계, 호적 관계, 취미, 신체 사항, 특기 사항 등과 같은 세세한 내용까지 정리해 놓을 필요가 없다. 대신 다른 이력서와 차별화할 수 있는 뭔가 특별한 내용으로 인사담당자의 관심을 끌어야 한다.

학력은 고등학교부터 작성하는 게 좋다. 내용이 자세하다고 해서 꼭 나쁠 것은 없지만 일반적인 내용이나, 면접관이 별로 관심을 두지 않는 내용에 대해 자세히 기록하다 보면 자신이 꼭 알리고 싶은 내용이 제대로 드러나지 않게 된다.

교육 및 특기 사항

- 기술영업 초급 과정: 2010년 7월(24시간), OO교육센터
- 협상 스킬: 2010년 12월(16시간), OO아카데미
- 커뮤니케이션 스킬: 2010년 12월(6시간), OO아카데미

경력

- 편의점 아르바이트: 2009년 1월-2010년 9월
  - 단골고객 확보로 매출 10% 증가
- 학교신문 편집부 근무:2008년3월-2010년10월
  - '공대 졸업생 취업 보고서' 시리즈 특집기사 3회 게재
- '기술영업이 희망이다' 특강 수강
  - 기술영업에 관심을 갖는 계기가 됨

사회봉사활동

- 외국근로자 자녀 지도: 2008년 5월 - 2010년 2월, OO외국인 근로자 지원 센터
  - 국어 및 인성교육
- 수해 복구 봉사활동: 2006년 8월(2주), 강원 인제
  - 각 봉사팀 간 긴밀한 교류와 협력을 통한 인내심과 팀워크 배양

지원부서와 연관되는 내용으로 채운다

이력서는 내가 과거에 어떤 사람이었는지를 보여주는 게 아니다. 내가 무엇을 잘할 수 있고, 앞으로 어떤 길을 가고자 하는지 그 방향이 무엇인지를 보여 줄 수 있어야 한다. 하고자 하는 기술영업이나 지원회사에 관련되는 내용을 중심으로 경력(경험), 자격이나 특기사항, 교육받은 내용, 또는 수상경력이나 사회봉사활동 등에 대해 가급적 상세히 기록한다. 학생 신분이라서 특별한 경력이 없다고 그냥 비워두지 말고 학술세미나에서 관심 있게 수학한 내용들

이라도 기술영업에 연관성이 있으면 기술하는 게 좋다.

OO회사 기술영업사원으로 근무: 2006 3월~2009년 7월
- 정부출연연구소 및 군 담당
- 시장 점유율 20% -〉 40%, 매출액 10억 -〉 20억으로 증대
- 군 및 정부 출연 연구소(특히 대전 OO연구소)와 두터운 인맥 유지

이력서는 수고스럽고 번거롭더라도 자기소개서와 마찬가지로 이력서에 새로운 내용이 추가되거나 지원하고자 하는 회사의 상황에 따라 계속 수정되고 업데이트되어야 한다. 예를 들어 A 회사에서 영업자로 근무하다가 퇴사한 후 B 회사에 입사하기 위해 이력서를 작성할 경우, 편의점 아르바이트 경력 대신에 A 회사에서 세일즈맨으로 근무했던 내용이 상세히 기록되어야 한다. 아무리 자랑하고 싶은 경험이 있더라도 직무와의 연관성이 떨어지는 내용을 이력서에 그대로 남겨두면 전달력이 떨어진다.

생활신조나 성장 과정을 언급한다

자기소개서도 이력서와 마찬가지로 인사담당자의 관심을 끄는 것이 중요하다.

"저는 부산에서 2남 중 둘째로 태어났으며 엄격하신 아버지와 자상하신 어머니의 보살핌 속에…"처럼 천편일률적인 진부한 내용으로 자기소개서를 시작하면 바로 쓰레기통에 들어갈 가능성이 높다.

가족관계가 어떻고 훌륭한 부모 밑에서 교육을 잘 받았다는 등의 식상한 내용은 인사담당자가 알고 싶어 하는 내용, 즉 영업활동이나 회사 생활에 얼마나 어떻게 도움을 줄지에 대한 내용 파악에 아무런 도움을 주지 못하기 때문에 전혀 관심을 끌 수 없다.

기술영업을 지원하게 된 배경, 소년시절이나 학창시절 기술영업에 관련된 독특한 경험이나 에피소드, 관심이 있었던 학문 분야 등을 개성 있게 표현하는 게 좋다. 그렇게 해야 자신이 준비된 사람이

생활신조 및 성장과정

저는 우연한 기회에 '기술영업이 희망이다'라는 제목의 특강을 듣고 기술영업이야말로 저의생활신조나 성장과정에 비추어볼 때 가장 잘 어울리는 직업이라고 판단했습니다. 이유는

첫째, 누구보다 승부욕이 강합니다
영업은 2등은 존재하지 않고 오직 1등만이 존재하는 세계라고 들었습니다. 어릴 때부터 누구에게도 지는 것을 싫어했습니다. 이러한 저의 승부근성이 영업과 잘 어울립니다.

둘째, 친화력이 강합니다
초등학교 3년 동안 학교 축구선수로 활동하면서 자연스럽게 운동에 대한 관심이 높아졌으며 팀워크의 중요성을 깨닫는 계기가 되었습니다. 특히 대학 동아리 활동을 통해 팀워크는 물론 많은 사람들과 자연스럽게 어울리는 방법을 터득하였습니다.

셋째, 커뮤니케이션 능력이 있습니다
초등학교 때부터 독서를 좋아했고 일기와 독후감을 계속해서 써온 습관 덕분에 글쓰기에 자신이 있습니다. 중학교 때는 웅변학원에서 말하기 훈련을 받았습니다.

라는 좋은 이미지를 심어줄 수 있다.

이력서에서 사진이 첫인상을 결정하듯이 '생활신조 및 성장과정'의 첫 문장도 강한 첫인상을 심어줄 수 있는 참신한 문구로 시작해야 한다. 그래야 인사담당자가 자기소개서를 끝까지 읽어보고 싶은 충동을 느낀다.

장단점을 진솔하게 기술한다

자신의 좋은 점이나 특기사항 등을 가감 없이 자신 있게 밝힌다.

너무 장점에 대해서만 언급하면 신뢰감이 떨어질 수 있기 때문에 단점에 대해서도 언급하는 게 좋다.

단점도 보기에 따라 장점이 될 수 있다. 단점에 대해 언급할 때 한 가지 조심할 점은 표현 방법에 신경을 써야 한다는 것이다. 예를 들어, "책임감이 떨어집니다"라는 표현 대신에 "욕심이 많아 일을 너무 벌이다 보니 간혹 약속한 날짜를 지키지 못하는 경우가 생깁니다"라는 표현이 상대에게 거부감을 덜 준다.

단점을 개선하기 위해 노력하고 있다는 것도 보여줄 필요가 있다. 장점이나 특기사항도 가급적 지원하는 회사의 비즈니스 상황이나 기업 문화와 조화를 이룰 수 있는 내용에 초점을 맞추도록 한다. 또 장점이나 특기사항을 나열하는 것보다 자신의 체험과 함께 언급하는 게 좋다. 이러한 내용들은 면접에서도 면접관이 질문할 가능성이 높기 때문에 평소에 나름대로 철저히 준비해 두는 것이 좋다.

장단점

저는 주위사람들로부터 '매사에 긍정적이고 적극적이다' 라는 소리를 많이 듣고 있습니다. 제가 대학신문 편집부에서 활동하면서 '공대 졸업생의 취업, 무엇이 문제인가?' 라는 제목의 특집 기사를 시리즈로 게재할 수 있었던 것도 저의 긍정적이고 적극적인 자세와 태도가 뒷받침 되었기 때문이라고 생각합니다. 이러한 자세와 태도는 영업활동에도 많은 도움이 되리라고 확신합니다. 일단 시작했으면 끝장을 보고자 하는 성격의 소유자로, 맺고 끊는 것이 분명하며 공사를 분명히 구분할 줄 압니다. 단점이라면 끊고 맺는 것이 너무 분명해서 저를 깊이 있게 잘 모르는 사람들로부터 정이 없다는 소리를 듣는 경우가 있습니다. 보다 유연한 모습을 보이려고 열심히 노력하고 있습니다.

지원 동기 및 입사 포부를 밝힌다

지원 동기나 입사 포부에 대해 원론적인 내용보다는 가급적 지원 회사와 직접 연관이 있는 내용을 구체적으로 밝히는 게 좋다. 예를 들어 자신의 전공이나 희망사항 등을 지원회사의 업종이나 특성 등과 연관시켜서 언급하도록 한다. 이를 위해 지원회사에 대해 사전에 연구해두는 것이 좋다. 통상 지원 동기가 분명하지 않으면 성취 의욕이 떨어져 입사 후 좋은 결과를 기대할 수 없게 되고 결국에는 조기 퇴사로 이어지기 쉽다. 따라서 지원 동기를 분명히 밝혀 입사한 뒤 다른 생각하지 않고 매사에 의욕적으로 열심히 일하게 될 것이라는 인상을 심어줄 필요가 있다. 즉 자신을 채용하면 반드시 밥값을 할 만한 가치가 있다는 것을 보여줘야 한다.

막연하게 '열심히 노력 하겠습니다' '모든 역량을 쏟아 붓겠습니다' '꿈을 펼치고자 합니다' 등과 같은 추상적인 표현보다는, 가급적 구체적으로 나는 입사했을 때 어떻게, 어떤 방향으로 어떤 성과를 낼 것인지에 대해 언급함으로써 관심과 흥미를 불러일으키도록 해야 한다. 과다한 수사법이나 애매한 추상적인 표현, 부정적인 생각이나 남을 비방하는 내용들은 피해야 한다.

지원동기 및 포부

제가 ○○회사에서 일하고 싶어하는 이유는 저의 글쓰기 능력을 활용한 새로운 비즈니스 모델을 만들어 보고 싶어서입니다. 제가 만들어보고 싶은 비즈니스 모델은

첫째, 글쓰기 능력을 활용한 블로그를 운영하겠습니다.

제품 중심의 블로그 운영으로 제품에 대한 인지도를 높이겠습니다. 제품에 대한 인지도 증가는 잠재고객 증가로 이어지고, 잠재고객의 증가는 방문판매만이 아닌 전화 판매도 가능하게 하여, 매출을 증대시키면서 영업비용은 절감할 수 있는 효과를 거둘 수 있도록 하겠습니다. 그뿐만이 아니라 블로그를 활용한 '사용자를 위한 제품교육안내', '제품 업그레이드 소식' 등과 같은 다양한 고객서비스로 고객만족도를 향상시키고, 경쟁사와의 차별화를 시도하겠습니다.

둘째, 제품설명서와 제안서 작성으로 고객의 신뢰성을 증진시키겠습니다.

누가 보아도 쉽게 이해할 수 있는 잘 정리된 제품 설명서를 만들어 제품에 대한 이해도와 고객 만족도를 높이고, 제품설명에 소요되는 시간도 줄이도록 하겠습니다. 또 고객 실정에 적합한 솔루션과 각종 지원정책 등에 대해 가망고객이 알기 쉽고 신뢰할 수 있도록 중요한 딜에 대해서는 제안서를 작성, 신뢰성 증대를 통한 경쟁사와의 차별화를 시도하겠습니다.

셋째, '사용자 모임'을 만들어 고객과의 결속력을 강화하겠습니다.

영업을 활성화하기 위해서는 제품의 품질도 우수해야 하지만 무엇보다도 고객과의 인간관계 및 신뢰성 회복이 중요하다고 생각됩니다. 남과 잘 어울릴 수 있는 친화력을 발휘, 기존고객들을 대상으로 '사용자 모임'을 만들어 고객들과의 결속력을 강화하겠습니다. 이를 위해 블로그와 연계된 온라인 카페 운영 및 1년에 두 차례씩 오프라인 정기모임을 병행하도록 하겠습니다. 이렇게 함으로써 고객과 더욱 끈끈한 인간관계를 유지, 시장점유율을 30%에서 50%로 끌어 올림과 동시에 명실상부한 ○○제품을 국내 시장점유율 1위업체로 자리매김 하고 싶습니다.

Chapter 09

면접 방법

면접, 이것이 중요하다

면접시 평가기준

면접시 어떻게 답변해야 하나

준비를 철저히 한다

'전국 노래자랑' 이 전파를 탄 지 30년, 인기는 여전하다. 이 프로
그램이 남녀노소 가릴 것 없이 전 국민들로부터 사랑을 받는 데는
제작에 참여하고 있는 스텝들의 노고도 크지만 1984년부터 사회를
보고 있는 송해 씨의 힘이 크다. 송해 씨는 30년 가까이 방송을 해오
면서도 어떻게 하면 더 재미있는 프로를 만들 수 있을까 하는 고민
이 머리속에서 떠난 적이 없다고 했다.

철저히 준비를 한다. 항상 녹화 전날 일찍 현장에 내려간다. 현장
에 도착하면 동네 목욕탕에 가서 주민들과 담소를 나눈다. 목욕을
마치면 동네 시장통에서 식사를 하면서 방송에 필요한 정보를 얻는
다. 저녁시간에는 작가가 건네준 대본을 면밀히 검토해가면서 주민
들에게서 얻은 정보를 첨가한다.

이런 철저한 준비가 있기에 스텝들은 물론 녹화방송에 참여하는

지역주민들과 자연스럽게 호흡을 맞춘 프로가 만들어진다. 전 세계에 3D 영상 붐을 몰고 온 영화 '아바타'의 제임스 카메론James Cameron 감독은 1995년부터 아바타의 시나리오를 준비했다. 필요한 영상기술이 준비될 때까지 무려 15년을 기다렸다. 그는 아카데미 감독상을 수상한 영화 '타이타닉' 제작을 위해 잠수정을 타고 무려 27회나 4,000미터 해저에 가라앉아 있는 타이타닉 호를 살펴봤다고 한다.

히말라야 정상에 오르기 위해서는 오래 전부터 체력단련은 물론 등반에 필요한 모든 것들을 철저히 준비해야 한다. 갑작스런 기후 변화나 건강에 이상이 생길 때를 대비한 준비도 해야 한다. 정상에 오를 때까지 준비의 연속이다.

세일즈도 준비의 연속이다. 가망고객을 만나서 오더를 받을 때까지 길게는 몇 년이 걸린다. 성공적인 작품을 만들기 위해 세일즈 프로세스 각 단계마다 철저한 준비가 필요하다. 가망고객을 만나기 전에는 무슨 이야기를 어떻게 해서 유익한 대화 분위기를 조성하고 고객의 니즈를 정확히 알아낼 수 있을지에 대한 준비를, 고객을 만나고 난 후에는 어떻게 제품에 대한 프레젠테이션을 잘해서 구매동기를 이끌어낼지에 대한 준비를, 제품 설명회가 끝나고 난 후에는 고객의 반론을 어떻게 잘 핸들링해서 경쟁사를 제압할 수 있을지에 대한 준비를, 제품에 대한 고객 설득이 끝나고 나면 어떻게 가격협상을 무사히 마무리할지 등에 대한 준비의 연속이다. 준비가 철저해야 실수를 줄일 수 있고 고객에게 믿음과 신뢰감을 줄 수 있으며 고객 앞에서 자신감을 가질 수 있기 때문이다.

면접을 위해서도 이러한 준비가 필요하다. 준비가 철저해야 자신감을 가지고 면접관 앞에 설 수 있다.

그렇다면 무엇을 어떻게 준비해야 할까? 면접관의 입장에서 면접관의 다음 질문에 대해 답변을 준비해 보라.

Q1 : 내가 왜 당신을 만나야 하는가?

Q2 : 내가 왜 당신을 선택해야 하는가?

Q3 : 당신이 다른 사람과 다른 점은 무엇인가?

Q4 : 당신이 다른 사람과 다른 점을 어떻게 입증할 수 있는가?

Q5 : 당신이 우리 회사에 입사하면 기여할 수 있는 것이 무엇인가?

Q6 : 당신은 우리 회사에 대해 어느 정도 알고 있는가?

Q7 : 당신이 우리 회사에서 일하게 될 경우 5년, 10년 후 당신 모습은?

Q8 : 당신은 왜 세일즈맨이 되어야 한다고 생각하는가?

Q9 : 당신 주위 사람들은 당신에 대해 어떤 인물이라고 평가하고 있는가?

Q10 : 지금까지 살아오면서 가장 보람 있고 자랑스러웠다고 생각되는 일은 무엇이며, 왜 그렇게 생각하는가?

Q10 : 지금까지 살아오면서 가장 아쉽거나 가슴 아팠던 일은 무엇이며, 왜 그렇게 생각하는가?

바로 일할 수 있도록 준비된 사람이라는 것을 보여줘라

기업간 경쟁이 날로 치열해지고 평생직장이라는 개념이 사라지면서 직원들의 이직률이 높아지고 있다. 그러다보니 기업들은 준비가 제대로 되어 있지 않아 바로 업무에 투입할 수 없는 신입사원보다는 바로 투입할 수 있는 경력사원을 선호한다. 이런 문제를 해결하기 위해서는 현업에서 별 도움이 되지 않는 스펙 쌓기에 골몰하기보다 하나라도 현업에서 필요한 준비를 해둬야 한다.

현업에서 필요한 준비란 무엇을 말하는가? 운동선수가 운동에 필요한 기초체력을 갖춰야 하듯이 영업 활동이나 조직 생활에 필요한 기본을 갖추는 것을 말한다. 한 가지 운동을 잘하는 사람은 다른 운동도 쉽게 따라 배우고 잘할 수 있다. 필요한 기초체력이 잘 갖춰져 있기 때문이다. 마찬가지로 영업을 잘하는 사람은 판매하는 제품이 바뀌거나 구매 고객층이 달라져도 변화된 환경에 쉽게 적응한다. 영업에 필요한 기초체력이 잘 갖춰져 있기 때문이다. 이러한 기초가 잘 다져진 사람은 누구인가.

▶ 다른 사람들과 좋은 관계를 유지할 수 있는 친화력이 있다.

▶ 프로다운 자세와 깔끔한 외모를 유지하고 있다.

▶ 컴퓨터를 활용한 세일즈 관련 문서작성 및 프레젠테이션 능력을 갖추고 있다.

▶ 구매자의 구매 프로세스나 세일즈 프로세스를 잘 이해하고 있다.

▶ 조직생활에 필요한 비즈니스 매너와 원만한 의사소통을 위한 커뮤니케이션능력을 지니고 있다.

▶ 외국 비즈니스 파트너와의 의사소통을 위한 외국어능력을 갖추고 있다.

▶ 전반적인 지식의 폭이 넓다.

▶ 매사에 긍정적이고 적극적이다.

▶ 지원회사의 경영철학, 사업 방향, 회사 규모와 조직, 사업 품목, 경쟁사 등에 대해 잘 알고 있다.

자신의 능력을 입증하라

세일즈맨이 고객을 설득하기 위해서는 무엇보다도 고객의 신뢰를 확보하는 게 중요하다. 아무리 전문성이 뛰어나도 신뢰성이 결여되어 있으면 고객은 세일즈맨이 하는 말을 그대로 받아들이지 않는다. 신뢰성 확보는 세일즈맨에게 있어서 생명과 다름없기 때문에 이를 위한 끊임없는 노력이 필요하다. 신뢰성 확보를 위해서는 무엇보다도 일관된 태도를 유지하는 것이 중요하다. 제품을 팔고 싶은 욕심에서 고객의 무리한 요구도 서슴없이 들어주다가 상황이 바뀌거나 고객이 물건을 구입하고나자 슬그머니 태도를 바꿔버리면 바로 신뢰를 잃게 된다.

다음으로 논리적인 설득과 함께 신뢰성을 뒷받침할 수 있는 객관적인 증거를 제시하는 것이 중요하다. '백 번 듣는 것보다 한 번 보는 것이 낫다' 는 말처럼 믿을 수 있는 데이터나 입증된 자료가 뒷받침 되면 훨씬 설득력이 있고 신뢰감을 줄 수 있다. '최첨단 기술을 사용한 제품…' '세계적인 제품…' '시장을 선도하는 제품…' 등과 같이 번지르르 하고 화려한 말이나 수사적인 기법보다는 전하고자 하는 내용에 대해 보다 구체적으로 설명해 주는 편이 훨씬 효과적이다.

예를 들어, '소개드리고자 하는 제품은 이 분야에서 최고의 신뢰성을 지닌 제품입니다' 라는 설명보다는, '소개드린 제품은 평균 무고장시간이MTBF 20,000시간이 넘습니다. 즉 고장 없이 사용 가능한 시간이 20,000시간이 넘는다는 의미입니다' 라고 구체적인 수치를 제시해 주면 보다 설득력이 있다.

마찬가지로 자기소개서 작성이나 면접시험시 "학교신문 편집위원으로 활동하면서 배운 지식과 소중한 경험은 저에게 어떠한 도전도 극복할 수 있다는 자신감을 심어 주었습니다"라는 표현보다는 "저는 학교신문 편집위원으로 2년간 활동하면서 익힌 글쓰기 능력을 제안서나 제품설명서 작성하는 데 활용함으로써 고객에게 보다 신뢰감을 심어줄 수 있다고 확신하고 있습니다"라고 하면 보다 설득력이 있다.

능력개발이나 취업을 위해 이수한 어학 훈련이나 세일즈 관련 교육 등도 별 생각 없이 백화점 식으로 나열하는 것보다 구체적으로 세일즈 활동이나 조직에 어떻게 활용할 수 있는지를 보여주는 것이 좋다.

끝마무리가 중요하다

영업은 고객과의 첫 만남이 중요하지만 끝마무리도 첫 만남 못지않게 중요하다. 끝마무리를 어떻게 하느냐에 따라 주문order을 받을 수도 있고 경쟁사에 빼앗길 수도 있기 때문이다. 또 향후 고객과의 좋은 관계를 계속 유지하기 위해서도 끝마무리가 매우 중요하다. 고객은 제품 검토를 끝내고 마지막 결정을 내려야 할 순간이 되면 혹시 비용을 너무 많이 지불하지는 않는지, 제품이 복잡해서 제대로 사용하는 데 문제가 되지는 않을지, A/S는 제대로 받을 수 있을지 등에 대해 두려운 생각을 갖게 된다.

또 여러 회사 제품을 검토했지만 선택은 한 회사 제품만 해야 되기 때문에 경쟁에서 탈락하는 회사에 대한 심적 부담 또한 크다. 특히 제품 검토기간이 길어지면 검토하면서 쌓인 정 때문에 심적 부담은 더 커진다. 능력이 있고 경험이 풍부한 세일즈맨은 고객의 이러한 심리상태를 잘 알고 있기 때문에 고객이 마음 편하게 결정할 수 있도록 끝마무리 작업에 최선을 다한다. 최선을 다했지만 유감스럽게도 고객이 자신의 제품이 아닌 경쟁사 제품을 선정하게 될 경우에도 끝마무리를 아름답고 깔끔하게 정리한다.

인간이기 때문에 나름대로 최선을 다했는데도 경쟁에서 탈락할 경우 마음이 편치 않다. 더욱이 탈락 원인이 선뜻 납득하기 어려울 경우 배신감이 들기도 한다. 섭섭한 생각에 두 번 다시 만나고 싶지 않다. 많은 아마추어 세일즈맨의 경우 그냥 등을 돌려 버린다. 심한 경우 고객 면전에서 불만을 표출하기도 한다.

프로는 어리석지 않다. 비록 물건을 팔 기회를 놓쳐 아쉽고 분통이 터지지만 '비 온 뒤에 땅이 더욱 굳어진다' 는 속담처럼 고객과의 관계를 좋게 할 수 있는 기회로 받아들인다. 그냥 돌아서는 대신 "지금까지 저희 회사 제품에 많은 관심을 가져 주신 데 대하여 진심으로 감사드립니다. 이번에 저희가 부족한 점이 많아 선택되지 못했지만 더 열심히 준비해서 다음 기회에는 꼭 선택될 수 있도록 최선을 다하겠습니다. 앞으로도 많은 관심 부탁드립니다"라고 보다 긍정적으로 사고思考하고 행동한다. 이렇게 하면 아무리 냉정하고 쌀쌀맞은 고객이라 할지라도 물건을 구입해 주지 못한 데 대해 미안한 생각을 갖게 되고 뭔가 보상하고 싶은 생각이 들게 된다. 심리학에서 말하는 '사람들은 누군가에게 호의를 받으면 되갚으려고 한다' 는 '상호성의 법칙' 이 작동하게 된다. 기회가 되면 뭔가 다른 물건이라도 사주고 싶어 하고, 비록 사줄 형편이 안 되면 주위의 누군가에게 소개라도 해 주려고 한다.

회사 면접시험도 이와 비슷하다. 면접관이 면접을 끝내고 최종 합격자를 선정해야 될 시점에 이르면 심적 부담이 커진다. "혹시 근무조건이 다른 회사에 비해 떨어진다고 입사 후 곧 퇴사해버리지는 않을까?" "과연 주어진 일을 제대로 해낼 수 있을까?" "능력은 있어 보이는데 다른 직원들과의 팀워크에는 문제가 없을까?" 등의 두려운 생각을 갖게 된다. 바로 이런 이유에서 면접을 마무리 할 때 면접관이 우려할 만한 사항들에 대해 자신의 생각을 분명히 밝혀야 한다. 또 면접이 끝난 후 무조건 면접 결과만 기다리고 있을 게 아니라 필요하다고 생각되면, 면접관이 우려할 만한 사항이나 답변이 미진했다고 생각되는 부분에 대해 전화로 보충 설명을 해줄 필요가 있다. 만약에 면접시험 탈락 통보를 받게 되면 아무 일도 없었던 것처럼 그냥 뒤돌아서지 말고 면접관이나 불합격 통보를 해준 담당자에게 전화나 이메일로 끝마무리 인사를 해야 한다.

"이번에 면접 기회를 주신 데 대하여 다시 한 번 감사드립니다. 비록 면접시험에 합격은 못했지만 저 자신을 돌아보는 좋은 기회였다고 생각됩니다. 부족했던 부분을 열심히 준비해서 기회가 된다면 다시 한 번 도전하고 싶습니다. 열심히 준비하고 기다리겠습니다. 다시 면접 기회가 주어지기를 기대하겠습니다. 감사합니다."

이런 식으로 끝마무리를 하게 되면 면접관은 지원자의 적극적인 태도나 매너에 조금이나마 매력을 느끼게 된다. 지원자가 자신의 회사에 애착을 갖고 있다고 판단, 뭔가 보상하고 싶은 충동도 생긴다. 다시 인원을 충원할 기회가 생기면 큰 결격사유가 없는 한 우선적으로 면접 기회가 주어지게 되고 이전보다 더 긍정적인 시각에서 평가를 하게 될 가능성이 높다. 기회가 되면 다른 부서나 다른 회사

에 추천해줄 수도 있다. 진짜 프로는 뒷모습이 아름답듯이 지원자
도 뒷모습이 아름답도록 끝마무리를 잘해야 한다.

투자나 인원 충원시 겪게 되는 두려움risk

	투자/충원에 대한 두려움risk	솔루션
고객	– 과다한 비용지불 – 불만족스러운 기술지원 – 제품을 잘못 선정한 것에 대한 주위사람들로부터의 비난 – 불필요한 투자 – 제품의 신뢰성	– 기술지원능력 입증 – 데모demonstration – 품질관련 입증자료 제시 – 시장점유율 소개 – 성공사례 소개reference site
면접관	– 회사가 마음에 들지 않는다고 조기 퇴사 – 사람을 잘못 뽑은 것에 대한 주위 사람들로부터의 비난 – 업무수행능력 미달 – 직원들과의 불화	– 능력을 입증할 근거자료 제시 • 교육, 경력, 자격증, 특기사항 – 믿음trust을 뒷받침할 자료제시 • 입사하고자 하는 분명한 사유 • 봉사 및 서클활동 내용 • 추천서 • 참고사례 소개

면접시
평가기준

사람들은 객관적 자료에 의한 이성적 판단에 의해 사람을 뽑는 것 같지만 실은 모든 선택은 감정에 의해 결정한다. 감정적으로 좋아하는 사람을 결정해 놓고 객관적인 정보를 이용해서 이성적으로 합리화 한다.

단정한 외모와 밝은 인상을 선호한다

1960년 미국 공화당 후보인 닉슨 부통령과 민주당 후보 존 F. 케네디 상원의원은 흑백텔레비전으로 생중계된 TV 토론을 벌였다. 닉슨에 비해 풋내기 정치인이었던 케네디는 햇볕에 그을린 피부에 스튜디오와 잘 어울리는 정장으로 패기 넘치는 젊은 정치인의 모습을 보여 주었다. 반면에 노련한 정치인 닉슨은 쑥 들어간 눈에 피곤에 지친 모습을 보였다. 선거 결과, 라디오 시청자들이 닉슨의 손을 들어 주었음에도 불구하고 TV시청자들이 케네디 손을 들어 줌으로써 결국 11월 대선은 접전 끝에 케네디의 승리로 끝났다. TV를 통해서 본 케네디의 인상이 TV의 위력을 간과한 닉슨을 패배로 이끌었던 유명한 이야기다.

사람들은 객관적 자료에 의한 이성적 판단에 의해 사람을 뽑는 것 같지만 실은 모든 선택은 감정에 의해 결정한다. 감정적으로 좋아하는 사람을 결정해 놓고 객관적인 정보를 이용해서 이성적으로 합리화 한다. 그렇다면 면접관들이 좋아하는 사람은 어떤 사람인가?

첫째, 옷차림이 단정하고 깔끔해 보이는 사람이다.

'옷이 날개다' 라는 속담이 있다. 옷을 잘 입으면 못난 사람도 잘나 보일 수 있고 사람이 한층 돋보일 수 있다. 고객들은 옷 입은 모습을 보고 세일즈맨을 평가하고 그가 소속된 회사를 평가하려 한다. 화려하지 않으면서도 깔끔하고 세련된 복장, 싸구려 같은 느낌이 들지 않는 고급스러워 보이는 복장이 좋다.

둘째, 자신감이 넘치는 사람이다.

면접관 앞에서 자신을 평가받는다고 생각하면 누구나 심적 부담을 느끼게 되기 때문에 자칫 태도나 얼굴 표정이 경직되기 쉽다. 긴장을 풀고 넉넉한 마음의 여유를 보여 주어야 한다. 면접 장소로 들어갈 때는 허리를 곧게 펴고 자신감 있게 걸어 들어가야 한다. 앉은 자세에서도 허리를 쭉 펴고 고개를 바로 하여 앞을 바라보며 두 손을 무릎 위에 가지런히 올려놓는다. 시선은 부드럽게 면접관을 응시해야 한다. 어깨가 움츠려 들거나 시선을 피하는 등 무언가 불안한 느낌을 주거나 자신이 없어 하는 행동을 보이면 상대가 불안해하고 긴장한다. 자신감이 넘치는 사람은 목소리에 힘이 들어가 있고 눈빛이 살아 있다. 열정이 담긴 눈빛은 빛난다. 맹자는 "상대방을 알려고 할 때 눈을 보는 것보다 좋은 방법은 없다"고 했다. 눈은 마음의 창이라고 한다. 다른 것은 속여도 눈만은 속일 수 없다고 한다. 시선은 사람과 사람을 연결하는 가장 강력한 커뮤니케이션 수단으로 면접관과 눈을 마주치고 대화해야 신뢰감을 줄 수 있다. 그렇다고 계속해서 면접관을 뚫어져라 처다보지 말고 가끔씩 눈, 코, 입, 목 등으로 시선을 옮겨 주는 게 좋다.

셋째, 호감을 줄 수 있어야 한다.

입고 있는 옷보다 얼굴 표정이 훨씬 중요하다. "무뚝뚝한 얼굴의 대학원 졸업생을 고용하는 것보다 초등학교 졸업도 못했을 망정 상냥하게 미소짓는 사람을 고용하고 싶다"는 뉴욕의 일류 백화점 주인의 말처럼 미소를 띤 밝은 표정은 상대방을 즐겁게 만든다. 면접관에게 호감을 주기 위해서는 표정이 밝고 명랑해야 하며 잘 웃어야 한다.

미국의 철학자 윌리엄 제임스는 "우리는 행복하기 때문에 웃는 것이 아니라 웃기 때문에 행복하다"고 했다. 행복해 보이는 사람 곁에 있으면 자신도 모르게 마음이 편안해지기 때문에 행복해 보이는 사람에게 매력을 느낀다. 면접관에게 밝고 행복한 표정을 지으면 면접관 또한 마음이 편하고 행복한 기분이 든다. 그 반면에 면접준비가 제대로 안 되어 있거나 꼭 합격해야 한다는 강박관념에 사로잡혀 표정이 굳어지거나 경직되어 있으면 좋은 인상을 심어줄 수 없다. "대부분의 사람들은 마음먹기에 따라 행복해진다"는 링컨의 말처럼 준비를 철저히 하면 마음에 여유가 생겨 얼굴 표정이 밝아지고 행복해 보인다.

영업 자체를 즐길 수 있는 사람을 선호한다

부지런하고 근면하기로 소문났던 현대그룹 창업주인 정주영 회장은 "나는 새벽에 일찍 일어난다. 왜 일찍 일어나느냐 하면 그날

할 일이 즐거워 기대와 흥분으로 마음이 설레기 때문이다"고 말할 정도로 일하는 것을 즐거워했다. 일이 즐거워 피곤하거나 힘든 줄을 몰랐고, 그렇기 때문에 정력적으로 일할 수 있었다. 즐겁게 정력적으로 일을 하니 결과 또한 좋고, 결과가 좋으니 일이 더욱 즐거울 수밖에 없었다.

일은 노동인데 어떻게 노동이 즐거울 수 있느냐고 반문하는 사람이 있을지 모르지만 봉사해본 사람만이 봉사의 즐거움을 알 수 있듯이 우리 주위에는 꼭 돈을 벌기 위해서만이 아니라 일이 즐거워서 힘든 줄 모르고 일하는 사람들이 많다. 아무리 매사에 성실하고 열정적인 사람일지라도 자신이 하고 싶지 않거나 자신감이 없는 일을 하게 될 경우 일에 대한 만족도가 떨어지게 된다. 당연히 업무 능률도 떨어진다. 특히 영업은 다른 직종에 비해 스트레스를 받기 쉽기 때문에 일이 재미없을 경우 기회가 되면 다른 직종으로 이직하고 싶어 한다. 이런 이유에서 영업은 영업 자체를 즐기고 무언가 성취감을 느끼고 싶어 하는 사람에게 적합하다.

영업을 즐기는 사람은 항상 웃는 표정이다. 웃음은 세일즈맨에게 있어서 돈이 들지 않는 강력한 세일즈 툴이다. 웃음은 주위 사람들에게 즐거움을 전파한다. '웃는 얼굴에 침 뱉지 못 한다' 라는 우리 속담처럼 상술이 뛰어난 중국에도 '얼굴에 미소가 없는 사람은 장사할 자격이 없다' 는 속담 있다. 세일즈맨이 즐거워서 웃으면 고객이 웃게 된다. 영업을 즐기려면 영업에 대한 자부심과 긍지를 가져야 한다. (성공적인 기술영업의 조건 참조)

영업에 필요한 자질을 갖춘 사람

세일즈맨으로서 기본적으로 갖추고 있어야 할 자질은 크게 자세나 태도, 영업 스킬, 영업 활동에 필요한 지식 3가지로 구분해 볼 수 있다.

첫째, 기술영업은 전화보다는 주로 고객들을 직접 만나서 비즈니스가 이루어지기 때문에 외모나 고객을 대하는 태도가 중요하다. 물건을 팔기 전에 자신을 먼저 팔아야 하기 때문에 고객에게 신뢰를 줄 수 있는 복장이나 태도, 바른 매너를 유지해야 한다. 그리고 가급적 외향적이고 사교적이면서 활동적인 사람이 조용하고 내성적인 성격보다 유리하다. 복잡하고 짜증나는 일들을 처리해야 하는 경우가 많아서 스트레스를 받기 쉽기 때문에 이를 극복할 수 있는 자제력

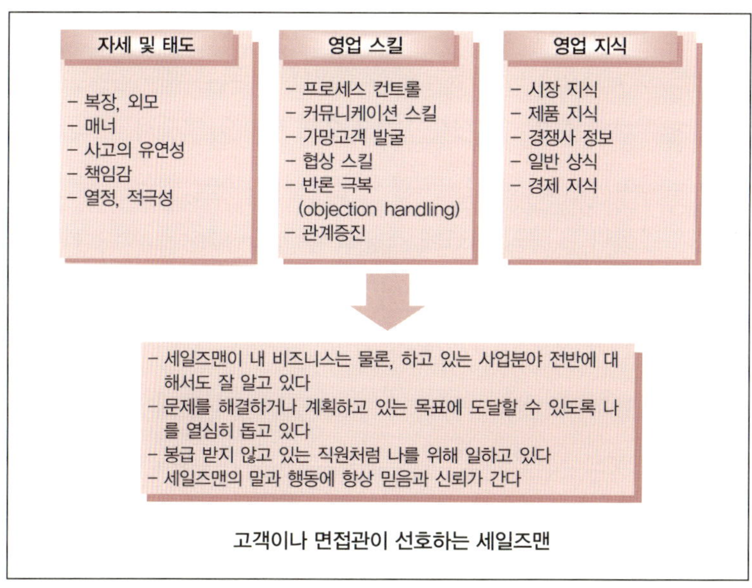

고객이나 면접관이 선호하는 세일즈맨

과 긍정적인 사고, 일에 대한 열정과 책임감이 요구된다.

둘째, 커뮤니케이션, 가망고객 발굴, 세일즈 프로세스 컨트롤, 협상, 문서작성 능력, 반론 극복, 관계 증진 등과 같은 영업 스킬을 필요로 한다.

셋째, 영업 활동에 필요한 시장 지식, 제품 지식, 경제 지식 등과 같은 풍부한 지식을 갖추고 있어야 한다.

조직 적응력을 갖춘 사람을 선호한다

조직은 살아 움직이는 생물체와 같다. 시시각각 변화하는 환경에 대응하기 위해 끊임없이 변화를 추구한다. 영업 방식 또한 비즈니스 변화에 따라 계속해서 변화를 추구하고 있다. 과거에는 고객의 요구조건을 어떻게 충족시킬 수 있느냐가 중요한 영업 이슈였다. 지금은 고객이 어디로 향하고 있으며, 어떻게 고객이 목적지에 도달할 수 있도록 하느냐가 중요한 영업 이슈가 되고 있다.

조직이 변화를 멈추는 순간 그 조직은 성장을 멈춘다. 이러한 조직에서 살아남기 위해서는 조직 적응력을 갖추고 있어야 한다. 조직 적응력이란 조직의 변화에 적응할 수 있는 역량을 의미한다. 회사원 중에는 혼자 하는 일은 잘하지만 팀을 이뤄서 하면 능력을 제대로 발휘하지 못하거나 오히려 팀워크를 깨는 사람이 있다. 당연히 조직원들과의 관계가 원만하지 못하고 조직에 대한 불만도 많다. 또 계속 해오던 일은 잘 하는데 처음 해보거나 생소한 일은 두려워하고 피하려 한다. 이런 사람들을 조직 적응력이 떨어지는 사람이라고 평가한다. 조직 적응력이 떨어지는 사람은 리더십이나 관리

능력도 떨어지기 때문에 승진도 쉽지가 않다.

기술영업은 혼자의 힘만으로 되는 게 아니다. 기술지원 부서, R&D, 마케팅, 협력업체 등과의 팀워크가 절대적으로 필요하다. 따라서 조직 적응력은 세일즈에 필요한 세일즈 스킬이나 제품지식 못지않게 중요하다.

면접시 어떻게 답변해야 하나?

아무리 제품이 좋고 제품에 대해 세일즈맨이 많이 알고 있어도 고객이 필요로 하는 것이 무엇인지 정확히 모르고 있거나 고객에게 필요한 내용을 제대로 전달하지 못할 경우 고객의 마음을 움직일 수 없다. 마찬가지로 지원자가 면접관의 질문 내용을 정확히 파악하지 못하거나 답변을 제대로 못할 경우 면접관의 마음을 움직일 수 없다.

질문 의도를 정확히 파악한다

면접관이 질문을 통해 알고자 하는 내용이 무엇인지를 정확히 파악해야 한다. 즉 질문 뒤에 숨어 있는 핵심 키워드를 찾아내야 한다. 대부분의 면접관은 질문을 할 때 자신이 왜 그런 질문을 하는지에 대한 배경 설명을 해주지 않는다. 통상 지원자를 배려하는 차원에서 완곡하게 질문을 하거나 또는 일부러 난처하게 하거나 곤혹스런 질문을 던져 지원자의 속마음을 꿰뚫어 보고자 한다. 질문 의도를 정확히 파악하는 것이 중요하다.

질문의 핵심이 파악되면 어떻게 답변할 것인지에 대한 안을 구상해서 여유 있고 침착하게 답변한다. 너무 급하게 답변하다 보면 전달하고자 하는 핵심에서 벗어나거나 논리성이 떨어질 수 있다.

고객은 자신이 필요로 하는 물건을 적정한 가격에 구입하기 위해

질문 : "영업이 무엇이라고 생각하는가?"

질문의도 : 면접관은 영업은 '고객이 필요로 하는 물건을 팔아 이익을 얻고, 고객은 필요로 하는 물건을 구입해서 가치를 창출하는 행위'라는 식의 교과서적인 답변을 듣고 싶은 것이 아니라 지원자가 영업을 하고자 하는 궁극적인 목표가 무엇인가를 알고 싶어서 던진 질문이다.

포인트 : 교과서적인 답변이 아니라 "영업에 2등은 없고 오직 1등만이 존재하기 때문에 일에 대한 승부근성이 있어야 하며, 도전적이고 진취적인 사람에게 적합한 직업이라고 생각 합니다"와 같이 고객이 알고 싶어 하는 핵심을 파악해서 그에 적합한 자신의 생각을 분명하게 답해야 한다. 즉 질문 뒤에 숨어 있는 핵심Compelling event을 찾아내야 한다.

질문 : "경영학을 전공했군요?"

질문의도 : 비 엔지니어 출신이 기술영업에 도전하는 이유가 무엇이며, 나름대로 준비한 것은 있는지 알고 싶어서 던진 질문이다.

포인트 : "저는 가치 셀링value selling인 솔루션영업에 뜻이 있어 기술영업을 지원 했습니다. 비 엔지니어 출신이고 아직 영업 경험은 없지만 항상 배우려는 자세가 되어 있기 때문에 어떤 일이라도 배워가면서 해낼 수 있다는 자신감이 있습니다. 기술영업에 뜻을 둔 뒤로 개인적으로 세일즈 관련 '기술영업 초급과정'과 '커뮤니케이션 스킬' 교육을 이수했습니다."

질문 : "많은 회사 중에서 우리 회사를 지원한 특별한 이유가 있는지요?"

질문의도 : 일하고자 하는 회사에 대해 얼마나 관심 있어 하며, 어떤 준비를 했는지에 대해 알고 싶어 던진 질문이다.

포인트 : "지난 1월 서울 코엑스에서 개최된 'Semicon Korea 2011' 참관 도중, 00부스에 전시된 장비의 규모와 기술지원 엔지니어의 자세하고 친절한 설명에 도전해보고 싶은 강한 충동을 느꼈습니다."

질문 : "좋아하는 운동이나 취미가 뭔가요?"

질문의도 : 얼마나 활동적이고, 어느 정도 대인관계가 원만한지를 파악하고 싶어 던진 질문이다.

포인트 : "혼자 하는 운동보다 여럿이 함께하는 운동을 좋아하기 때문에 친구들과 주말에 등산을 자주 갑니다."

세일즈맨에게 제품의 특징, 브랜드 가치, 고객 지원, 가격 등에 관련된 여러 질문을 던진다. 필요한 경우 직접 시현demonstration해 보일 것을 요구한다. 세일즈맨 또한 질문을 통해 고객이 알고 싶어 하는 내용이 무엇인지를 파악한 후 이를 근거로 고객의 마음을 사로잡기 위한 제품소개를 하게 된다.

마찬가지로 면접시험도 물건 구매자에 해당하는 면접관이 준비된 다양한 질문을 통해 자기가 필요로 하는 사람인지를 확인하게 된다. 아무리 제품이 좋고 제품에 대해 세일즈맨이 많이 알고 있어도 고객이 필요로 하는 것이 무엇인지 정확히 모르고 있거나 고객에게 필요한 내용을 제대로 전달하지 못할 경우 고객의 마음을 움직일 수 없다. 마찬가지로 지원자가 면접관의 질문 내용을 정확히 파악하지 못하거나 답변을 제대로 못할 경우 면접관의 마음을 움직일 수 없다.

구매평가 항목과 면접평가 항목 비교

구매평가 항목	면접평가 항목
제품의 기능	업무 능력
브랜드 가치 (회사 규모, 인지도)	성장 배경 (인성, 성격, 교육 정도)
지원support (서비스 마인드, 매너)	자세 (열정, 태도)
가격	연봉

FAB 공식을 활용한다

영업 경험이 적거나 영업을 잘 못하는 세일즈맨들의 공통적인 특징 중 하나는 고객에게 제품을 설명할 때 주로 제품이 지니고 있는 기능이나 특징, 또는 제품에 관련된 스펙에 초점을 맞춘다. 고객이 알고 싶어 하거나 궁금해 하는 내용이 아니라 세일즈맨이 전달하고 싶은 내용을 일방적으로 전달한다. 그러나 프로 세일즈맨은 고객이 알고 싶어 하고 궁금해 하는 내용에 초점을 맞춘다. 제품의 기능이나 특징이 아니라 제품을 통해 얻을 수 있는 것, 즉 '그 안에 나를 위한 무엇이 들어 있어?' 에 초점을 맞춘다. 이를 위해 제품에 대해 설명할 때 제품이 가지고 있는 특징Feature이 무엇이며, 어떤 장점Advantage을 가지고 있고, 이를 통해 얻게 되는 혜택Benefit이 무엇인지를 설명하는 FAB 공식을 활용한다.

예를 들어 이 골프공은 특수재질을 사용했기 때문에(특징), 드라이브 거리를 5~10미터 정도 증가시킬 수 있습니다(장점), 따라서 스코어를 줄여주는 데 도움을 줍니다(이익)라고·설명하면 보다 설득력

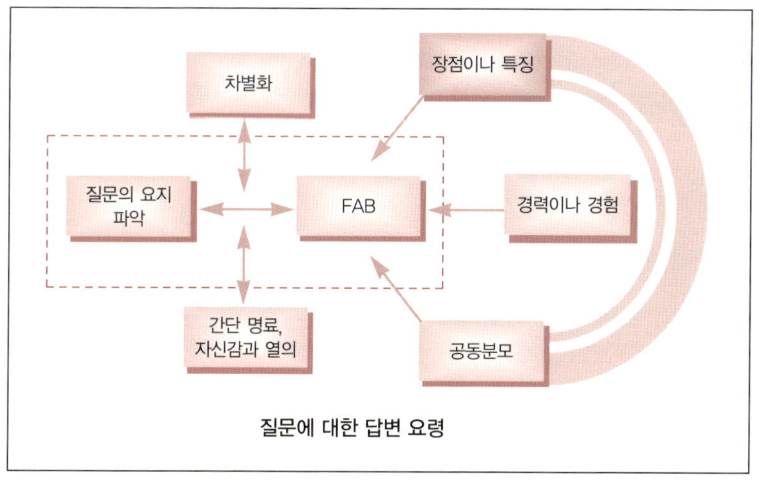

질문에 대한 답변 요령

이 있다.

마찬가지로 자신이라는 상품을 면접관에게 팔 때에도 FAB 공식을 적용하게 되면 자신이 가진 장점이나 특징, 경력이나 경험, 지원 회사와 자신과의 공통점 등이 어떻게 이익으로 연결될 수 있는지를 보다 설득력 있게 설명할 수 있다.

사례1
- **특징** : 저는 학창시절 야간에 편의점에서 아르바이트를 2년 정도 했기 때문에
- **장점** : 소비자의 구매심리를 잘 이해하고 있습니다.
- **이익** : 따라서 별도의 실무 교육 없이 바로 세일즈나 마케팅 업무를 수행할 수 있습니다.

사례2
- **이익** : 가망고객 숫자를 지금보다 배 이상 증대시킬 수 있습니다.
- **특징** : 저는 초등학교 때부터 지금까지 꾸준히 독서를 해오고 있고 학교신문 편집부에서 2년 동안 일한 경험이 있어
- **장점** : 큰 노력을 들이지 않고 혼자서 제품에 관련된 블로그를 운영할 수 있습니다.

공통분모를 찾아라

학연, 혈연, 지연, 취미 활동, 관심 사항, 외모, 옷 입는 스타일, 버릇, 습관, 종교 등 사람들은 자기와 비슷하거나 닮은 사람을 좋아한다. 이처럼 서로 비슷하거나 유사한 점을 갖고 있는 사람끼리 호감을 느끼는 것을 심리학에서는 '유사성의 원리principle of similarity'

라고 한다.

사람들은 똑같은 내용의 부탁을 해도 자신과 비슷한 사람들의 부탁을 더 잘 들어준다. 상대방과 유사성이 높아지면 그에 비례하여 그 사람에 대한 호감도 역시 높아지기 때문이다. 해외 행사에 참여해 보면 동양인은 동양인끼리, 서양인은 서양인끼리 어울려서 이야기를 나누는 장면을 자주 목격하게 된다. 무의식적으로 자기와 생김새나 문화가 비슷한 사람들과 어울리고 싶어 하는 자연스런 현상이다. 상점의 진열대에서 서로 가까이 놓인 제품들은 모두 동일한 상품군으로 보이게 되기 때문에 고가의 상품들 한가운데 놓인 저가 제품은 실제보다 비싸게 보이고 저가의 제품들 한가운데 놓인 고가 제품은 실제보다 저렴한 제품으로 인식된다. 잘나가는 친구들과 어울리거나 잘나가는 회사와 거래를 하게 되면 돋보이게 되는 것 역시 같은 원리이다.

이런 이유에서 세일즈맨이 고객과 나이, 취미, 종교, 정치색 등이 유사하면 고객으로부터 주문을 받을 확률이 유사성이 낮은 경우보다 높아진다. 따라서 자신이 면접관이나 지원회사와의 공통분모가 무엇인가를 찾아내서 이를 간접적인 방법으로 활용하면 효과적이다.

"저희 선배님이 총무부에 근무하고 있어 평소부터 기회가 되면 꼭 지원해 보고 싶은 생각을 가지고 있었습니다." "제가 군에 있을 때 귀사에서 공급한 장비를 운용하면서 귀사에 호감을 갖게 되었습니다."

짧고 간결하게Keep It Simple and Short 설명한다

정보의 홍수 시대에 살고 있기 때문에 사람들은 복잡하고 길게 설명하는 데 대해 거부감을 갖는다. 자신이 말하고자 하는 내용을 짧고 간결하게, 그리고 면접관이 이해하기 쉽도록 분명하게 말해야 한다. 특히 세일즈맨에게 있어서 커뮤니케이션 스킬은 매우 중요하기 때문에 면접관은 지원자의 경청이나 의사표현 능력 등에 대해 관심 있게 지켜본다는 사실에 유념해야 한다. 가급적 결론을 먼저 이야기하도록 하고, 내용을 서술하듯 길게 설명하는 것보다 내용을 끊어서 간결하게 설명하는 게 중요하다.

예를 들어 면접관이 "영업을 하고자 하는 특별한 이유가 있나요?"라는 질문을 받게 되면 나열식 설명보다 "크게 3가지 이유가 있습니다. 첫째, 본인의 적성에 맞고 둘째, 일에 대한 승부욕이 강하며 셋째, 활용 가능한 풍부한 인적자원을 가지고 있기 때문입니다. 각각에 대해 보다 구체적으로 설명을 드리면…"라고 설명하면 영업에 대한 확고한 의지를 가지고 있고 논리적이라는 인상을 심어줄 수 있으며 보다 명확하게 의사를 전달할 수 있다.

자신감과 열의

세일즈맨에게 있어서 제품 지식이나 시장 지식 못지않게 중요한 것이 열정과 자신감이다. 아무리 제품이 우수하더라도 세일즈맨이 자신 있게 제품에 대해 설명을 못하면 고객이 세일즈맨의 말을 신뢰하지 못하고 불안해 한다. 고객에게 신뢰감을 심어주기 위해서는 세일즈맨 스스로 고객에게 제공하고자 하는 제품이나 서비스, 또는 솔루션에 대한 믿음과 확신을 가져야 한다. 믿음과 확신을 갖게 되면 고객 앞에서 자신 있게 프레젠테이션 할수 있게 되고 설득력 또한 높아진다.

어떻게 하면 제품에 대한 믿음과 확신이 설까?무엇보다도 제품이 제공하는 가치에 대해 스스로 매력을 느껴야 하며, 매력을 느끼도록 노력해야 한다. 이를 위해 우선 먼저 자사 제품에 대해 만족하고 있는 고객들이 느끼고 있는 가치가 무엇이고, 이들이 만족할 수 있도록 어떤 문제를 해결해 주었는지 등에 대한 긍정적인 정보들에 대해 많이 알고 있어야 한다. 연구소나 마케팅 부서, 또는 기술지원 부서에서 제공하는 제품에 관련된 긍정적인 정보에 대해서도 많이 알고 있어야 한다.

면접시험의 경우에도 지원자가 자신감에 차 있어야 한다. 아무리 능력이 뛰어나더라도 면접관의 질문에 대한 답변에 자신이 없을 경우 신뢰감이 떨어진다.

“자신감은 누가 인정해줘서 생기는 것이 아니다. 나무에 물을 주듯 스스로를 격려해야 한다. 성공을 해서 자신감이 생기는 것이 아니라 자신감이 있어서 성공한다.” 마쓰시타 고노스케가 한 말이다. 그렇다. 주도적인 삶을 사는 사람들은 매사 긍정적으로 생각하고, 긍정적인 생각이 자신감을 부른다. 자신감과 열의를 갖기 위해서는 무엇보다도 철저한 준비가 뒷받침되어야 한다. 철저한 준비는 면접시험을 잘 볼 수 있다는 긍정적인 생각으로 이어지고, 긍정적인 생각은 자신감을 불러온다.

면접 중 질문에 대해 잘 모르면 모른다고 솔직하게 이야기하는 것이 좋다. 난처한 질문이나 사소한 질문에도 성의껏 답해야 한다.

질문의 요지를 모를 경우 면접관에게 다시 물어 핵심을 파악한 후
에 열의를 가지고 자신 있게 답변하는 것이 중요하다. 목소리에는
힘이 실려야 하며 말하는 속도와 강약을 적절히 조절해야 한다.

취업지망생이 자주 하는 질문

많은 취업 지망생들과 커뮤니케이션을 해오는 과정에서 전화나 이메일로 다양한 질문을 받아왔다. 그중에서 주로 많이 받아왔던 질문들을 요약해서 정리했다.

Q : 취업사이트나 신문광고란을 보면 영업사원 모집 공고는 눈에 많이 띄지만 기술영업사원을 모집하는 공고는 별로 눈에 띄지 않는다. 그 이유가 뭔가?

A : 영업은 크게 화장품, 자동차, 가전제품, 보험상품 등과 같은 유·무형의 소비재 제품을 판매하는 일반영업과 기업, 정부기관, 군부대, 학교, 병원 등을 상대로 각종 생산장비나 부품, 연구개발장비, 사무용 기기나 설비, 군수품, 의료장비 등과 같은 유·무형 제품이나 서비스 또는 아이디어 등을 판매하는 기술영업으로 구분된다. 특히 기업에서 필요로 하는 제품은 일부 소모품을 제외하고 대부분 기술영업사원이 취급하는 산업재로 이들 제품을 판매할 목적으로 모집하는 영업사원은 편의상 영업과 기술영업을 구분짓지

않았을 뿐 대부분 기술영업을 의미한다. 이처럼 기술영업은 활동범
위가 광범위하고 대부분의 기업이 필요로 하는 기술영업사원의 수
요 또한 엄청나다.

대응 : 영업사원 모집공고나 취업관련 정보를 접하게 되면 먼저
그 회사의 홈페이지를 방문해 판매하는 제품이 소비재 상품인지,
아니면 산업재 상품인지에 대해 파악해야 한다. 다음으로 기업을
상대로 하는 기술영업일 경우, 영업품목이 부품이나 소재류인지,
아니면 서비스나 시스템 제품인지, 누구를 대상으로 판매가 이루어
지는지 등에 대해 파악해야 한다. 그래야 자신에게 적합한 비즈니
스 품목인지에 대한 파악이 이루어진다.

Q : 왜 우리에게 친숙한 대기업들은 기술영업 사원을 뽑지 않는가?

A : 삼성전자, LG 전자, 현대자동차 등 우리가 잘 알고 있는 국내
대기업들은 산업재가 아닌 소비재 제품을 주로 생산하기 때문에 기
술영업사원보다는 상품의 홍보나 기획을 담당하는 마케팅이나 국
내외 영업망을 관리할 영업관리나 일반영업사원을 필요로 하기 때
문에 매출 규모에 비해 기술영업사원 수요가 아주 적다. 반면에 제
품을 만드는 데 필요한 각종 개발장비나 제품 생산을 위한 부품, 재
료 생산설비 등을 수많은 회사에 근무하는 기술영업사원을 통해 공
급 받고 있다.

대응 : 기술영업사원으로 일하게 되면 대기업에 근무할 수 없어
섭섭해 하는 사람이 있을 수 있지만 크게 걱정하지 않아도 된다. 두
가지 이유에서다.

첫째, 기술영업사원을 필요로 하는 국내 회사나 외국계 회사에는

대기업 못지않는 처우와 업무 환경을 제공하는 회사들이 많이 있다. 이들 기업처럼 제조업을 주력으로 하는 회사도 있고 판매나 서비스업을 주력으로 하는 회사도 있다. 판매나 서비스업을 주력으로 하는 회사의 경우 제조업체가 아니기 때문에 상대적으로 이들 기업에 비해 직원 수는 적지만 안정성 측면에서 전혀 걱정하지 않아도 되는 회사들이 많이 있다. 산업화사회 시대에는 종업원 숫자가 안정성을 측정하는 하나의 기준이었지만 지금과 같은 정보산업화 시대에는 단지 숫자에 불과하다.

둘째, 국내 대기업들은 개발이나 생산에 필요한 설비나 부품 등의 구입 물량이 많기 때문에 이들 기업의 개발부서나 생산부서에서 일하는 직원들과 이들에게 물건을 공급하는 기술영업사원 간에 비즈니스 교류가 빈번하게 이루어지게 되고, 시간이 지나면서 자연스럽게 이들 간에 비즈니스 우정이 싹트게 된다.

Q : 대기업이나 중소기업 모두 신입사원보다는 영업경험이 풍부한 경력사원을 주로 뽑는다고 하는데, 사실인가?

A : IMF 이후 혹독한 구조조정을 끝낸 대기업은 물론 중견기업이나 벤처기업을 가지리 않고 경력사원을 선호하고 있다. 무엇보다도 일정기간의 교육을 거치지 않고 바로 현업에 투입할 수 있기 때문이다. 특히 국내에 진출한 외국계 기업의 경우 경력사원 선호현상이 심하다. 또 한 가지 이유는 경력사원이 가지고 있는 풍부한 인맥을 활용할 수 있다는 장점 때문이다. 그렇다고 해서 경력사원만 뽑지는 않는다. 크게 두 가지 이유에서다.

첫째, 탄탄한 인맥이나 풍부한 지식을 가진 경력사원을 찾기가 생각처럼 쉽지 않다. 마음에 드는 사람을 찾더라도 연봉이나 근무환경, 타이틀, 기존 직원들과의 관계, 특히 경쟁사에서 근무하는 사람을 뽑을 경우 기존 고객과의 관계 등 여러 고려할 점들이 많아 채용에 어려움이 따른다. 시간적인 제약으로 무한정 좋은 사람을 찾을 때까지 기다릴 수 없기 때문에 더더욱 어려움이 따른다.

둘째, 신입사원의 경우 참신성과 우리 회사라는 주인의식이 비교적 높다. 대체적으로 신입사원은 경력사원에게서 기대하기 어려운 회사에 대한 충성심과 애사심이 있다. 경력사원에 비해 새로운 아이디어 발굴과 변화에 적응이 빠른 장점도 있다. 비록 세일즈 스킬, 시장지식, 제품지식은 떨어지지만 교육을 통해 부족한 부분을 쉽게 보충할 수 있지만 열정과 용기, 사고의 유연성, 긍정적이고 적극적인 태도 등은 바뀌는 데 오랜 시간을 소요하기 때문에 이러한 기본 자질을 갖춘 신입사원이 오히려 경력사원을 능가할 수 있는 잠재력을 발휘할 수 있다. 경력사원에 비해 급료나 기대치가 낮다는 점도 투자대비 효과 측면에서 유리할 수 있다.

대응 : 경력사원 모집에 적극 참여해야 한다. 참여에 앞서 경력사

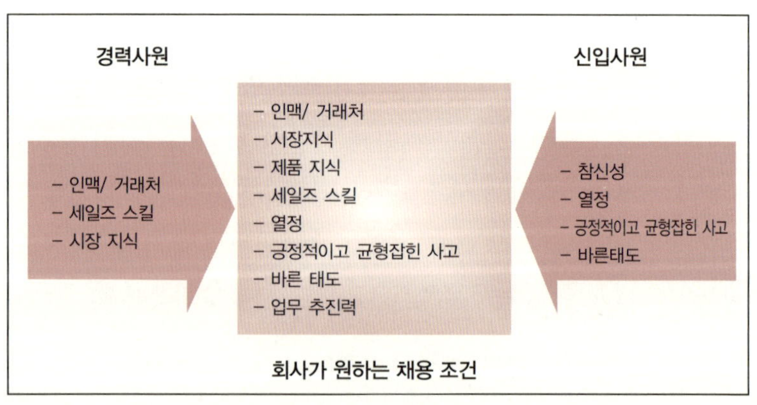

원과 자신을 어떻게 차별화할지에 대한 준비가 필요하다. 가급적 눈높이를 한 단계 낮춰 응시하는 것도 경력자와의 경쟁에서 이길 수 있는 방법이 될 수 있다. 요즘처럼 경쟁이 치열한 상황에서는 좀 더 길게 보고 잠시 돌아가는 여유도 필요하다.

Q : 대부분의 기업은 영업사원을 주로 취업 시즌에 공개채용 형태로 뽑는가?

A : 취업시즌에 공개채용 형태로 뽑기는 하지만 인력 수요가 발생할 때마다 필요한 인원을 뽑는 수시채용이 보편화되어 있다. 인력수요가 발생하는 경우는 크게 3가지가 있다.

첫째, 결원이 생겼을 때다. 영업사원이 갑자기 회사를 옮기거나 또는 일신상의 이유로 회사를 그만 두게 되는 경우이다. 결원이 생기면 판매에 영향을 미치기 때문에 공개채용 때까지 기다리지 않고 바로 충원을 하게 된다. 바로 이런 이유에서 연중 끊임없이 취업수요가 발생하고 있다.

둘째, 사업을 확장하거나 새로운 사업을 시작하는 경우로 새로운 인력수요가 발생하게 된다.

셋째, 경쟁력 있는 우수한 인력을 미리 확보하고자 하는 경우다. 우수한 인력을 경쟁사에 빼앗기지 않거나 미래 사업에 대비, 미리 인력을 뽑아서 훈련을 시키고자 하는 경우다. 이 경우 급한 니즈가 없더라도 마음에 드는 취업지망생을 만나게 되면 취업으로 연결될 가능성이 높다.

대응 : 기술영업은 취업시즌뿐만 아니라 1년 내내 채용 기회가 주어지기 때문에 취업 시즌을 놓쳤다고 너무 고민할 필요가 없다. 마

음의 여유를 가져야 한다. 그래야 자신이 일하고 싶은 회사, 미래 지향적인 회사. 커리어 관리에 도움이 되는 회사를 발굴할 수 있다.

고객은 꼭 필요에 의해 물건을 구입하는 것이 아니다. 자신이 무엇을 필요로 하고 있고 무엇을 원하는지 정확히 모르는 경우가 많다. 영업사원은 이러한 고객의 니즈를 찾아서 고객이 물건을 사도록 돕는 역할을 한다. 마친가지로 취업지망생은 회사가 자기소개서나 면접을 보고 뽑고 싶은 마음이 들도록 준비를 해야 한다. 그러기 위해서는 고객의 셀링 포인트가 무엇인가를 찾아서 거기에 초점을 맞추고 준비해야 한다.

Q : 공개 채용과 수시 채용, 어떤 방법이 더 유리한가?

A : 공개채용은 1년에 1, 2회정도 인사, 개발, 생산, 영업, 마케팅 등 여러 직군을 한꺼번에 뽑는 채용방식으로 각 회사의 인사부서가 주관이 되어 서류심사에서부터 면접까지 모든 프로세스스를 진행하게 된다. 수시채용은 결원이 생길 때마다 수시로 필요한 사람을 뽑게 되며 인사부서가 아닌 실무무서가 대부분의 프로세스를 진행하고 인사부서가 필요한 행정적인 지원을 한다. 누가 채용을 주도하느냐에 따라 관심포인트가 달라질 수 있다.

인사부서는 기술영업에 대한 전문지식이 없기 때문에 스펙 등과 같은 정형화된 평가기준에 준해서 평가를 하게 되지만 실무부서는 영업에 실질적인 도움이 되는 내용에 초점을 맞추게 된다.

대응 : 학업성적이 별로 좋지 않거나 인사부서에서 요구하는 스펙이 밀릴 경우 당연히 공개채용보다 수시채용이 유리하다. 기술영업의 경우 반드시 인사부서에서 요구하는 스펙이 좋다고 영업을 잘

하는 것은 아니라는 사실을 실무부서장들은 경험을 통해 익히 잘 알고 있기 때문에 스펙이 좋지 않아도 실무부서장이 필요로 하는 요구조건에 맞으면 취업에 쉽게 성공할 수 있다.

Q : 어떤 경로를 통해서 영업사원을 뽑는가?

A : 경력사원의 경우 주로 회사 내의 인적 자원, 즉 영업이나 기술 지원부서, 기타 지원 부서의 인맥을 동원해서 좋은 사람을 추천받는다. 비용이 거의 들지 않고 채용 후보자들에 대한 사전 검증이 가능하기 때문에 가장 선호하는 경력사원 모집 방법 중의 하나다. 다만 지원 대상이 한정되어 있어 필요한 사람을 필요한 시점에 뽑기가 생각보다 쉽지 않다는 것이 문제다. 차선책으로 일정 금액의 비용을 지불해 가면서 헤드헌터^{인재스카우트 전문가}나 취업사이트 또는 광고 등을 통해서 필요한 사람을 채용하고 있다. 신입사원의 경우에는 회사내의 인적 자원에 의존하기보다 주로 각 대학의 취업센터를 통한 추천, 취업사이트나 신문 광고 등을 통해 뽑고 있다.

대응 : 학교 취업센터의 도움을 받는 것도 중요하지만 무엇보다도 기술영업을 위한 구직활동 중이라는 사실을 주위에 적극 알려야 한다. 그래야 추천을 받을 가능성이 높다. 이와 병행해서 영업사원이 새로운 고객을 개발하는 방법처럼 직접 자신에게 적합한 회사를 찾아 나서야 한다. 취업 사이트나 광고 등을 통한 경력사원 모집에도 적극 참여해야 한다. 경력사원을 뽑고자 했지만 적합한 사람을 찾지못할 경우, 또는 신입사원의 잠재력이 뛰어나다고 판단될 경우 경력사원 대신 신입사원을 뽑을 가능성이 높다. 관심 있는 산업전시회에 참석, 마음에 드는 회사의 직원에게 직접 전화나 이메일로

취업을 요청하는 것도 좋은 방법 중의 하나다. 당장 채용 가능성이 없더라도 필요한 시점에 면접 요청을 받을 가능성이 높다. 이유는 대부분의 회사, 특히 대기업에 비해 상대적으로 지명도가 낮은 회사는 취업지망생들이 일하고 싶어하는 회사를 찾기 위해 노력하는 것 이상으로 마음에 드는 사람을 찾지 못해 애를 먹고 있기 때문이다.

Q : 연구소나 생산부서 등에서 기술력을 쌓은 후에 기술영업을 시작하는 게 유리한가 아니면 대학 졸업 후 곧바로 기술영업을 시작하는 게 유리한가?

A : 현재 우리 대학의 여건상 대학을 갓 졸업한 취업지망생의 기술력은 이들을 채용하는 기업의 입장에서 보면 부족한 게 많다. 그래서 그런지 연구소나 생산현장에서 기술력을 쌓고 나서 기술영업에 뛰어들면 기술영업에 많은 도움이 될 수 있다고 생각하는 취업지망생들이 많다.

기술력을 쌓은 후에 기술영업에 뛰어들면 여러 장점이 있다. 그러나 한 가지 전제 조건이 있다. 현업에서 쌓은 기술이 하고자 하는 기술영업과 직접적인 연관이 있어야 한다는 점이다. 그렇지 않을 경우 그동안 현업에서 쌓은 경력을 인정받기가 쉽지 않고 채용 가능성도 높지 않다.

예를 들면 연구부서에서 기계설계용 CAD장비를 이용해서 자동차 도어를 설계하다가 산업용 로봇관련 영업을 하고자 할 경우 연구 부서에서 쌓은 실력을 인정받기 어렵다. 상품개발을 위해서는 전문 분야를 좁고 깊게 연구해야 하기 때문에 기술영업으로 활동할 수 있는 분야가 넓은데도 불구하고 풍부한 경험을 살려 일할 수 있는 분야를 찾기가 생각처럼 쉽지 않다. 물론 CAD 활용 경험을 살려 CAD관련 기술영업을 담당할 경우에는 연구부서에서의 경험이 영업활동이나 취업에 크게 도움이 될 수는 있다. 공장에서 근무하는 경우 생산하는 제품이 다양하고 전공에 관계없이 생산기술, 공무, 생산관리, 생산 등 여러 부서에 걸쳐 근무할 가능성이 높기 때문에 일하고 싶은 영업분야를 찾기가 역시 쉽지 않다.

대응 : 연구부서나 생산부서에서의 근무가 적성에 맞지 않거나 장래성이 없어 기술영업으로 직무를 전환하고자 할 경우 영업 경력이 없어 그동안의 근무 경력을 제대로 인정받지 못하더라도 가급적 빠른 결정을 내리는 게 좋다. 제대로 인정받지 못한 경력은 영업활동을 통해 충분히 보상받을 수 있기 때문이다.

취업지망생의 경우 기술영업을 하고자 결정했으면 연구부서나 생산부서를 거치지 말고 바로 영업에 뛰어드는 게 바람직하다. 부족한 기술은 영업활동을 하면서 기술지원 엔지니어로부터 도움을 받거나 스스로 부족한 부분을 공부해 나가면 된다. 영업은 연구부서와 달리 기술을 좁고 깊게 공부해야 하는 것이 아니라 폭넓게 공부하는 게 중요하기 때문에 배우고자 하는 의지만 있으면 부족한 부분을 충분히 보충해 나갈 수 있다.

Q : 기술영업으로 진로를 결정하고 난후 취업준비를 위해 무엇을 준비해야 하나?

A : 기업이 신입사원보다 경력사원을 선호하는 이유 중 하나가 경력사원은 세일즈 경험이 풍부하다는 점임을 감안, 어떻게 하면

경력사원에 비해 부족한 부분을 보충하고 차별화할 수 있을지에 초점을 맞춰야 한다. 다음으로 자기소개서 작성이나 면접에서 다른 경쟁자들과 차별화를 위한 자신만의 스펙을 준비하는 것도 필요하다. 따라서 세일즈 스킬을 향상시키기 위한 공부와 필요한 경험을 쌓아 두는 게 좋다.

대응 : 두가지 측면에서 준비를 해 두는게 좋다.

첫째 : 영업에 필요한 실력을 쌓는다.

▶ 종이신문 읽는 습관을 갖는다.

정치, 경제, 사회, 외교, 문화 등 세상에서 일어나는 그날의 중요한 일들을 정확히 알려면 클릭을 유도하기 위해 흥미를 유발하는 인터넷 뉴스를 훑어보는 것보다 종이신문을 꼼꼼히 읽는 습관을 들여야 한다. 그래야 사고의 폭이 넓어지고 아이디어와 에너지를 얻으며 새로운 기회를 찾을 수 있다. 가급적 미래의 자신과 비즈니스 상담을 해야 할 기업의 CEO가 읽는 신문을 읽는 게 좋다. 그래야 그들의 생각을 읽을 수 있고 그들과 눈높이를 맞출 수 있기 때문이다.

▶ 꾸준히 영어 공부를 한다.

글로벌경제 하에서 외국계 회사뿐 아니라 국내 기업에 근무하는 데 있어서도 영어는 선택이 아닌 필수가 되어가고 있다. 일부 외국계 회사를 제외하고 영어 실력이 떨어져도 업무에 크게 지장은 없지만 영어를 잘하면 외국계 경쟁사의 자료를 비교해 보거나 기회가 되면 외국계 회사나 해외로 진출하는 데 도움이 되기 때문에 평소에 꾸준히 공부해두는 게 좋다.

▶ 세일즈 관련 서적을 읽는다.

시중에 세일즈에 도움이 될 수 있는 다양한 서적이 나와 있다. 고객의 심리를 읽는 게 중요하기 때문에 심리에 관련된 서적, 협상이나 설득, 커뮤니케이션, 세일즈 프로세스를 이해하는 데 도움이 되는 서적들을 틈나는 대로 읽어두는 게 좋다. 자기소개서 작성시 읽은 서적에 대해 기술하는 것도 준비된 취업지망생이라는 이미지를 심어주는 데 도움이 될 수 있다.

둘째, 영업활동에 도움이 될 만한 경험을 쌓는다.

가급적 다양한 사람을 상대하는 분야에서의 경험이 영업활동에 도움이 될 수 있다. 예를 들면 편의점에서의 아르바이트 경험이다. 단순한 아르바이트생이 아닌 사장이라는 관점에서 접근해야 교육효과가 높다. 고객의 소비심리, 고객을 대하는 태도, 불만 고객에 대한 대처 방법, 매출 실력을 올리기 위한 방안 등 기술영업에서 필요한 기초를 쌓을 수 있는 산 교육장이 될 수 있고 자기소개서 작성이나 면접을 위한 훌륭한 스토리텔링이 될 수 있다. 인턴사원으로 근무해보는 것도 중요한 경험이 될 수 있다.

Q : 기술영업은 해보고 싶지만 학업성적이 별로 좋지 않고 성격이 조용하고 내성적인데 크게 문제되지 않는가?

A : 어떤 제품을 취급하느냐에 따라 차이가 있지만 통상 전공 실력이 좋으면 여러 측면에서 유리하다. 학교 성적이 좋다는 의미는 매사에 성실하다는 의미를 나타내기 때문에 취업활동에도 도움이 되는 게 사실이다. 그렇다고 해서 연구부서와 달리 학교 성적이 취업 활동에 크게 제약 받지는 않는다. 그보다는 영업적인 자질, 즉 일

에 대한 열정, 승부욕이나 추진력, 태도 등이 더 중요하다. 일반적으로 성격이 활달하고 화술이 좋으면 영업활동에 도움이 되지만 반드시 성격이 활달하고 화술이 좋다고 해서 영업활동에 유리한 것만은 아니다. 외향적인 세일즈맨이 실적이 좋다는 일반인의 생각과 달리 연구결과에 따르면 외향성과 세일즈 실적은 모순되는 관계로 직선성Linear이 아닌 U형Carvilinear의 선을 그었다. 양향 성격자Ambivert가 외향성이나 내향성인 사람보다 훨씬 좋은 결과를 냈다. 출처: 아담 그랜드, 팬실베니아 대학교 이유는 말하고 듣는 데 자연스럽고 유연하며 고객을 설득하고 딜을 마무리하는 데 적극적으로 열성적으로 임했기 때문이다.

대응 : 학교 성적이 나쁘다는 것은 스펙이 좋지 못하다는 의미로 당연히 공채보다는 수시채용이 유리하다. 학업성적에 너무 위축되지 말고 자기소개서 작성이나 면접시 학업성적 부진으로 인한 성실하지 못하다는 부정적인 이미지를 상쇄할 수 있는 영업 역량을 보여 줄 수 있도록 준비해야 한다.

내향적인 성격이라고 해서 영업활동에 크게 제약을 받지는 않는다. 제품군에 따라 영업 방식이 크게 다를 수 있기 때문에 자신의 성격이나 업무 스타일 등을 고려하는 것이 중요하다. 예를 들어 내향적으로 차분한 성격의 소유자라면 부품이나 소재류 분야의 영업보다는 오랜기간 고객과 신뢰를 쌓아가면서 솔루션을 만들어갈 수 있는 시스템 분야가 적합할 수 있다.

Q : 기술영업은 하고 싶은데 여자라서 고객과 자주 술자리를 갖게 된다는 점이 부담인데 실제로 그런가?

A : 고객과 좋은 관계를 유지하기 위해서 식사나 술자리를 함께

하는 접대 문화가 비즈니스를 위한 필수 코스로 인식하고 있는 사람들이 아직도 많다. 술을 마실줄 모르면 영업을 할 수 없고 그래서 '술상무' 라는 자리도 있다고 알고 있다. 분야에 따라, 거래처에 따라 아직도 그런 접대문화가 남아 있는 게 사실이다. 경쟁사와 상품이나 서비스의 차별화가 어렵고, 가격이 비슷할 경우, 즉 가치 셀링이 어려울 경우 아는 사람을 찾아 다니며 물건을 사달라고 부탁하는 '안면 영업' 이나 '접대 영업' 의 유혹을 받가 쉽다.

점차적으로 젊은이들을 중심으로 가족 중심의 문화가 자리를 잡아가면서 회식문화나 접대문화도 크게 달라지고 있다. 자연히 고객과의 관계 증진을 위한 만남도 술자리보다는 가벼운 식사나 가족간의 만남 등 건전한 방향으로 바뀌고 있다.

대응 : 접대를 통한 고객과의 관계 증진보다 자기 셀링을 통한 관계 증진에 힘을 기울이는 게 중요하다 업무를 수행하는 데 있어서 고객이 진정으로 필요로 하거나 원하는 것을 제공하거나 고객의 고민이나 문제를 해결할 수 있도록 도와 줌으로써 고객이 진정한 가치를 느낄 수 있도록 해주는 게 중요하다. 그러기 위해서는 기술적인 지원, 교육, 고객에게 도움이 될 만한 자료, 여성으로서의 정성이 담긴 계약서나 제품설명서 등 술자리보다 더 소중한 가치를 전달할 수 있는 방법이 많이 있다. 가급적 생명공학 분야 등과 같은 여성고객을 많이 상대하는 분야를 상대로 영업활동을 하는 것도 좋은 방법 중 하나가 될 수 있다.

"다른 사람이 행복해지는 것을 보는 것이 행복과 성공이다. Happiness and success is when I see others happy. 행복은 공유하는 것이다."

남아프리카 공화국의 인종분리정책 반대투쟁을 벌여온 공로로 1984년 노벨평화상을 수상한 데스몬드 투투Desmond M. Tutu 대주교의 말이다.

그는 "다른 사람들을 섬겨라. 행복과 성공은 다른 사람들이 잘되기를 바라는 것이다" 라는 말도 했다. 자기가 좋아하는 사람으로부터 선물을 받았을 때 행복감을 느끼듯이 누군가에게 선물을 하고 그 사람이 행복해하는 모습을 보면 역시 행복감을 느끼게 된다. 그래서 더 큰 행복을 누리고 싶다면 혼자 즐기기보다 함께 즐겨야 한다.

영업을 하는 사람들에게 "왜 영업을 하느냐?"고 물으면 제각각의 답변이 나온다. 어떤 사람은 성취감을 느낄 수 있어 좋다고 하고, 어떤 사람은 일에 대한 정당한 평가를 받을 수 있기 때문에 좋다고 하고, 어떤 사람은 돈을 많은 벌 수 있고 미래에 대한 희망이 있어서 좋다고 한다.

오랫동안 기술영업 분야에서 일을 해온 필자의 입장에서 보자면, 모두 일리 있는 대답이다. 하지만 중요한 것 하나가 빠졌다. 투투 대주교의 말처럼 영업 특히, 기술영업은 고객이 혼자서 해결하지 못하는 어려움을 해결해주거나 필요한 솔루션을 제공해줌으로써 고객에게 커다란 즐거움과 만족감을 줄 수 있다는 점이다. 고객이 즐거워하고 행복해하는 모습을 보면서 "열심히 노력한 보람이 있구나!" 하는 행복감이다. 어려운 사람을 돕는 자원봉사자들이 느끼는 보람도 바로 이런 것에 있지 않을까?

교사들이 새로운 것을 배우고 나서 흐뭇해하는 학생들을 보면서 자긍심과 행복을 느끼듯 영업을 하는 사람은 열심히 준비한 자료를 통해 새로운 기술이나 새로운 제품을 소개받고 흐뭇해하는 고객을 보면서 행복감을 느끼게 된다.

자기계발 및 세일즈 관련분야에서 세계 최고의 강사로 꼽히는 브라이언 트레이시Brain Tracy는 성공하기 위해서 가장 중요한 것 중 하나가 자기 인식Self-concept과 자존감Self-esteem이라고 했다. 자신을 중요한 사람처럼 대해주고 성공한 사람처럼 살라는 조언이다. 학벌, 비인기학과, 성, 경력이라는 높은 벽에 막혀 취업에 어려움을 겪다 보면 자칫 자존감을 상실하고 패배감에 빠져들기 쉬운 젊은 취업 희망자들에게 꼭 전해주고 싶은 말이다.

인생은 마라톤이다. 어느 한순간 앞을 가로막는 장벽 때문에 심리적으로 위축되거나 두려워할 필요가 없다. 장애물을 넘기가 버겁다면 목표를 조금 낮춰 돌아가면 된다.

과거에는 돌아가고 싶어도 돌아갈 길조차 없었다. 지금은 어떤가. 조금만 생각의 프레임을 바꾸면 돌아갈 수 있는 길, 지금까지 보지 못했던 새로운 길들이 많이 보이게 된다. 자신감을 잃거나 낙담

할 필요가 없다.

필자는 LG전자에서 엔지니어로 일하다가 내성적인 성격을 바꿔보고 싶어 나와는 전혀 어울릴 것 같지 않은 기술영업으로 직종을 바꿨다. 내성적인 성격이다보니 다른 사람들과 어울리는 걸 싫어했고 가능하다면 혼자 있고 싶어 했었다. 수줍음을 많이 타서 사람들 앞에 나서는 걸 무엇보다 두려워했고, 술을 마실 줄도 몰랐고, 다른 사람과 어울려 잘 놀지도 못했다. 영업에는 전혀 어울리지 않는 타입이었다. 성격에 어울리지 않는 이런 선택 때문에 초기에는 다소 어려움을 겪었다. 그러나 일에 대한 열정과 성실함, 친근감 있는 외모, 엔지니어로서의 기술적 백그라운드의 강점을 살리면서 약점을 보완해나갈 수 있었다.

시련을 겪기도 했지만 후회해본 적은 없었다. 뒤돌아보면 잃은 것보다 얻은 게 훨씬 많았다. 탁월한 선택이었다고 생각한다.

이 책을 읽은 대부분의 독자들은 필자보다 엔지니어링 백그라운드나 경험이 적을 수 있다. 하지만 적어도 영업적인 자질이나 잠재력만큼은 필자보다 우수하리라고 생각한다. 자신이 가지고 있는 강점을 적극적으로 살려가면서 약점을 보완해 나가면 기술영업 분야에서 무한한 가능성을 찾을 수 있고, 능력을 발휘할 수 있으리라고 확신하는 것은 이 때문이다. 아무쪼록 이 책이 희망의 사다리가 되고, 독자들의 큰 꿈이 이루어지는 작은 씨앗이 되기를 진심으로 기대한다.

2015년 4월

홍성돈